토요일 외로움 없는 삼십대 모임

토요일 외로움 없는 삼십대 모임

유성원 산문

난다

차례

1부

아저씨들 ● 011

십만 원 ● 013

횡단보도를 건너 ● 014

1955버거 ● 016

시마이 ● 020

쥐어뜯기 ● 023

수치심 ● 025

모멸감 ● 027

3F ● 028

너무 멀리 있어요 ● 031

월곡동 ● 034

산낙지 ● 036

프로베스트 ● 041

잘한 걸까 ● 043

휴게텔 가운 ● 045

콘돔 ● 046

문을 여는 법 ● 048

서울 사람 ● 050

건강 훈련 ● 052

어차피 ● 054

목요일 ● 056

잃은 팔 ● 058

개미 ● 060

이렇게 살 거라면 ● 062

치약 ● 065

스위치 켜기 ● 068

녹지공원과 ● 070

설거지란 뭘까? ● 073

흑흑 ● 075

아내가 있어서 ● 077

요도염 ● 079

2부

라디에이터 ● 083

십 미터 앞 ● 086

보자기 ● 090

돼지갈비 ● 092

소리 내어 말하기 ● 096

남을 이해하기 위해서 ● 098

용기란 무엇일까 ● 100

새해 ● 102

아이 마이 미 유 유얼 유 ● 109

오줌 ● 110

애니타임 ● 113

돼지뼈 ● 116

벽 ● 118

회복 ● 119

안에 싸주세요 ● 121

입을 맞추고 싶었는데 ● 124

마요치즈 프링글스와 반통어치의 절실한 사랑하기 ● 126

이태원 ● 128

빛 ● 130

일기 ● 131

칫솔과 면도기 ● 132

3하고 26 ● 135

일 년 ● 137

형하고 저는 아무 관계 아니잖아요 ● 141

훼손되지 않는 사람 ● 145

물속에서 ● 148

부를 수 있는 이름 ● 150

글쓰기와 만지기 ● 152

망치 ● 154

새우만두 ● 155

죄송합니다 ● 158

동물원 ● 159

소변통 ● 160

탄수화물은 답을 알고 있다 ● 162

3부

세상의 의미 • 167

행복식당 • 169

다른 사람이 되는 꿈 • 173

그대만 원해요 • 177

야상 • 181

왜 그랬을까? • 184

구슬 탑 • 189

계단을 내려갈 때 • 193

그의 이름을 모르면 • 200

무무모텔 304호 • 202

친구 • 203

어리둥절 속에서의 노력 • 204

세탁기 • 205

바나나우유 • 206

먼저 가는 사람 • 207

둘이라 해도 • 209

호의 • 212

책상이 책상이다 • 213

나는 나 • 215

기도 모임 • 217

저기 희미한 • 219

운 좋은 사람 • 221

요구들 • 225

한 명 • 226

허전한 손 • 227

예술가 • 236

지불일 • 239

궤도 위에서 • 241

당신은 오늘 행운이 가득하네요 • 243

예고편을 보듯이 • 245

한 달이면 • 248

안 불편한 이야기 • 250

길어깨 없음 • 252

서울역은 보인다 • 254

4부

오뚜기공장에서의 행복 ● 263

왜냐면 내가 몇 년 전에 ● 265

그래도 와 천천히 늦게라도
● 271

잘해봅시다 ● 274

기적을 행하는 자 ● 280

호식이두마리치킨 ● 282

진정성 ● 284

소액으로 백억 모으기 ● 286

염려하는 얼굴 ● 288

토요일 외로움 없는 삼십대 모임
● 291

웩 웩 우웩 ● 292

프렙 ● 299

사랑은 통속한 잡지에 밑줄 치는
낙서가 아니야 ● 301

선택한 사실들 ● 306

트루바다 ● 309

본 듯한 얼굴 ● 313

돌과 벽 ● 322

포기하면 값지고 가꾸면 헛된
인생 ● 324

소중이를 찾아서 ● 327

착한 일과 나쁜 일 ● 329

선택 ● 331

죽은 사람은 울 수 있다 ● 333

좋은 일 생기려나보네 ● 335

위로를 어떻게 하지? ● 338

형이 박힐 때 ● 341

출발선 긋기 ● 345

친절한 설명 | 형, 안에 싸도 돼요?
　　　　　　—노콘 항문섹스를 하려면 어떻게 해야 할까 ● 349

해설 | 우리는 우리 자신에 대해서 언제, 어떻게 말할 수 있는가 ● 382
　　　나영정(퀴어활동가)

1부

아저씨들

 누나는 결혼을 일주일 앞두고 있고 저녁에는 매형이 함을 안고 왔다. '현관 입구에 바가지를 엎어두어야 한대. 들어오면 바로 그걸 한번에 밟아서 깨야 해.' 엄마, 누나, 나, 매형 이렇게 넷이 재개발을 앞둔 안양의 빌라 계단에서 그 일들을 했다. 밥 먹을 때엔 매형이 살가운 사위 노릇을 하려 애썼다. 그의 얼굴을 똑바로 보지 않고 밥술을 뜨는데 이 사람이 누나가 꿈꾸는 결혼, 삶의 한 조각이구나 생각하니 그녀와 나는 얼마나 다른가, 얼마나 다르게 살아갈 것인가 싶어 견디기 힘들었다. "만나는 사람은 있어요?" 매형의 물음에 없다고 짧게 답했다. 그리고 아무 말 하지 않는 동안 조금씩, 고통스러운 것은 아닌데 비참해지고 있다고 느꼈다. 그렇구나. 이것이 나로구나. 이게 소수자인 내 모습이구나. 저기 저렇게 친구들과 놀러 갈 여름휴가 계획을 짜는 이들이 사회의 다수이며, 구성원이구나. 나는 저들의 관대나 포용을 가장한 무관심 속에서만 자유롭다고 착각할 수 있는 거로구나 생각하며 앉아 있었다. 나와 동갑인 매형의 직업군인 남동생과 그의 여자친구 이야기를 하며 밥상에서, 그 네모난 낡은 상을 펴놓고 넷이 앉으면 꽉 차는 빌라의 비좁은 거실에서 밥을 먹으며, 맛있어요 어머니, 매형이 말하는 걸 들으면서 그 남동생을 떠올렸다. 내가 보는 포르노에서 성적 대상으로 등장하는 군인들을. 아무래도 나는 잘못되었고 여기가 끝인 것 같았다. 밤에는 파주 집에 간다 하고서 가지 않았고 휴게텔에 들어와 새벽 세시까지 잠들지 못한 채 누워 있었다. 생각했다. 수술을 앞둔 다리로는 버리기 버거운 재활용쓰레기와 종량제봉투를 들고 집을 나설 때 나를 보던 엄마 눈빛을. 자랑스러운 아들로 나를 보길 원하고 그렇게 보고 싶어하는 엄마의 바람에 응답하면서 웃어주던 것을. 지금 나는 여기 누워 있다. 이것이 엄마가 모르는 아들의 모습이지. 알 필요도 없지. 이건 내 삶이니까. 누나도 마찬가지야. 나는 누나를 모른다. 아빠에 대해서도 모른다. 아무에게도 관심이 없다. 그럼 내가 관심 있어하고 사랑하는 사람은 누굴까? 그런 사람은 없었다. 이 사람이 내 인생에서 사라져도 괜찮은가 물어도 별 고민 없이 네, 답할 것 같았다. 사람들에게 예의를 갖추려는 노력이 독립해 생활하면서 흐릿해졌고…… 그것은 내게 남은 의미나 닿아 있는 끈이 없다고 느낀다는 뜻이기도 했다. 살아 있는 이유는 뭘까? 나를 살게 하는 건 뭐지? 어제로구나. 어제 살아 있었고 오늘 아침 눈을 떴으니 밤에 잠드는구나. 집에서 나오기 전에는 엄마 친구들이 찾아왔다. 부부 둘이었다. 그 아저씨들, 오십이 훌쩍 넘은 아저씨들의 굵은 팔뚝, 굳은살이 박인 손과 악수를 하면서 가슴이 뛰는 걸 느꼈다. 여전했다. 그게 내 몫이었다. 2014. 06.

십만 원

 안양에서 엄마는 식품점 일을 마치고 같이 전철을 타고 갔다. 엄마는 전철 의자에 앉아 통장을 꺼내 금순이 아줌마에게서 이자가 몇 번 들어왔는지 세어보며 큰 소리로 통화했다. 그 통장에 찍힌 수고하셨습니다 월급여 백오십육만 원 따위의 글자들을 곁눈질하면서 스스로를 경멸하고 있었다. 엄마가 현금인출기에서 십만 원을 뽑으려다가 "이십만 원 뽑을까?" 하고 물었을 때 아무 말도 안 했기 때문이다. 이십만 원으로도 부족하다는 걸 알면서도 십만 원을 준비하곤 엄마와 나는 여전히 불쌍한 사람인 역할을 그 가족들 앞에서 하는 게 이득이라고 계산했다.
 "오빠 많이 먹어" 말하며 나를 내려다보는 상복 입은 ㅇ에게 "응 그래" 답한 그 모든 것. 왜 살아야 할까! 내가 죽지 않았으면 좋겠다. 내가 뭘 하게 되는지 보고 싶다. 어떤 사람이 되는지 어떤 사람이 될 수 있었는지 보고 싶다. 응. 잘해주고 싶다. 뭐 필요한 거 없니, 물어보는 가난한 아빠처럼. 2014. 07.

횡단보도를 건너

 인간은 왜 자위를 할 수 있을까? 누군가와 결합해야만 성욕을 해결할 수 있었다면 세상은 어떤 모습을 하고 있어야 할까? 좆을 빨리고 빨렸다. 저 사람한테 빨리고 싶다 하는 간절한 미남한테 열심히 빨렸다. 만족스럽게 하고 나왔는데 이상하게 가슴이 미어지는 듯하고 억울해서 다른 곳으로 좆을 빨러 갔다. 아저씨들 걸 많이 빨았다. 그들이 내 입안에 사정하고 쾌감을 느낀다는 사실이 그들과 내가 매우 가깝다고 착각하도록 도와주었다. 남자들은 내가 빠는 걸 구경하고 있다가 앞 사람들이 나가면 들어와서 차례로 내 입에 싸고 갔다. 사람들은 나와 키스할 수 있었어도 입맞추지 않으려고 고개를 돌렸는데 그게 웃겼다. 이 일들은 아무것도 아니게 시시했지만 사정의 순간에 원해진다, 쓸모가 있다는 느낌은 또렷했다. 혓바닥으로 입술로 흘러내리는 침과 부드러운 혀와 목구멍으로 그 순간 누구보다 강렬하게 존재하고 있었다. 삶의 실감이 기체라면 그때의 나는 입술로 혀로 몸에 선명하게 포획되는 기분. 그래서 그 간절한 만남을 생각했다. 총총걸음으로 사라진 미남을. 그가 내 것을 빨고 있는 상황에 들떴고 의미부여했으며 우리가 이렇게 (고추를 빨아주고 정액을 먹을 만큼) 친하다! 느꼈지만 막상 해보니 적당한 크기와 생김새의 성기가 달려 있고 발기했다면 그가 누구여도 상관없는 거였다. 어두운 1번 칸의 구멍으로 2번 칸의 후줄근하고 늙은 모자 쓴 아저씨의 성기를 열심히 빨고 있는 셔츠남을 보았을 때는 그가 왜 저러는지 알 수 없었다. 나 역시 그 셔츠 미남한테 원해지고 싶었고 원해졌고 그의 입에 사정했지만 막상 다른 사람 걸 빨아보니 그건 아무것도 아니었다. 혀와 목구멍을 사용한 놀이에 불과했다. 셔츠남이 디브이디방을 나갔을 때 그 뒤를 따라가고 싶고 연락처를 묻고 싶어하는 나를 보았다. 하지만 아무 말도 안 했다. 그가 횡단보도를 건너 멀어지는 모습을 지켜보기만 했다. 그 말없음 이후 집에 갈 수 없을 정도로 참담해져서 좆을 빨러 가야 했던 것이다. 2014. 08.

1955버거

 서울에 도착해 간 곳은 ㅁ이었다. 구두 닦는 남자가 나가면서 반바지 입은 내 허벅지를 쓰다듬었다. 목욕탕엔 칠십대는 되어 보이는 노인들이 있었다. 한 명은 목욕 의자에 앉아 눈을 감고 샤워기로 몸에 물을 뿌리며 비눗물을 닦아내고 있었고 샤워기 앞에 서서 씻던 다른 노인은 팔다리가 가늘고 배는 튀어나왔으며 목주름이 늘어져 있었다.

 왜 여기 왔을까, 뭐하려고? 좆 빨려고 서울에 왔구나. "입에 싸주세요. 먹고 싶어요" 말하려 서울에 왔구나 생각하니 자살하거나 죽는 수밖에 없었다. 합정역에서 시청 방향 전철을 타려고 지하상가를 지나치며 생각했다. 어떻게 하면 자살하지 않고 미치지 않고 살 수 있을까. 그것은 뭔가를 쓰는 것이겠구나. 겪은 일을 말하지 않을 수 있다. 없었던 일처럼 지낼 수 있다. 그 간극을 견디기 힘이 든다. 한 명이라도 내가 누구인지, 어떤 경험을 하고 있는지 안다고 생각하면 견딜 수 있어지고 살아도 된다는 허락을 받은 듯 느껴진다. 그런 생각을 하다보면 박 타는 게 어때서, 좆물 먹게 해달라고 말하는 게 어때서, 라는 말이 치솟지만 아니라는 걸 안다. 스스로 외롭다 느끼니까. 말할 상대가 없이 서울에 왔다. 노트에 적은 결심들, 그 결심은 바꾸고 싶다, 이렇게 살고 싶지 않다는 소망이었다. 그후

많은 일이 있었다. 누구는 평생을 살아도 할 수 없고 하지 않을 일들을 짧은 오후와 밤 사이에 했다. 밖으로 나와선 종로 맥도날드에 들어가 1955버거 세트에 토마토치즈버거를 추가했다. 손님이 많아 기다려야 했다. 가게에 들어왔다 나가는 게이들을 봤다. 계산대에 서서 주문하는 게이들, 앉아서 콜라 마시는 게이들, 햄버거 먹는 게이들, 나를 쳐다보는 게이들. 그들의 게이스러움을 보면서 저들이 완전히 다른 종족이라는 걸 깨달았다. 나와 다른 사람이구나. 옷차림, 손동작, 목소리에서 이질감을 느꼈다는 게 아니고 그들이 여럿이라는 점, 그들은 누군가와 어울려 있다는 게 나는 해결할 수 없는, 풀지 못할 숙제처럼 느껴졌다. 주문한 햄버거 세트를 받아들고 후문 일인용 테이블에 앉아 먹었다. 서둘러 먹었다. 늦은 밤이었고 빨리 먹는다면 파주 집으로 가는 버스를 탈 수 있었다. 먹는데, 감자튀김도 먹는데, 이상하게도 양이 너무 많은 것 같았다. 감자는 갓 튀겨 맛이 좋았고 평소 폭식하던 양보다 적었는데도 먹어치워야 할 게 한참 남은 듯해 막막했다. 햄버거를 베어먹고 콜라를 목으로 넘기는 중에 게이 둘이 나를 지나쳐 후문을 밀고 나갔다. 상반신은 유리문에 부착한 포스터에 가려 보이지 않았지만 늘씬한 하체, 그들의 반바지와 어울리는 두 쌍의 양말과 신발은 볼 수 있었다. 그때 여직원이 나와 후문을 닫고 사라졌고 내 쪽 천정 조명이 꺼져 주변이 어두워졌다. 일어나 자리를 옮기기가 민망해 빨리 먹으려 노력했다. 1955버거를 다 먹고 토마토치즈버거 포장을 벗겼다. 소스가 짜 한입 먹을 때마다 감자튀김을 입에 집어넣었다. 밖에 나왔을 때 배는 고프지 않은데 뭔가를 더 먹고 싶었다. 길거리에 이천 원짜리 닭꼬치를 파는 노점이 있었는데 그 주변을 사람들이 밝게 웃으며 지나갔고 나는 혼자여서 그걸 사 먹을 수 없었다.

나는 중년 남자들 좆을 빨거나 남자와 항문으로 섹스해서 죽고 싶은 게 아니다. 그런 일들은 누구라도 하려면 할 수 있는 선택에 불과하다. 죽고 싶어지는 것은 이런 일을 모르고 살 수 있거나 사람들과 함께여서 '외로워 보이지 않는 것만 같은' 이들을 볼 때다. 광화문으로 걸어가면서 오늘 한 일이 선택이었음을 생각했다. 사람을 만나는 대신 사우나에 갔고 찜방에 갔다. 사람들과 함께하면 그것은 겉보기에 외로워 보이지 않을 뿐이고 사실은 아니다. 내게 주어진 상황에서 뭘 골라도 이 상태를 해결할 수 없다는 걸 알고 있었다. 내가 남자의 좆을 빤다고 누군가 놀랄 순 있다. 하지만 그것에 놀란다면 내가 1955버거를 혼자 앉아 먹다가 불이 꺼지는 그 순간도 알아야 한다. 그게 내가 생각하는 공평함이다. 내가 찜방에 가서 오늘 몇 명의 좆을 빨았는지 말하려면 혼자인 이유도 말해야 한다. 그게 선택이라는 것도.

꿈에서는 안 친한 애들과 다정한 척을 하면서 야외극장에 영화를 보러 갔다. 영화제였던 거 같다. 자리에 앉으려는데 그 뒷좌석에 반갑진 않지만 매번 보면 살갑게 인사하던 사람들이 있었다. 앞줄에는 형이 앉아 있었다. 혼자였다. 그는 전보다 말랐고 피부가 좋지 않았다. 형이 신경쓰였고 잘 지낸다고 페북에 올리는 사진을 볼 때 드는 미움과 달리 안쓰러웠다. 나는 누군가를 오래 만났고 그가 좋았으면 헤어지고 나서도 그런 사람을 만날 수 있다고, 다시 관계를 맺을 수 있다고 생각해왔다. 꿈에서 깬 뒤 그것이 불가능하다는 사실을 인정했다. 누군가와 오래 만났고 좋은 관계를 가졌다고 또 그럴 수 있는 건 아니었다. 끝났다. 불을 켜지 않은 채 어두운 방에 앉아 잠깐 형을 떠올렸다. 형이 전화해서 돈을 요구할 때 받은 스트레스와 그럼에도 여전히 아프다는 둥 앓는 소리를 하면 기울던 마음. 그 한곳에는 형에 대한 감정이 훼손되지 않고 남아 있는 거 같았다. 하지만 무슨 상관일까? 형은 꿈에 등장했을 뿐이고 그것은 그의 실제 삶과 상관없었다. 2014. 08.

시마이

주로 사용하는 좆, 항문, 입, 얼굴 정도를 제외하면 내 몸을 모르고 있다. 사타구니가 가려워지거나 하지 않는다면 그런 부위가 몸에 있다는 사실조차 잊고 지낼 것이다. 누가 내 팔다리를 잘라 남들 것이랑 뒤섞어놓고 여기서 네 몸 가져가라 한다면 찾지 못할 거다.

지하주차장에 쌓여 있는 박스들을 카트에 실어 엘리베이터로 나르던 중에 나이키 매니저 누나를 만났다. 인사하지 않았다. 그 누나는 헤어진 남편 얘기, 자식 얘기 그러면서 사람에 대한 얘기를 다른 여자와 하던 중이었고 그 여자는 맞장구쳤다. "그래, 그 집착이 나중엔 전부 미움으로 바뀐다니까." 나는 아무 말 없이 엘리베이터에 타서 지상 이층에서 지하 이층 사층 육층까지 내려갔다가 도로 지하 사층 이층 일층 이층을 지났다. 스포츠관이 있는 사층에서 누나는 내렸고 내리며 "성원아, 안녕" 했다. 나는 "네, 누나 가세요" 했다.

치킨은 진실하고 치킨은 답을 알고 있다. 치킨은 치킨이 되려고 죽어버렸으니까. 치킨은 죽음 그 자체다. 거기엔 닭이 죽었다는 확실한 사실이 있다. 동성애는 재미가 없지만 좆을 빨고 입에 좆물을 받는 건 재미가 있다. 그게 아무것도 아니어서 재미가 있지. 아무것도 아니어서. "앗!" 하고 반응해야 한다고 배운 것들이 실제론 아무 힘도 없어서. 참는 방법이 따로 있느냐 그냥 참는 거지, 했던 말을 이젠 알겠다. 참을 수 없는 상태에서 참는다고 노력하는 게 아니라 참아질 때까지 그 질문을 쥐고 간 것이다. 참을 수 있을 때까지.

전쟁기념관을 둘러보고 용산참사 현장을 찾아갔던 인권기행에서는 여러 생각을 해야 했다. 나는 비정상이라는 것, 남들 역시 누군가는 비정상이고 그걸 저 나름으로 견디고 있음을 눈앞에서 목격하는 듯했다. 하지만 그것이 내 비정상성을 덜어주는 것은 아니며 문제는 스스로 해결해야 한다는 고립감을 느끼게 했다. 내 비정상을 완화시키는 데 도움을 줄 수 없는 타인의 비정상에 무심해짐을 느꼈다. 이 무심은, 참여하고 간섭하는 관심의 반대가 아니라 누가 죽게 되거나 위기에 처해도 그를 돕는 것이 나의 무엇에 유익한가? 따지는 종류의 진심이었다.

행사가 끝나 저녁 먹고 헤어지게 되었는데 같은 테이블 맞은편 남자를 보며 고통을 느꼈다. 그에게 구체적인 성욕을 느껴서. 그런 감정을 느끼는 것은 내 탓이고 상대방 탓이 아니었으니까 자제했다. 내가 그런 사람일 뿐, 내가 그런 감정을 느낀다는 사실을 상대는 알 필요도 없었고 알아봤자 소용없다는 무력감에 눌려 있었다. 식당을 나와 "이제 시마이합시다"라는 말이 주는 확실한 실망 앞에서, 누구도 탓할 수 없고 오직 나만을 탓해야 하는, 언제나 익숙해지기 어려운 이 감정을 회수하려 노력했다. 빨리 집이든 찜방이든 가서 잠을 자든 박을 타든

하고 싶다는 생각이 간절했다.

　다음날에는 찜방에서 만난 남자를 따라 그가 일한다는 충무로에 갔다. 인쇄, 후가공 등을 한다고 했다. 인쇄소 골목길엔 작은 횟집이 두 군데 있었다. 그중 한곳에서 사장으로 보이는 중년 남자가 붉은색 고무대야에 비눗물을 풀어 선풍기 날개를 닦고 있었다. 대야 속에서 날개를 이리저리 뒤집을 때마다 거품 물이 묻은 플라스틱 끝부분에서 햇빛이 빛났다. "여기예요. 외져서 밤이면 아무도 안 와요." 그에겐 주말에 작업해야 한다는 일감들이 있었다. 기계 켜면 소음이 심하다며 염려하는 말에 괜찮다고 했다. 콘돔 없이 그의 항문 안에 사정하고 밖으로 나왔다. 2014. 10.

쥐어뜯기

 영등포 디브이디방에 갔다. 안경 끼고 키 작은 통통한 남자가 나를 따라다녔다. 내가 화장실에 들어가면 따라 들어오려 하고 나는 문을 잠근다. 구멍 너머로 누군가가 오랄하는 장면을 본다. 마음에 들던 딱 한 명이, 텔레비전 앞에 앉아 휴대폰을 하던 잘생긴 남자가 다른 젊은 남자의 성기를 열심히 빨고 있었다. 안타까움을 느끼며 어두운 구멍으로 쳐다봤는데 빨리던 젊은 남자가 내가 훔쳐보던 구멍에 갑자기 손가락 세 개를 밀어넣어서 화들짝 눈을 떼었다.

 "뭐 좋아해? 말이 없으니까 좋은지 아닌지 모르겠어." "안고 있는 거 좋아해요." "그래? 위에 올라와." "자고 싶어요." "자." "결혼했죠?" "왜 그렇게 생각해?" 안고 있을 땐 형이 내게 깍지를 꼈는데 네번째 손가락에 낀 딱딱한 반지가 만져졌다.

 일요일 저녁, 나는 수치심을 느끼고 있었다.

 이 상황을 견디면서 사람들을 죽이고 싶어하지 않으면서 견디는 게 가능할까. 어디 가도 재미가 없구나. 어디를 가도 사람들은 비슷비슷하게 멍청하구나. 왜 맞은편 형에게 어떤 설렘도 느끼지 못할까? 이 사람이 일반이라면 충분히 호감을 느끼고 하고 싶어했을 텐데. 그의 뿔테 안경 너머로 눈을 바라보며 환상을 느끼려 노력했다. 궁금하지 않았고 지루했던 술자리에서의 이야기나, 나를 위한 그의 의미 없는 지출이 이 사람은 나를 뭐라고 생각하기에 내게 돈을 쓰나? 생각하게 했다. 밖으로 나와 지나가던 곳은 고기 굽는 연기가 피어나는 풍년집이었다. 전구들이 나무에 걸려 있었고 빛이 압도적이어서 나무들은 죽은 것처럼 보였다. 정확히는 죽어 있어도 상관없는 것처럼 보였다. 잘 꾸민 옷차림의 남자들이 술잔을 두고 야외 테이블에 앉아 있었다. 영등포에서는 나를 긍정할 수 없었다. 거기 모인 사람들은 눈에 드러나는 약점들로 뭉쳐 있었다. 혼자 있고 싶다가도 외로움을 견딜 수 없고 누구를 만나면 그들은 멍청하다. 나는 그들을 혐오하지 않을 자신이 없다.

 이름을 여기 쓰고 싶다. 그럼 볼 수도 있을 테니까. 본다고 해도 아무것도 달라지지 않고 무엇도 할 수 없고 그래서도 안 되고 괴롭기만 할 테니까 안 쓴다. 보고 싶다. 보고 싶다와 뜻이 비슷한 동사가 있다면 뭘까? 쥐어뜯다라고 생각한다. 보고 싶다는 말은 어디든 그곳을 내가 쥐어뜯는다는 말이다. 쥐어뜯지만 아무것도 해결할 수 없고 나아지지 않는다는 뜻이다. 쥐어뜯는다. 쥐어뜯는 걸로 아무것도 할 수 없다는 사실을 계속 겪으면서. 헤헤, 라고 쓰고 싶다. 정말 헤헤, 웃은 듯이. 헤헤. 괴로운 게 아니야. 괴로운 게 아니고 욕심이다. 잃은 게 아니고 덜 가진 거다. 불행한 게 아니고 덜 행복한 거다. 괜찮지만 덜 괜찮다. 더 괜찮을 수 있었는데 못 그런다. 못 보니까. 시간이 더 흘러야 한다. 그럼 괜찮아질 거다. 2014. 11.

수치심

 사는 걸 포기해보고 싶다. 이렇게 사는 거.

 그러지 말라는 말은 소용없다. 그러지 않을 수 있다면 그러지 않는 걸 선택하지 않은 것이고 그러지 않을 수 없었다면 그러지 않을 방법이 애초에 없던 것이니까.

 누가 아프다고 말하는 글은 읽자마자 좋아하게 된다. 육체적인 고통이든 정신적인 고통이든 누가 아프다고 말하면 그런 글을 읽는 게 재미있고 다들 이런 글을 더 써주었으면 좋겠다. 화내는 글이 좋고 미워하는 글이 좋다. 누가 이런 말을 해서 죽이고 싶었지만 힘이 없었어요, 하는 이야기를 읽고 싶다. 읽었지만 더 읽고 싶다. 늘 읽고 싶다. 나는 항상 힘이 충분하지 않고 실행할 수 없는 상태니까.

 행복하고 싶다. 행복이란 웃을 수 있는 거다. 내가 좋아하는 남자와 마주앉아 웃는다. 의심이나 불안, 수치심 없이. 이 사람과 헤어져서도 갈 곳이 있고 가서 박 탈 사람이 있을 때 나는 웃는다. 충분히 취했을 때고 좋아하는 사람 얼굴을 쳐다보면서 애쓰며 웃을 때이고 그의 목소리를 들을 때이고 웃으면서 헤어질 수 있을 때다. 그랬기에 다음에 또 볼 수 있을 것 같을 때이다. 그렇게 웃은 뒤 찜방에서 박을 탄다. 그곳에서 나는 안심한다.

건강해 보이는 젊은 남자를 볼 때 마음이 아프다. 그들은 나에게 수치심을 느끼라고 한다. 인정하라고. 너는 이상하고 안 건강하다고. 내 생각에 나는 건강함에 도달할 수 없다. 건강해 보이는 것도 가능하지 않다. 그런 일들이 일어날 수 있는 세계가 아니다. 이게 내가 느끼는 세계의 인상이다. 너는 건강해 보이길 원한다지만 그런 게 어디 있기나 해? 그것들은 사진 속에서 풍경 속에서 나를 충격하면서 '있다'. 하지만 그 '있음'이 의심스럽다. 이건 무대의 소품 같은 거야. 나는 '행복하다' '건강하다'라는 단어가 도무지 실감 안 난다. 그것보다 광고 속 이미지들이 더 진짜 같다. 실제로 그것들은 달성 가능하다. 노력한다면 말이다. 하지만 이 노력에는 뭔가 빠져 있다. 애초에 그걸 할 수 있는 사람이 있을 뿐인데, 해낸 사람은 스스로 생각하기에 나는 노력하니까 행복해지고 건강해졌는데 무슨 비결이 있냐고 물으면 뭐라 하지? 의문을 품는 것과 같다. 어떤 사람은 그렇게 될 수 없고 건강해질 수 없고 행복해질 수 없다. 그는 '건강해진' '행복해진' 사람을 흉내내려 그를 따라 하지만 맞는 방법이 아니다. 그는 실패하고 실패를 반복한다. 그 실패 중에도 성공 사례는 있다. 그게 그를 고통스럽게 하고 자신을 의심하게 한다. 나에게 빠진 것은 무엇이며 내게 '행복'과 '건강'이란 무엇일까? 묻게 한다. 그건 다른 이들이 지금까지 경험해본 적 없는 종류의 건강과 행복이다. 그건 아무도 그보다 앞서 얻어본 적 없는, 지금 존재하는 종류의 행복과 건강이 아닌 것이다. 2014. 12.

모멸감

 죽고 싶지 않다. 자살이 내게 요구될 때 의문을 가져야 한다. 왜 이 요구됨 앞에 불려나와 있는가. 나는 왜 여기서 심문의 대상이 될까? 자살해야 해. 그런데 살고 싶어. 살고 싶은데 자살하라는 이 요구에 저항하기가 힘이 들어. 이걸 이겨내는 게 힘이 들어. 자살을 한다, 안 한다를 이겨낸다는 게 아니고 나한테 자살하라고 요구하는 이 모멸감을 견디기 힘들다는 거야. 실패할 것 같다고 느끼는 건 사실이 아니다. 이미 실패했다. 잘 안 되어간다는 느낌 역시 거짓이다. 이미 그것이 잘 안 되었다는 사실을 알고 있다. 견디고 싶다. 더 잘 견디고 싶다. 감정에 맞서지 말고 그것이 나를 채우고 지나갈 때까지 기다려야 한다. 그것과 싸우지 말고, 반응하지 말고. 2014. 12.

3F

갇혀 죽어가는데 입이 없는 이야기를 쓰고 싶다. 방법을 다 써보지만 그 희망이 무용한 모습을 보고 싶다. 그 희망이 물에 가라앉아 죽어가는 저 사람을 구할 수 없는 희망인 채 빛나는 걸 보고 싶다. 그 빛이 물에 빠져 죽어가는 상태에 아무 도움도 주지 못하는 걸 체험하면서 스스로 물 밖으로 기어나와야 하는 사람에 대해 쓰고 싶다.

행위와 감정은 별개고 내가 어떤 감정 상태든 육체는 그 행위를 '할 수 있다'. 외롭다는 말을 바꿔서 보고 싶다고 해야 하는데 그렇게 못한다. 보고 싶다고 하면 보고 싶어지는데 볼 수 없으니까. 할 수 없는 일들은 아예 생각 안 한다. 말은 그래서 헷갈린다. 외롭다 말하면 정말 외로운 것 같다. 하지만 외로운 게 아니라 누가 보고 싶은 것이다. 그럼에도 '외로운' 것 같다. 말해진 것만이 내 감정 같다. 사실이 아닌데도. 앞으로 자살하고 싶을 때마다 자살하고 싶지 않다고 고쳐 써야지. 외롭다고 말하고 싶을 때에도 외롭고 싶지 않다고 고쳐 써야지.

그 사람이 실패할 때까지 기다려서 그 실패되는 모습을 보려고 하는 걸까? 가난함이 옷차림에서 고스란히 드러나는 걸 보고 있기. 너는 부자가 아니고 가난하구나, 느껴야 되는 고통. 살고 싶다. 좋아하고 싶다. 누군가 나를 좋아해주는 걸 겪고 싶다. 저 사람이 다른 사람보다 특별하고 유일하다는 감정을 내게 주고 싶다. 어제는 ㅌ형과 포옹할 수 있어서 좋았다. 공연을 보고 있다가 좋지 않은 안색으로 일어나는 그앨 형이 초조한 얼굴로 보다 찾으러 나갔을 때, 무대 주위에 서 있는 사람들을 밀치고 지나가면서 밖으로 사라지는 걸 나 혼자 그 바닥에 앉아 보았을 때에도.

낮에는 코트를 입고 ㅌ형을 만나러 나왔는데 보지 못했다. ㅈ형을 보러 이태원에 가려고 했다. 합정쯤 갔을 때 ㅈ형에게서 전화가 왔다. "여기 사람이 하나도 없어 다른 데 가자." "그래요. 어디 갈까." "영등포 어때?" "그래요." 나는 영등포에 간다. '오늘은 ㅅ이 볼 건데?' ㅌ형에게서 문자가 왔다. '그러니까 괜히 와서 미술관 서성이고 그러지 말어.' 중얼거렸다. 아닌데, 이태원 가려고 했지, 거기 사우나에 가려고 했어, 형. 거기에서 박 타려고 했어. 그전에는 신도림역에서 우산을 삼천 원 주고 샀다. ㅌ형이 문자 끝에, '비 온대, 우산 챙겼어?' 물어서. 그의 말을 듣고 산 거라 마치 형이 같이 있는 것 같았다. 지하철역에서 새로 산 우산을 펴보는데 손잡이가 뚝 빠져버렸다. 전철을 타 영등포에 내렸다. 갑작스러운 비로 사람들이 나가지 못하고 출구 앞에 모여 있었다. 폭우는 아니었다. 우산을 폈는데 손잡이가 또 빠졌다. 끼우고 걸었다.

계단을 올라가 3F라고 쓰여진 철문을 열었다. 방문은 잠겨 있었고 안에서 익숙한 신음소리가 났다. ㅈ형과 처음 보는 형 둘, 총 셋이 하고 있었다. 나도 거기 끼어 어떻게든 하고 집중

할 수 없는 채로 그들을 보고 있었다. 나중에 옷 입을 때 형은 다른 형들에게, "사정했어?" "형도 사정했지?" 번갈아 물었다. 그중 한 명이 나를 가리키며 "동생은?" 하니 형이 "애는 아까 쌌어" 했다. 그러고는 말을 이었다. "형이 먼저 싸고 애가 마지막에 싸야 하는데, 애는 그거 좋아하거든. 남들 싼 데다 또 싸는 거." 그 말을 들으면서 아니라고 뭔가 목구멍에서 치받고 올라오는 게 있었는데 아무 말 않고 셔츠 단추를 잠그고 니트를 입었다.

밖으로 나와선 오늘 코트를 입었으니까, 드물게 예쁘게 입었으니까, 형을 보려고 나왔으니까 이대로 파주 가긴 아깝고 안양에 갈까 잠깐 고민했다. 힘이 든다, 힘이 들지. 천안 급행을 기다리는데 힘이 들었다. 집으로 가야지 생각하고 합정 와선 파주 가는 버스에서 잤다. 비가 끊임없이 내렸다. 집에 와서는 불을 끄고 일찍 잤다. 2015. 01.

너무 멀리 있어요

 뭐가 행복일까? 행복이란 이런 것이야, 라고 애쓰면서 말하는 걸 포기할 때의 안도감인가? 계산하려고 카운터 앞에 선 그가 지갑에서 외환은행 체크카드를 꺼내는 걸 보았다. 그것이 체크카드여서, 단지 체크카드였을 뿐이지만 내가 계산했다. 커피를 들고 마주앉았는데 할말이 없었다. 잘생기지 않았다. 날씬하지만 키가 커서 식은 아니구나 생각하면서 앉아 있었다. 이야기에 집중이 안 돼서 옆자리 외국 여자들을 보고 그들이 주고받는 말을 듣고 뒷 테이블의 게이들을 보고, 흘려들었는데 갑자기 집중이 확 됐다. 그가 그런 이야기를 해서. '나에게 자신감이 없어서 원하는 게 있으면 다 들어주는 편이에요. 거부할 자격이 없다고 생각해서요.' 그때부터 마음이 열리기 시작했다. 성욕이 그냥 일어나는 게 아니고 성욕만 존재하는 것도 아니고 그런 행동을 하게 만드는 마음의 법칙이 있고 그 법칙 하나를 확인했다는 게 목이 메는 듯한 안타까움을 주었다. "모임에 나오세요. 행사도 하고요. 여름엔 살롱 드 에이즈라고 하는 게 있어요. 같이 가면 좋겠네요" 말하면서 무슨 생각을 했지? 저 사람의 '거부할 자격이 없다고 생각해서 다 들어준다'는 말을 들은 후부터 그 거부를 시험해보고 싶어 미칠 지경이었다. 상대방이 원하는 걸 들어줘야 한다고 믿는 그라는 거울을 들여다보고 싶었다. 거기에 비치는 것이 무엇인지 확인해보고 싶었다.

그의 집에서 나왔을 때는 비가 오고 있었다. 콜택시를 불렀는데 안 왔다. "신길역 5번 출구예요." 말은 했는데 택시는 안 오고 나는 비를 맞으며 기다린다. 영등포 로터리 주유소 앞이었다. 아까 그의 집에 올 땐 신길역 5번 출구에서 걸어왔는데, 거기로 어떻게 가야 하는지 하나도 기억나지 않았다. 전화가 울렸다. "여보세요? 기사님?" "네, 어디 계세요?" "저는 영등포 주유소 앞에 있는데요." "저는 신길역에 있습니다." "여기로 와주시면 안 돼요? 비도 오는데?" "신길역 큰 간판 아래인데요. 이리 오세요." "제가 여기가 처음이라 가는 길을 몰라요. 그리고 간판이 너무 멀리 있어요." 나는 비를 맞으며 멀리 보이는 신길역 간판을 향해 걸어갔다. 왜 이렇게 살고 있을까? 왜 그 집에서 자지 않았을까? 생각하며 택시 안에서 잠깐 잠이 들었다.

집에 와서는 썩은 야채들을 버렸다. 얼마 먹지도 못한 야채들이 썩어서 화가 났고 상한 귤 중 성한 것을 골라내 물에 씻고 껍질 뜯어 맛을 봤다. 설거지하고 청소하고 고양이 모래에서 똥을 건져냈다. 세탁기 돌리고 빨래 널고 방을 빗자루로 쓸었다. 휴지에 물 묻혀 바닥 닦고 집을 정리했다. 새벽 네시였다. 다음에도 보고 싶었다. "언제 쉬어요?" "주야비, 주야비니깐 저는 주간이 편하죠. 네시반에 끝나고 다음날 야간 출근이니까." "다음에는 집에 가도 돼요?" "네." "전 광화문에서 파주

가는 버스 있어요, 그거 타고 갈게요." 인사동에서 커피를 마시고 광화문까지 걸어갔던가? 아니면 인사동에서 헤어지면서 저런 말을 했던가 기억나지 않는다. 그에게 물었다. "손 만져봐도 돼요?" "네." "저 이거는 볼 줄 알거든요. 잔금이 많으면 고생 많이 한대요." "저는 생명선이 여기서 끝나요. 일찍 죽나 봐요." "저는 그럼 여기 이렇게 끊겨 있으니까 어렸을 때 죽었어야죠." "네……" "집에 데려다만 줄게요." "그럴래요?"

나는 아무것도 알 수가 없었다. 2015. 02.

월곡동

ㅈ형에게 보고 싶다고 문자를 보냈다. 전화가 왔다. 월곡동으로 가고 있다는 거였다. "오늘 모임 있어, 올 거야?" 답하지 않고 전화를 끊었다. 저녁 일곱시가 넘어 있었다. 해야 할 일이 있었다. 엄마 방통중 입학식이 일요일이어서 학용품을 사다 줄 생각이었다. 오렌지가 먹고 싶어, 하는 말도 들어서 오렌지도 사다놓으려 했다. 형한테 문자를 보냈다. '갈게.' 서점에 들러 학용품을 골랐다. 필통과 노트, 화이트, 형광펜, 볼펜과 샤프, 지우개…… 시장에서 오렌지를 한 봉지 사서 돌아왔다. 필통에 학용품과 오만 원을 넣어두고 집을 나왔다. 월곡까지 전철을 타고 갔고 내려서는 엄마에게 전화를 걸었다. 학용품을 확인하면 전화할 텐데 그곳에 들어가면 통화하기 어려우니까. 들뜬 음성을 들으며 껌을 씹고 있었다. 월곡역에 내리자마자 자일리톨 껌을 한 통 사서 입에 털어넣어 씹다 뱉던 중이었다. 통화하면서 그곳이 어디였는지 찾으려 월곡동 고가 아래를 서성였다. 기쁜 목소리를 한 귀로 흘리면서 가는 길을 빨리 기억해내길 바랐다. 통화를 끝내고 주유소와 피자헛 사이 골목으로 걸어갔다. 주차된 형 차를 찾으면 빠를 텐데 보이지 않았다. 기억을 더듬어 붉은 벽돌 건물을 찾았다. 사층까지 올라가자 희미하게 빠른 비트의 음악이 들렸다. 한 층 더 올라가 나무

문을 열자 B형이 고개를 내밀었다. "신발은 저기 신발장에 넣고." 신발을 넣고 안으로 들어갔다. 어두운 방안에서 신음소리가 났다. 은은한 푸른빛이 뒤엉켜 있는 사람들의 실루엣을 비췄다. 들어가기 전에 다짐했다. 집에 가고 싶어지더라도 곧바로 집에 가진 말아야지, 더 견뎌봐야지.

밖으로 나왔을 때는 열두시 이십분이어서 서둘러 광화문 가면 파주행 버스를 탈 수 있었다. 고가 아래서 택시를 잡아 행선지를 말했다. 가는 동안 남자 기사가 말을 걸었다. 나는 남자들 성기를 빨거나 애무할 줄 알고 그들과 성관계 맺는 법을 안다. 그렇기에 성적 대상이 아니라고 가능성을 제한하며 상대해야 하는 일반 남자와 말을 섞고 싶지 않았다. 기사 옆얼굴을 흘끔 보았는데 완고해 보이는 턱선이 마음에 들었다. 그는 운전대에서 한 손을 내려 자기 허벅지를 무심히 쓰다듬었다. 그는 아들 이야기를 했다. 아들이 좋아하는 오토바이 이야기…… 나이가 오십대 중반이라고 했다. "젊어 보이시네요, 삼십대인 줄 알았어요." 진심이었다. 이후 일어난 일들을 나는 적지 않는다. 내가 겪는 일은 다 내 것이다. 그 주인이 나라고 말해야 한다. 그럼 그것에겐 좋은 일일까? 나도 혼자 그것도 혼자가 아니라 그것에게는 내가 있기 시작하는가? 2015. 03.

산낙지

 누군가와 관계맺고 데이트하고 그걸 유지하는 비용과 시간을 건강하게 유지해본 적이 없다. 적은 수준의 지출, 밥을 먹고 차를 마시는 일 역시 부담이 된다. 사람을 만나고 싶을 땐 기간을 정해두고 만났다. 경제적으로 무리가 되면 스트레스가 앞서니까 그만 보게 된다. 내가 가난하다는 사실을 드러내지 않을 수 있는 선에서.

 자주 가게 되는 곳은 찜방이나 디브이디방이다. 누구와도 감정적인 관계를 맺을 필요가 없고 성욕을 해소할 수 있으며 좋아하고 싶었고 잘해보고 싶었던 사람은 아니지만 그 실감을 구체적으로 대체할 수 있는 목소리와 성기와 몸을 가진 아무나와 오천 원에서 만 원이라는 저렴한 비용으로 목적을 달성할 수 있는 공간. 이 패턴이 반복되면서 공격받는 건 자존감인데 사람들이 관계맺는 커뮤니티, 돈과 시간과 감정을 들여 친구가 되는 가상의 공간에 대한 지루함과 불안이 내가 보통 사람들에게 느끼는 한심함인지 아니면 질투 같은 적개심인지 알 수 없었다.

 돈 때문만은 아니다. 그게 큰 부분을 차지하더라도 그것이 그림을 완성하는 건 아니다. 그림을 완성하는 조각은 따로 있다. '하지 않음' '하기 싫음'의 얼굴을 한. 일종의 계기다. 어느 순간. 그전에는 도저히 할 수 없어 보였던 뭔가가 아무렇지 않아진 순간. 그걸 어떻게 해? 여겼던 행동을 하게 만들고 결심을 실행하게 한. 뭔가를 망치는 것이다. 잘 구워지고 있다, 알맞게 익었고 먹음직스럽다, 생각한 음식에 오물을 떨구어 먹기 싫게 만들어버리는. 노력해서, 공들여 깨끗함을 유지하고 있던 백지에 얼룩을 하나 떨어뜨리는 행동을 할 수 있게 한.

마지막으로 들었던 말이 떠오르기도 했다. "소설가는 견디는 거야. 견디는 힘으로 쓰는 거야. 감정으로 쓰는 게 아니야. 생활에 아주 착 달라붙어 있으면서 그걸 견디면서." 들으며 생각했다. 그게 바로 제가 하려는 거예요. 실감하고 싶은 게 그거예요. 힘든 업종일수록 정직원을 구하는 자리는 많았다. 도전정신으로 충만한, 비전이 있는, 앞으로 살아가고 싶은 모습을 쓰시오, 같은 지원서 문항을 보면서 어떤 일자리를 원하는지 내게 물었다. 가급적 몸이 힘든 일, 노동의 결과가 시각적으로 드러나는 일, 아무나로 대체할 수 있는 일, 나라는 사람에게 아무것도 기대하지 않는 일. 어디 가진 않았다. 주말 밤, 평소 일하던 때였다면 괴로웠을 주말 밤, 휴일 전날 밤이 아무렇지도 않았다. 앞으로 많고도 많을 날 중 하나였다. 집 청소도 안 했다. 약속이 있었는데 취소했다. 돈이 없다고 생각하면 쉬웠다. 사람들을 볼 이유가 없었다.

사람을 만나면 화가 난다. 상대방에 의해 내 말이 교정되어서다. 상대방을 의식하며 말을 수정해서 상대방은 단지 내 앞에 앉아 있었다는 사실만으로 나를 조종해버린 셈이 된다. 필사적으로 말한다. 계속 말한다. 그것이 화나게 한다. 너무 많이 말했다. 아무 말도 안 할 수 있었는데. 왜 이 사람하고 발가벗고 이런 짓을 하는 데 돈을 들여야 하고 굳이 입술과 혀로 이 몸을 애무해야 되는 거지. 양성 판정 받은 사람과 잤는데 콘돔을 쓰지 않았다. 콘돔 써…… 빼…… 같은 말을 들어도 굳이 사용하지 않고 했다. 분명 두려워하고 있었는데 왜 콘돔 없이 관계를 맺으려 했는지 알 수 없었다. 회사를 관두기 전이다. 밤에 집에 들어가려다 전화가 와서, 빌라 현관 비밀번호를 누르다 통화하면서 끊지 말라고 어디냐고 물었다. "인사동에서 볼까요." "저는 종삼인데요." 굳이, '저는 부족함이 있다고 생각해서 제게 요구하는 걸 다 받아들여요, 그래서 이것도 걸렸을 거예요' 하는 고백을 듣자마자 그와 자고 싶어지고 뭔가를 확인하고 싶었다. "사람들에게 실수하게 되어서 안 봐야지 결심하게 되었어요. 그런 버릇을 고칠 때까진 사람을 안 봐야겠다. 자제할 수 있을 때까지는 아무도." 할 수 있어 보이는 것과 실제로 하는 건 다르다. 잘못 생각하고 있다. 누군가 눈앞에 있다는 사실만으로도 말의 내용을 바꾸고 화법을 바꾸듯이 어느 위치에 누군가가 일시적으로 놓여 있었다는 사실, 눈감거나 잊었으면 되는데 거기에 영향받는 순간이 생긴다. 모른 척할 수 없게 된다. 누군가를 만나고 헤어지면 고통을 느껴, 그게 억울함과 유감을 줘서 파괴적인 행동을 하게 해요, 같은 말이 안 먹힌다. 나를 설명해준다고 믿었던 것들이 이제 이유가 아니다. 나는 아무것도 아니다. 나는 누구지? 어떤 사람인가? 다른 사람과 나를 구별해주던 특징, 이유가 어디에 있나? 전 못해요. 안 합니다. 능력이 없어요. 못하는 사람이에요. 할 수 있어도 의미가 없습니다. 해서 뭐하지? 바라는 건 벌레 같은 삶이다. 어울리는 건 벌레 같은 삶이다. 화장실에 날아다니는 날파리들, 손가락으로 눌러죽일 수 있을 만큼 느리고 저항할 수 없는 날파리 정도의 삶. 나는 아무때나 죽여져도 상관없는 사람이다. 확신을 잃어가고 있어. 그래서 화가 나는 거야. 화가 나지만 화가 난다고 말할 수 없고 아무도 없으니까 들려줄 수도 없어. 하고 싶은 말을. 누가 듣겠나? 누가 듣겠어? 글이 단지 글처럼 쓰여지고 싶어서 쓰여지듯이 말이 단지 말하고 싶어서 말해지는 걸 듣고 있었다. 나는 그걸 '진부함'이라고 했다. 화가 난다. 내가 느끼는 감정이 하나 있는데 그건 분노다. 성원이는 이런 애라며? 질병, 감염, 잠복기, 에이즈, 곤지름…… 아니아니 그런 걸로 아무 설명을 못하겠어요. 그런 걸 하고 싶지 않아졌거든요. 정말이야? 정말 원하지 않니? 제가 원하는 건 껴안고 뽀뽀하는 거예요. 여기까지만 하고 싶어요. 가끔 너무 화가 나서 많은 사람을 한번에 돌이킬 수 없이 죽여버리고 싶다고 생각한다. 이걸 늘 잘 다독인다. 실패할 수도 있다. 이게 좋아하는 이야기예요. 돌이킬 수 없는 이야기, 구해질 수 있었는데 구해지지 못한 이야기, 다 빼앗기는 이야기, 뉘우치지 않는 이야기. 그 주인공이 되고 싶다. 그렇게 생각하는 걸 그만해, 라고 누가 말할 수 있을까? 아무도다. 누구와도 연결되어 있지 않으니까. 노란색을 골랐지만 고르지 않은 파랑과 초록도 있지. 그 색들이 있다는 걸 알아. 고르지 않았을 뿐이다. 너는 노랑을 본다. 나는 고르지 않은 나머지를 함께 본다. 색깔을 고르고 꺼낸다. 꺼내지지 않은 나머지들을 본다. 그 빨판이 움직이는 거, 살아 있는 거, 죽어야 하는 산낙지가 일시적으로 수조 안에서 움직이는 거, 눈을 뜬 채인 듯한 움직임을 본다. 죽어도 되는데 아직은 살아 있는 낙지를. 소변통. 오줌을 눈다. "오줌 주세요. 오줌 먹고 싶어요." 겨울이라 소주를 마셔야만 추위를 견딜 수 있는 옥상에서, "아무도 없어요, 여긴. 아무도 안 와요" 두리번거리며 굳이, 원하지도 않으면서 뭘 원하는지도 모르면서 그저 껍데기가 움직이듯이. 이젠 아냐. 껍데기만으론 아냐. 이대로는 아냐. 이렇게는 아냐. 껍데기인 것만으로는 안 돼. 내겐 이유가 필요하다. 크거나 단단해서 무시할 수 없고 숨길 수 없는 이유가. 단단해서 안 구부러지고 버리려고 했는데 버릴 수 없는. 무슨 말이든 하고 싶어. 겁이 나니까. 무슨 겁이 나나? 아무 겁이 안 난다. 단지 겁이 난다고 쓴다. 이 차이를 알아? 나는 이 차이에 시달리고 있어. 나는 안 느껴. 그렇게 생각 안 해. 그런데 그렇게 말하고 그렇게 쓰고 있다. 그러기 싫은 거야. 그렇게 생각 안 합니다. 그렇게 안 느껴요. 진실해질 수 있는 길은 혼자, 입 다물고 있는 것뿐이다. 아무도 만나지 않고 무엇도 하지 않으면서. 2015. 05.

프로베스트

 빗자루로 방의 먼지, 털, 모래, 그런 걸 쓸어내면서 생각했다. 그런 소설이 아니면 안 쓰겠다. 경험한 인물이 아니라면 안 쓰겠다. 내가 그 인물을 쓰려면 현실에서 그 사람을 만난 적이 있어야 한다. 경험한 걸 쓰겠다. 이건 소설이고 허구다, 가 아니라 모조리 사실이었고 있었던 일인 글을 쓰겠다고 다짐했다. 음료 회사에서 일할 때 유니클로 청바지 두 벌을 작업복으로 입었다. 그 청바지는 등허리 정중앙에 벨트 고리가 달려 있었다. 음료수를 등짐 지고 나를 때마다 그 고리가 허리에 배겨서 만든 사람을 욕했다. 이거 만든 놈은 자기가 디자인한 청바지를 입고 한 번도 등짐을 져본 적 없는 거지. 그런 것도 모르는 게 옷을 만든다고……

 새로 구한 일은 재밌다. 하다보면 가끔 허리가 미칠 듯이 아프고 손톱 끝과 손가락 마디가 저리지만 이 정도 통증이면 양호하다. 이제 나는 고양이 대용량 사료를 포장하는 일을 한다. 프로베스트, 캣츠랑, 캣차우, 캣츠 아이, 토우, 치킨 수프, 로얄캐닌, 에이엔에프……

 퇴근길에 회사에서 읍사무소까지 걸어가는데 회사 사람들이 차를 세운다. "성원씨, 타세요. 정말 걸어갈 거예요? 저 이마트까지 가는데 태워줄게요." "읍사무소까지만 가요. 거기서 걸어도 되잖아요. 에이 힘들게 무슨……" 사양하고 괜찮다고 하고 걸어가는데 차 안에서 ㅇㅇ이랑 잇몸을 드러내며 환하게 웃고 있었다. 그걸 보면서 뭔가 생각했는데 아무데도 말할 수 없었다.

 침묵해야 한다. 아무도 안 들으니까. 말하려고 매일 노력한다. 시간이 필요하다. 이루어질 거다. 그것밖에 원하지 않을 테니까. 기분이 좋아졌다가 무너지듯이 쓸려내려간다. 다 꿈이다. 꿈을 꾸고 있구나. 씻겨 무너져내리는 꿈. 말할 때 조심해야 한다. 나는 그렇게 느끼지 않는다. 그렇게 느낀다고 말하는 것에 매혹될 뿐이고 그걸 모방하고 있다. 그렇게 안 느낀다. 아무것도 안 느낀다. 그 감정을 모방하고 싶다고 원할 뿐이다. 살아 있는 사람을 살아 있다고 믿고 싶다. 고통 없이 지낸다. 매일 꿈을 꾸고 있다고 일하면서 생각한다. 나는 크게 잘못되어 있어서 원하는 걸 원할 수 있게 되길 바라지 않는다. 2015. 05.

잘한 걸까

 맥주를 각자 두 병씩 마시고 헤어졌는데 이대로 집에 갈 수 없어서 한참 걸어야 했다. 잘한 걸까? 묻고 있었다. 웃긴 말이다. 내가 뭘 잘 선택하면 얼마나 잘 선택할까? 나는 내가 누구인지 안다. 하지만 '나는 누구입니다'라고 말하는 일에 공포를 느낀다. 자살 안 하는 데 모든 힘을 쏟고 있다. 나는 아무것도 못하는 중인데 그건 자살 안 하는 데 온 힘을 쏟아야 해서다. 자살 안 하고 싶은데 아무도 나를 살려줄 수 없을 거라는 느낌에 시달린다. 나는 내가 남들에게 어떤 대접을 받아야 한다고 생각하는 걸까? 토요일 공원에서 좆 빨리다가 바지 추스르고 나와 종로 포차에서 술 마시는 사람들 보는 기분을 몇십 배 확대한 거 같다. 나는 나를 누구라고 생각하지?
 자살하지 않을 방법은 없으며 있으면 알 수 없고 알면 할 수 없다. 시간이 걸린다는 사실을 못 참는다. 지금이 밤이라면 낮이 되라고 아무리 바라고 노력해도 밤이라는 사실을 바꿀 수 없다. 몇 시간을 견디면 아침이 오고 낮이 되지만 그것은 의지 바깥의 일이다. 그 사실을 못 견딘다. 지금이 밤이라는 사실을 잊어버려야 한다.
 살아 있어서 생기는 문제들은 자살로 해결할 수 있다는 믿음이 자살을 떠올린 사람에게는 필요하다. 눈앞이 벽으로 막

혔더라도 이야기에 기대할 수 있는 반전, 놀라운 해결이 내가 겪는 문제에도 있으며 그걸 발견하기만 하면 된다는 믿음이 나를 괴롭힌다. 다른 방법은 있겠지만 발견할 수 없고 남들이 해결하는 걸 목격하기만 할 뿐이며, 그걸 흉내내려 마음먹더라도 실행할 수 없다. 누군가 자살을 선택한다. 여러 의미가 있을 수 있다. 하지만 이미 죽은 사람에게 죽는다는 게 무얼 의미하나? 죽어봤는데 소용이 없었다. 죽는다는 건 못 느끼게 된다는 거다. 이 어쩔 수 없음을 더 못 느끼게 되고 눈뜨고 잠들고 자리에 누웠다가 일어나는 일을 할 수 없게 된다는 뜻이다. 여기가 다른 길인데 이쪽으로 가면 벽을 지나 나갈 수 있어요, 하고 일시적으로 말해지고 싶다. 더 많은 사람이 자살을 선택한 뒤 실패하는 걸 보고 싶다. 다른 사람이 죽어가는 걸 보고 싶다. 다른 사람이 죽기 직전에 살고 싶어하지만 결정을 돌이킬 순 없는 장면을 목격하고 싶다. 죽고 사는 건 선택이다. 너한테는 의미가 있는가보지. 내게는 아니야. 그래서 억울하다. 누군가에겐 삶을 유지해야 하는 이유가 있는데 왜 나에겐 없는가? 그 이유를 만들어주어야 자살도 할 수 있다. 이야기를 읽는데 갑자기 사람들이 죽는다. 나는 그런 부조리도 좋아하지. 하지만 이야기에서는 설득력이 있어야 한다. 어떻게 하면 그럴 만한 이유가 될까? 아주 많은 사람을 단번에 죽이면 어떨까? 누구라도 저 사람이 죽어야만 해, 저 사람이 자살을 일찍 해서 혼자 죽었더라면 얼마나 다행이었을까, 생각하도록 만들고 싶다. 2015. 06.

휴게텔 가운

 소설을 써보고 싶지 않니? 네가 어떤 사람인지 무슨 생각을 하고 뭘 겪으며 보고 듣고 만지는지 보여주고 싶지 않니? 오늘은 수원 시내를 운전하면서 그 맑은 일요일의 도로를 아침 여덟시에 차를 몰고 나오면서 엄마가 이야기하는 방통중학교 수업 얘기를 들으면서 오늘 시험인 엄마를 학교에 데려다주면서 생각했다. 뭘까, 어디에 있을까, 내가 써야 하는 이야기는, 쓰고 싶은 이야기는 어디에……

 자살 안 하고 싶다. 안 자살이 나를 찾아서 나를 자살 안 하게 해주었으면 좋겠다. 안 자살은 구리지도 않고 백화점에서 파는 물건처럼 고급일 것이다. 자살은 뭔가? 경기 지방 휴게텔의 해진 가운, 거기 코를 대었을 때 나는 구린내. 뽀뽀하고 싶어, 하고 다정하게 네게 코를 갖다댈 때 풍기는. 2015. 07.

콘돔

 피부가 매끈하고 몸이 탄탄한 바텀과 했는데 뺐다가 삽입할 때마다 손을 뒤로 돌려 콘돔을 꼈는지 확인했다. 안에 싸고 싶다고 하니 입에 싸달라고 했다. 입에 싼 정액을 다 삼킨 뒤 내 사타구니에 볼을 대고 누웠다. 자고 일어나서 아침에 또 했는데 그때도 안에다 싸고 싶다고 하니까 했던 말, "깨끗하게 해야 여러 번 오래 하지". 저 말을 듣는 순간 나는 아무 말도 할 수 없는 상태가 되었다.

 그러다 그는 일층에 씻으러 가고 나도 잠깐 잠들었다가 일어나 씻었다. 그가 이층 수면실에 올라온 것을 확인하고는 그가 사라진 통로로 뒤따라 들어갔는데 렌즈를 빼서 앞이 잘 안 보였다. 통로 맨 끝방에 중년 탑이 박 타고 있길래 바텀을 확인해보니 그 사람이었다. 그때부터 내 관심사는 하나였다. 노콘으로 하고 있는가 아닌가. 자지가 삽입된 항문 부분을 만져보고 싶어 안달이 났다. 탑 뒤로 돌아가 그의 엉덩이 아래로 손을 밀어넣으니 탑이 자기도 박아달라는 듯 속도를 늦추고 엉덩이를 내밀었다. 그때 탑이 삽입한 성기를 만져봤는데 콘돔을 안 끼고 있었다. 그러다 중년 탑이 사정하고 내게 양보해서 나도 젤만 바르고 삽입해 얼마 안 돼 싸기 시작했다.

 그런데 나중에 보니 다른 사람이었다.

사람들을 보고 나면 자살해야 한다는 명령만을 듣는다. 자살해야 합니다! (하루 빨리……) 사람들이 미쳐버려서 더이상은 맨정신으로 거리를 걸어다닐 수 없고 내가 느끼는 감정을 똑같이 느끼도록 만들고 싶다. 자살하는 사람들을 상상하면, 지금 이 순간 목숨을 끊은 사람들을 상상하면 힘이 나고 씩씩해진다. 영화 속에서 인물이 죽음 문턱에 가는 걸 보고 싶다. 죽기 직전에 구해지는 장면을 보고 싶다. 구해졌지만 그게 배우가 죽는 걸 막을 순 없는 거. 그 인물이 죽을 뻔했다는 사실이 배우의 일부를 영원히 훼손해버린 그런 순간을 목격하고 싶다. 사람들이 죽는 이야기를 쓰고 싶다. 이해하거나 납득할 수 없는 이유로 사람들이 많이 죽어버리는 이야기.

저는 안 건강해진다고요. 제가 게이라서 항문섹스를 해서 노콘 안싸를 해서 HIV 양성이 될까봐가 아니고 저의 기질, 성격 일부가 심하게 훼손되었으며 그걸 복구하거나 회복할 방법이 없다고 느낀다고요. 2015. 08.

문을 여는 법

 문을 여는 법=문을 연다, 참는 방법=참는다, 가 아니다. 알고 있는 것과 그걸 행동으로 옮길 힘이 있는 건 다른 이야기다. 아뇨, 못합니다, 안 해요, 싫어요, 안 할 거예요, 말할 수 있었으면 좋겠다. 나는 안 해요, 못 합니다, 저는 그렇게 할 수 없습니다, 말해지고 싶다. '아니에요'를 그렇게 하겠습니다, 라는 의미로 더는 사용하고 싶지 않다. 내가 나에 대해서 아무 통제도 할 수 없고 다른 사람이 요구하거나 명령하는 대로밖에 움직일 수 없다면 내가 나인 것이 맞는가? 혼자 있어야 한다는 말은 그 요구들을 안 듣겠다는 말이다. 네가 말하면 거부할 수 없고 수행할 수밖에 없으니 애초에 그럴 기회를 안 주고 싶다는 말이다. 저는 그렇게 안 할 건데요, 말할 수 있게 해. 하지만 나는 그렇게 못할 것이다.

 좆 빨고 싶다. 좆을 빨고 정액이 입안에 뿌려지면 사는 이유 같은 게 없어도 견뎌진다. 자살은 네가 겪는 문제를 하나도 해결할 수 없겠지만 살아 있겠다고 해서 딱히 답이 있는 건 아니잖아? 그럼 자살도 비슷한 선택이다. 나는 자살이 모든 문제를 해결한다고 생각한다. 더울 때 더위를 어쩔 수 있는 방법이 없다면 자살도 하나의 방법이다. 물론 더 좋은 선택은 에어컨이 있는 곳에서 시원한 바람을 쐬는 것이겠지. 이런 식의 늘 '그럴 수 있었더라면' 그리고 '지금 나는 아니지만 누군가들은 누리고 있는 것'이 해결책인 경우 자살하지 않을 방법이 있나? 나는 더위 때문에 죽고 싶다. 하지만 이 더위를 누군가는 간단히 해결한다. 이게 억울함이다. 답이 없는 게 아니다. 답을 안다. 문제는 이런 거다. 방을 못 나가겠어. 문을 열고 나온다가 해결책이며 문을 열면 이 방을 나갈 수 있다는 사실을 이해하고 있다. 하지만 나는 문을 여는 행위를 할 수 없다는 느낌에 시달린다. 문을 여는 것은 힘도 돈도 들지 않으며 다른 조건이 필요하지 않은 간단한 일처럼 보인다. 일어나서 저 문을 연다고 결심하고 그걸 행동으로 옮기면 되는데 문을 못 열겠다는 느낌에 눈물이 줄줄 흐른다.

  원하는 걸 갖는 법=원하는 걸 가진다.

  저게 불가능하다는 말이다. 이렇게 써놓으면 이해가 될까? '문을 여는 법=문을 연다'가 아니라는 뜻이다. 2015. 08.

서울 사람

나도 잘살 수 있는 방법이 있었겠지? 그게 무슨 느낌이냐면 출발선이 나는 전주쯤이고 다른 사람은 대전이거나 수원인데 서울까지 같은 시간에 도착하자! 도착지가 같으니 공평하지? 하는 것 같다. 그럴 때면 서울에 도착한 사람들 말고 서울에 안 간 사람들을 생각한다.

너: 서울에 도착한 사람들은 노력했다. 모르니?

나: 지금이라도 서울에 도착하고 싶지 않니?

나: 네가 서울에 있지 못하고 서울에 도착하고 싶어한다는 사실에 부끄러움을 느끼지 않니?

나는 혼자다. 혼자라는 건 누가 함부로 대해도 어디에 말하거나 도와달라고 할 수 없다는 뜻이다. 혼자라는 느낌을 어떻게 견뎌야 하는지 알 수 없고 그건 앞으로도 마찬가지다. 나는 혼자라는 생각에 갑자기 몸을 부르르 떨게 된다. 추위를 느끼는데 입을 수 있는 옷이 없다는 사실을 깨달은 것처럼.

저는 서울에 도착할 수 없을 것입니다. 저는 서울 사람이 되지 못할 것이며 서울 사람이 아닐 것입니다!라고 말하고 말해버리며 말해져야 한다.

자살하고 싶다는 말은, 아저씨들 좆을 빨아주고 그들 정액을 먹고 항문에 사정되고 나서도 제정신이거나 나를 견딜 수 있느냐? 가끔씩 그 사실이 힘이 들며 자살하고 싶다는 말이다.

감정은 내가 찜방이나 사우나에서 사람들에게 사용될 때 경고한다. 네가 바라는 다른 방법도 있었을 텐데 술을 마시고 이렇게 아무나와 하는 것 말고도 혼자이지 않을 방법이 있지 않을까? 그건 나도 잘 모르겠지만……이라고 말하는 신호다. 내가 혼자이지 않을 방법이 있다면 그건 박살났고 파괴당했으며 물에 적셔졌고 종이였다면 찢어졌다는 느낌이 '죽고 싶다'이다. 2015. 08.

건강 훈련

 잘난 사람을 볼 때 고통받나? 아니. 잘나지 않은 사람이 자존감을 잃지 않은 장면을 보는 게 고통스럽다. 건강하길 바란다. 나를 견디는 데 특별히 주의를 기울이지 않아도 되는 상태가 되길 원한다. 다른 사람의 건강함을 보는 데 고통이나 특별한 감정을 느끼지 않도록 훈련되고 싶다.

 몸 두껍고 가슴근육이 멋진, 고추 굵은 형이랑 내내 키스하고 껴안다 왔다. 탄탄한 짧은 머리 바텀을 노콘으로 박으면서…… 수면실 문을 열고 들어갔더니 짧은 머리 바텀을 엎드려놓은 채 아저씨가 박고 있고 바텀은 근육형의 자지를 빨고 있었다. 탑 하는 아저씨 뒤에서는 다른 중년남1이 삽입된 부위와 탑 항문을 만졌다. 중년남2는 서 있는 내 엉덩이에 고추를 대고 비벼댔다. 탑이 사정하고 비켜나서 내가 올라탔다. 바텀 항문에는 방금 싼 정액이 미끌거렸다. 그 상태로 삽입하면서 바텀의 귀를 쓰다듬고 손깍지를 끼고 손가락을 만지작거리며 어깨, 등, 목덜미, 볼, 머리에 뽀뽀했다. 그러다 근육형의 가슴을 빨고 자지도 빨았다. 뒤에서는 중년남1이 내 항문을 손가락으로 문질렀다. 나중엔 바텀 안에 사정하고도 형과 키스하는 게 좋아서 자지를 안 빼고 움직였다. 나와서 샤워하고 사우나실에 들어가 의자에 앉았을 때 형도 나를 따라 들어와 마주보고 앉았다. 사우나실에 있던 중년남3이 다짜고짜 내 자지를 빨기 시작했다. 형은 웃으며 다가와 키스해주었다. 나도 형 걸 빨고 싶어서 고개를 숙이니 형은 사우나 의자를 밟고 일어나 자지를 내 입에 갖다댔다.

"언제 와? 목요일?" 옷장에서 옷을 챙겨 입는 내게 형이 물었다. 나는 대답 대신 웃기만 했다. "전화번호 알려줄 수 없지?" 고개를 끄덕였다. 형은 말했다. "목요일에 올게." 나는 또 끄덕였다. 2015. 08.

어차피

페북에서 사람을 많이 지우고, 결국엔 모두 지웠다. 학교 다닐 때 알던 사람들, 함께 일하던 사람들, '나를 본 적이 있다' 말할 수 있는 사람들을 상상 속에서 견디기 어려워졌다.

그건 고립감이기도 하다. 어차피이다. 어차피이지 않은가? 어차피이다.

안 그렇게 보여지기를 선택하느냐, 아뇨, 안 괜찮은데요!라고 소용없이 표현되기를 선택하느냐의 차이다.

모든 이야기를 다 할 순 없다. 결과를 설명할 수 있는 원인에 대한 이야기를 매번 처음부터 시작할 순 없다. 닥치고 있어야 하는 것이다.

고통받는 장면이 있다면 피하고 보지 않는 것은 도움이 된다. 이 장면에 맞설 거야! 고통을 상대할 거야! 하는 생각은 망상이다. 견디느냐, 견디지 못하고 죽느냐의 문제다.

견딘다는 건 아주 뜨거운 걸 맨손으로 잠깐 잡는 거다. 충분히 쥐고 있을 수 없다. 화상을 입는 일이니까. 하지만 저걸 놓칠 수 없다는 느낌, 이걸 손에서 놓아버릴 수 없다는 느낌이 견딘다이다.

견딘다면 다 할 수 있다. 감정을 견딘다면 무엇을 원하고 무엇을 하고 싶어하든 그것들을 다 할 수 있다.

다 회피할 순 없다. 모든 걸 보지 않기는 불가능하다. 사람을 안 볼 순 없고 고통에 놓이는 상황을 모조리 피할 순 없다. 안 볼 수 있는 건 안 보기로 선택하지만 봐야 하는 것들은 여전히 견뎌야 한다.

감정은 온다. 감정은 나타난다. 그것이 있던 자리로부터 내게로 온다. 그건 걸어온다. 나는 감정을 마주보고 걸어간다. 다른 길로 걸어가야지 생각하지만 늦었고 돌아서는 순간 감정은 따라온다. 마주보고 지나가야 감정은 등뒤로 멀어진다. 그러니까 견디면 된다. 잠깐만 이 쥐고 있을 수 없는 뜨거움을 쥐고 있으면 된다.

내가 구하는 것은 타인의 물리력이며 구체성이다. 말이나 생각이 아니고 몸이고 물질성이다. 나는 감정을 상대할 수 있다. 나는 강한 사람이다. 하지만 감정은 몸으로 온다. 나는 몸으로 오는 감정을 관리하지 못한다.

글을 쓴다는 사실만으로는 어떤 물리적인 도움도 구할 수 없고 얻어터지고 있으며 손의 타들어감에 대해 무엇도 할 수 없다. '제 손이 타고 있어요!' 외치면 '손이 타고 있구나 저런 어떡해!' 소리를 가끔 들을 뿐이다.

나도 삶에는 다양한 결이 있다는 사실을 안다. 삶을 어느 정도는 이해하고 있지만 '어떻게 하면 죽은 사람이 살아 있을 때 안 죽은 상태가 될 수 있는가?' 이게 크고 압도하는 질문이어서 시달릴 뿐이다. 2015. 08.

목요일

　금요일에는 사우나에 갔다. 형을 혹시 볼 수 있을까 해서. 목요일에 가려 했는데 퇴근하고 한잔 하자고 해서 운정에서 회식했다. 금요일에 형은 안 보였다. 눈에 들어온 사람이 있었지만 그는 다른 사람이랑 잤다. 나는 그 둘이 키스하는 옆에 누워 있었다. 취한 사람이 이층 수면실에서 욕을 하고 고함을 쳤다. 지하 수면실 구석에서는 한 아저씨가 신문을 읽으며 전화를 하고 있었다. 또다른 사람은 자는 척하는 남자의 자지를 정성스럽게 빨아주다가 젖꼭지를 빨아주다가 하였다. 남자가 쌀 때는 오랄하던 사람의 머리를 눌러 움직이지 못하게 했다. 나는 사정한 후 사우나에서 나왔고 이대로 집에 가기 억울해 디브이디방에 갔다. 사람을 보고 싶었다. 누구라도 나한테 오늘 다정하게 말을 붙여주면 같이 나와서 술을 마시거나 이야기를 하고 싶었다. 들어가자마자 체크셔츠 입은 남자가 나를 말없이 따라다녔는데 식이 안 되어서 가만히 있었다. 사우나에서 따라다녔지만 한 번도 만져보지 못했던 사람들이 생각나더 그랬다. 그러다 구멍방에 들어갔다. 그 이후에 어떻게든 살려고 신설동으로 갔는데 거기에서도 최악이었다. 무엇이든 안 되는 날이었지만 그 사실을 받아들이기 어려웠다. 토요일에는 치과에서 충치 치료한 어금니에 크라운을 씌우고 스케일링을 받았다. 그러고는 구로에 가서 디브이디방 어두운 침대에 엎드려 오랄을 하고 입에 정액을 받았다. 아저씨는 내 입에 싸더니 바로 돌아서서 자기 성기를 닦고 나가버렸다. 나는 그런 대우를 받는 기분이 좋았다. 2015. 09.

잃은 팔

 내가 고통받아왔다는 걸 모르는 시선으로 나를 들여다보고 싶다. 깨닫지 못했던 낯선 위치에서 나를 바라봐주는 상대가 있다면 그 시선을 통해 탈출할 수 있을 것 같다. 할 수 없는 말을 하려면 쓸 수 없는 방식으로 써야 한다. 맞춤법을 의도해 부술 때마다 하나 마나 했던 말은 의미를 띠기 시작한다. 부서졌기 때문에. 결심하고 실행하고 행동에 옮기면서 스스로 나아지고 있다고 착각하게 된다. 일시적으로 가능한 거야. 저 사람을 견딜 수 있는 게 몇 시간이듯이, 그 이상은 견딜 수 없다고 생각하게 되듯이. 일을 하면 더 오래 버틸 수 있다. 일을 하면 정말 오래 버틸 수 있다. 일에는 아무 의미가 없고 나는 일이 의미 없다는 사실을 이해하고 있다. 일은 네가 본래 의미 없는 존재라는 사실을 보여준다. 하지만 일하지 않는 상태는, 나에게 '너는 의미 없다'를 보여주지 못하는 상태는 감당하기 힘이 든다. 그건 마치 내가 나의 '존재'를 걸고 뭐라도 해야 할 것 같은 초조함을 준다. 나를 책임져야 하는 것이 부담스럽다. 나는 책임지는 법을 모른다. 뭔가를 배우려면 관계가 필요하다. 관계 속에 있어야 배울 수 있다. 하지만 아무 관계 속에도 없다. 시간이 지나가야 한다는 사실을 받아들이려 노력할 뿐이다. 여기는 벽이고 나는 건져올려지다가 바닥으로 떨어진다.

흩어진다. 흩어지고 있다. 그건 졸음의 인상이다. 졸립기만 하다. 깨어 있어도 할 수 있는 일이 없으니까. 피곤하다. 말해지기만 할 뿐이고 정말 말해야 하는 거, 말해야 한다고 생각하는 걸 말할 힘을 내지 못한다. 그것은 불가능이 불가능하더라!를 딱딱한 돌로써 확인받는 것이고 내 다리가 부러졌다, 내 팔뼈가 살 속에서 튀어나왔거나 절단되었으며 회복할 방법은 없다, 이대로 살아야 한다, 이렇게 살지 않을 방법은 없다고 반복해서 듣는 일이다. 그들에게 손을 뻗어서 절단된 팔이 자라날 수 있거나 원상태로 돌아온다면 그렇게 했을 것이다. 하지만 그들이 가르쳐주는 것은 '너는 괜찮다고 스스로 생각할 순 있지만 사실은 아니다'이다. 불가능하다는 걸 안다. 팔이 자라나는 건 불가능합니다. 불가능하니까요. 저는 그 사실을 받아들이기 힘이 듭니다. 왜냐면 힘이 들거든요. 잠깐씩 기분이 좋아지고 잘살고 있다는 생각이 들고 사실 같아도 그와 내가 외팔이라는 사실은 별개 문제다. 나는 이 팔을 보완할 수 있을 뿐이고 그건 잃어버린 팔이 아니다. 잃어버린 팔은 진짜 내 팔인가? 최소한 그것은 '진짜 팔'처럼 보였을 것 같다. 잃어버린 다음의 생각이다. 2015. 09.

개미

방법을 생각하면 기쁘다. 방법은 '하는 법'이니까. 방법은 해냄을 약속한다. 그 해냄을 할 수 있건 없건 상관없이 방법을 생각하면서는 '한다'. 고통은 겁주는 거다. 칼이나 주먹, 불 같은 걸 내게 들이대며 위협한다. 고통은 주의를 요구한다. 다치고 싶지 않지? 그럼 여기를 봐, 하는 것이 고통이다.

사람을 못 견디겠다. 헛말 하는 꼴을 못 보겠다. 인생 뭘까? 되면 되고 안 되면 안 되는 것. 할 수 없는 건 할 수 없다. 내가 그럴 수 없다면 내가 그럴 방법은 없다. 남들은 그럴 수 있다. 그렇다고 나도 그럴 수 있는 건 아니다. 누군가는 한다. 그게 나도 할 수 있다는 얘기는 아니다. 할 수 없는 건 할 수 없는 것. 할 수 없습니다. 그럴 수 없습니다.

나는 아저씨들 좆을 빨고 '입에 싸주세요, 먹고 싶어요' 말해질 때 감동한다. 강한 사람이 저항해보지만 결국 지닌 것을 빼앗기고 무너져내리는 이야기를 좋아한다. 다른 사람을 가로막으며 당신은 나를 때릴 수 없다, 나서지만 그는 주먹으로 나를 때린다. 나는 힘이 세다. 개미라면 말이다. 힘센 개미다. 힘센 개미인 나는 사람의 손가락 하나에도 눌러 죽여질 수 있다.

인생을 티브이 보듯이 살고 싶다. 눈으로 보고 구체적으로 경험되는 현실을 영화 보듯 멀거니 지켜보고 싶다.

혼자가 낫다. 사람들과 있으면 속이는 거다. 솔직해져야 한다. 나를 견디지 않아도 되면 좋겠다. 어떤 사람은 견딜 필요가 없거나 덜 견뎌도 된다. 그건 그의 조건이다. 나는 아니다. 모르면 속을 수 있지만 알고도 속을 수는 없다. 견디기 훈련을 한다. 숨 참기 훈련을 한다. 걷기 훈련을 한다. 거스름돈 받기 훈련을 한다. 돈 벌기 훈련을 한다. 잠자기 훈련을 한다. 밥 먹기 훈련을 한다. 운전 훈련을 한다. 말하지 않기 훈련을 한다. 혼자 있기 훈련을 한다. 그런데 아직도 훈련할 게 남아 있다는 생각이 든다. 2015. 09.

이렇게 살 거라면

 아까는 차를 몰고 골목을 나오는데 어둠 속에서 엄마가 절뚝거리며 차를 따라오는 게 백미러로 보였다. 안양 집에서 자고 갈까, 자고 가야지, 그래야지, 후진해야지, 하면서도 안 그랬다. 감정을 참았고 내비게이션 안내대로 우회전을 하고 파주로 가는 시늉을 했다. 나는 거의 아무것에도 안 금지되어 있다. 유일하게 금지하고 있는 건 자살인데 억울하기 때문이다. 이렇게 오해된 채로 아무에게도 나를 읽히지 않은 채로 죽어질 수는 없었다.

 형이 보고 싶다고 생각할 때마다 코가 찡해지고 눈앞이 흐려진다. 눈물을 흘리진 않는다. 형이 보고 싶다. 보고 싶어한다. 술을 마시고 싶다. 단둘이 있고 싶다. 서로 취한 채로 웃었으면 좋겠다. 손을 잡아보고 싶다. 내 손을 잡아주었으면 좋겠다. 나를 안아주었으면 좋겠다. 꽈악 끌어안고 싶다. 볼에 입을 맞추고 싶다. 나에게 뽀뽀해주었으면 하고 생각한다. 이 일어나지 않을 일들을 생각한다. 자주 겪지만 익숙해지지 않는다. 스스로 억누르고 통제하는 노력을 그만하고 싶다. 감정을 한 번이라도 온전히 표현하고 그 결과를 받아들이고 싶다. 감정을 제한하는 게 아니라 타인에게 그 감정을 넘겨서 결과를 기다리고 싶다. 이 감정을 나는 여태 견뎌왔는데 너는 어떻게 처리할지 확인하고 싶다. 너는 견딜 수 있나? 무시하나? 잊어버리나? 아닌 건 아닌 건가? 할 수 있더라도 그러고 싶지 않나? 형을 볼 수 있을까? 보게 되더라도 그와 하고 싶은 무엇도 할 수 없는 상황을 견딜 수 있나? 혼자라면 그럴 수 있지만 보게 된다면 견딜 수 없다. 그것은 이렇게 살아서 무엇하나?라는 감정이다. 이렇게 살 거라면, 이라는 감정이다. 이렇게 살아야 할 거라면.

안 견디는 사람이 되고 싶다. 어떤 것도 안 견디고 싶다. 하면 하는 사람, 안 하면 안 함을 이해하는 사람. 이해할 필요도 없이 바로 수행해버리는 사람이고 싶다. 생각 안 함을 이중으로 생각할 필요 없이 아무것도 안 보는 사람, 본 것도 안 본 사람이 되고 싶다. 기억을 선택해서 보관하고 그 기억은 영영 떠오르지 않기로 했으면 좋겠다. 그 기억을 떠올릴 방법은 하나인데 그 기억 속 상황이 재현되는 것이다. 그런 일은 일어나지 않는다. 내가 기억하는 건 상상뿐인데 상상은 일어날 수 없는 일들만을 보여주니까.

술을 많이 먹고 기분이 좋아졌으면 좋겠다. 술을 먹고 싶다. 좋아하는 사람을 앞에 두고 술을 마시고 싶다. 내가 좋아하는 사람이 나를 좋아했으면 좋겠다. 나만큼은 아니더라도. 나를 좋아해서 같이 술을 마실 수 있는 정도였으면. 자기를 좋아하는 나를 알더라도 참을 수 있을 정도였으면. 살아남고 싶다. 감정에게 너는 여기로 가, 알려주고 싶다. 감정을 데리고 다니거나 통제하려고 애쓰다가도 손을 놓아버린다. 이젠 모르겠으니까 입 닥치든지 자살하든지 해, 라고 감정에게 말하는 것을 그만두고 싶다. 감정을 아끼고 잘 다루는 사람을 만나서 이 감정을 그에게 넘겨버리고 싶다. 감정이 쓰다듬어지는 걸 보고 싶다. 술에 취해서 적당히 눈과 마음이 풀려서 몸이 풀려서 내가 나를 꽉 쥐고 있지 않아도 될 때, 흘러내려질 때 흘러내려지는 걸 경계하지 않아도 될 만큼의, 너무나 꿈인. 2015. 08.

치약

　오전엔 휴게텔에서 나와 광화문 교보문고로 갔고 문학상 수상자 인터뷰를 읽었다. 계간지 코너에 가서 신인상을 받은 이들의 심사평, 수상소감, 시와 소설의 몇 문장을 읽으려 노력했는데 읽을수록 소설을 쓸 수 없겠다는 생각만이 들었다. 어제 휴게텔에 들어가기 전 카페에서 써내려간 이야기들을 떠올렸다. 나는 심사평이나 이들 소설 속 문법과 일치될 수 없는 글을 쓰고 있구나. 이거는 소설이 될 수 없구나. 앞으로도 소설을 쓸 수 없겠구나. 눈물이 나고 막막했다. 내가 사람들에게 거리감을 느끼며 그것을 느끼지 않으려면 자살해야만 한다고 생각하듯이. 그럼에도 생각이 들었다, 라고 쓴다. 아무것도 될 수 없는 글을 쓴다. 무엇도 될 수 없는 글을 쓴다. 나는 소설을 쓰지 못할 것이다. 한 번이라도 남들에게 읽혀질 만한 문법과 이야기를 가지고 삶의 한 단면을 보여준다든지 하는 그런 건 제발 아무것도……

　목욕탕에서 나와서 맥도날드 골목을 걷는데 맞은편에서 아저씨가 걸어왔다. 그의 좆을 빨고 싶어서 미칠 것 같았다. 하지만 내색하지 않는다. 이게 내가 살아야 하는 세계다. 나는 이런 사람이다. 목욕탕에서 십수 명의 아저씨들 앞에 무릎 꿇고 앉아 그들의 성기를 빨아주었고 그들 중 일부의 정액을 입에 받았다. 내가 오럴하는 동안 다른 아저씨들은 내 항문에 젤을 바르고 손가락을 넣고 콘돔을 끼지 않은 성기를 밀어넣었다. 그 목욕탕에는 너무나 좆 빨고 싶은, 일상에서 만난다면 가슴이 미어질 그런 아저씨들로 그득하였다. 나는 그들의 팔을 만지고 가슴을 만지고 두꺼운 등을 물끄러미 바라보고 속으로 불러보고 성기를 빨고 내 입에 토해낸 정액을 먹었다. 그래서 견딜 수 있었다. 바깥으로 나온다. 바깥은 남자가 남자의 성기를 빨지 않는 세계이고 남자와 여자가 짝지어 걸어가는 세계이고 남자와 남자는 친구인 세계이다. 사람들은 혼자이지 않고 짝이 있거나 친구가 있고 무리지어 웃거나 옷을 잘 차려입은 세계이다. 할 수 없다는 걸 알았다. 책의 맨 뒷장을 펼쳐 판권의 이름들, 한때 같은 공간에 있었던 사람들 이름을 보면서, 신간 소개글과 작가들 사진과 그들이 사진 속에서 짓는 표정, 각주를 다는 형식, 그 모든 것을 보면서 돌아갈 수 없다는 사실을 알았다.

　아침에는 영어로 '운명'을 등허리에 새긴, 그 바로 아래엔 윤주, 기범 따위의 이름이 함께 문신된 남자를 노콘으로 박으면서, 그러다 그 남자에게 노콘으로 박히면서, 그러다 지켜보던 또다른 남자에게 노콘으로 박히면서, 그러다가 운명이 또다른 남자에게 박히는 걸 보면서, 운명이 씻으러 일어나고 내가 다른 남자에게 박히면서, 다른 남자와 키스하면서 행복했다. 그가 계속 나와 키스해주었고 혀를 빨아주었는데 치약 냄새가 좋았다. 입에서 나는 치약 맛이 좋았다. 낮이 되기 전, 아침은

지난 오전에 휴게텔을 나와 길 건너 걸어가는 그 '치약'을 보며 감정을 생각했다. 감정이 나에게 시키는 말들. 다음에 또 보고 싶어요. 다음엔 술 마시고 싶어요, 키스하고 싶어요. 사귀고 싶어요. 친구로 지내요. 우리 이렇게 한 번만 만나고 헤어지지 말고 또 만나요. 다음엔 저녁에 만나요, 낮에 만나요. 제가 이렇게 낮에 혼자 있을 때, 아무에게도 연락할 수 없다고 느낄 때 그럴 때 만나요. 멀어지는 그를 보면서 감정이 중얼거리는 걸 듣고 있었다. 그러지 않기로 해야지. 마음에 드는 사람을 만나도 그런 말은 말아야지. 그게 규칙이었다. 2015. 09.

스위치 켜기

 목요일 회식에서는 술을 많이 안 먹으려고 노력했다. 정확히는 아무도 안 취한 상태인 게 낯설어 뭘 할 수 없었다. 서울이나 일산이었더라면 기꺼이 취했을 것이다. 사람들이랑 헤어지고 나면 박 타러 갈 수 있다는 희망이 있어서다. 하지만 파주에서 회식했고 시골에서 마셨고 취하고 나면 혼자 집으로 가야 했다. 술 마실 땐 고기도 안주도 거의 안 먹었다. 긴장하고 있었다. 회식 가기 전 아침에 내게 그런 걸 상상하거나 기대하면 안 된다고 주의를 주었다. 나는 주의 속에 있으면서 고기를 굽고 불판의 고기 기름이 숯불에 뚝뚝 떨어지는 모습을 바라보았다. 볼 수 없는 사람을 보고 싶다고 생각하면 가슴이 미어지며 힘이 난다. 혼자 남겨지는 게 싫다. 그럴 때면 다른 사람이 어쩔 도리 없이 혼자 남게 되는 상황을 상상한다. 그건 내게 힘과 용기를 준다.
 남들에게 읽힐 만한 글을 써내고 싶다. 하지만 강요하거나 증명하려는 마음으로 해내려고 하면 안 된다. 어차피 안 써지는 것을 남을 의식하면서 쓸 필요는 없다. 할 수 있는 방식으로 한 문장씩 써나갈 뿐이다. 혼자 있어지는 것에 만족한다. 보고 싶다는 감정이 간섭하는 건 외로움이 아니다. 그것은 나를 다른 면에 비춰보고픈 욕구다. 다른 사람이 있어야만 목격할 수 있는 나의 면을 보고 싶다고 말하는 것이다. 나는 형이 비춰줄 수 있는, 형 앞에서만 드러나는 특정한 면을 알고 있고 경험했고 그걸 되찾고 싶다, 하지만 당장은 불가능하다. 꿈을 꿨다. 브레이크를 밟아도 자꾸만 차가 미끄러지는 꿈이었다. 길거리에 있는 사람들을 안 치려고 다른 차를 안 박으려고 노력했는데 평소라면 이 정도로 브레이크를 밟으면 차가 섰지 생각하며 밟아도 차가 조금씩 느리게 앞으로 나아갔다. 발끝에 힘을 주고 아주 힘껏 페달이 부러져버릴 듯이 밟으면 차가 간신히 섰다.

형이 보고 싶다고 생각하는 것은 소용없다. 그러느니 나는 아저씨들 좆 빨고 좆물 먹기를 한다. 그건 효과적이다. 나는 아저씨들 좆 빨고 좆물 먹고 싶다 생각하면 그 일을 한다. 속이거나 가리지 않는다. 그건 스위치를 켜고 끄는 정도의 선택이다. 낮이라 방이 환한데 불을 켤까? 말까? 정도의 결정. 방을 더 밝게 만드는 일. 낮이지만 빛이 고루 들지 않은, 그럼에도 충분히 밝은 방에 빛을 더하는 일이다. 내가 빛을 더하는 작업 속에 있는 게 좋다. 밝은 걸 더 밝게 만드는 걸, 충분히 사물을 분간할 수 있는 어둠을 아예 흩어내고 더 선명하고 또렷하게 만드는 일에 관심 있다. 2015. 10.

녹지공원과

    엄마는 사층에 입원해 있었다. 생과일 모찌를 여섯 개 사갔다. 엄마가 세 개를 먹고 나머지는 남겨두었다. 옆 침상 여자는 계속 신음했다. 밖으로 나와 일층 대기실에서 얘기했다. 얘기를 할 만큼 했는데도 삼십 분밖에 안 지나 있었다. 뉴스가 나오고 있어서 할말이 없으면 화면을 보았다. 낮에는 비동 화장실 청소를 했다. 내부가 넓고 벽과 바닥의 이음새가 깨져 있어서 물을 뿌리면 흙과 시멘트 알갱이들이 끝없이 나왔다. 죽은 벌레가 많았다. 여자용 변기는 질긴 물티슈로 막혀서 아무리 쑤셔도 뚫리지 않았다. 솔에 물티슈 조각들이 묻어나왔다. 남자용 변기를 거품 내서 구석구석 밀고 세면대를 수세미로 닦았다. 칫솔, 치약, 세정제 등을 창가에 정리했다. 용품작업대와 모래작업대를 들어내고 닦았다. 빈 종이 박스에 안 쓰는 옷가지들을 담고 작업대 아래 구석에 넣었다. 겉면에 매직으로 '깔깔이, 신발 등'이라고 적었다. 에버크린 모래에는 미리 테이핑 작업을 해두었다. 오른손 새끼손가락이 저렸다. 테이프가 들뜨지 않게 박스에 밀착시키며 새끼손가락으로 쓸어내려서. 밤에는 영등포에 갔다. 복도에 서 있었다. 피곤해서 안 해도 상관없다고 생각하고 갔다. 구멍방에 들어가 좆을 빨았다. 제법 컸다. 한참 빨다가 사정하지 않아 포기했는데 그사이 다른 사람이 그의 자지를 빨고 있었다. 그가 뒤돌아 빨리는 모습을 구멍 너머로 보았다. 점점 흥분하며 신음을 내길래 나 말고 다른 사람 입에 정액을 쌀 것 같아 초조해졌다. 그들이 들어간 칸의 문을 밀어보고 두드렸는데 열어주지 않았다. 구멍 건너편에서 기다렸는데 그가 내게 성기를 밀어넣었다. 사정하지 않은 모양이었다. 빨다가 건너갔다. 좁은 칸에서 셋이서 했다. 키스도 하고 오랄도 했다. 바텀을 둘이 번갈아 박았다. 밤에는 공원에 갔다. 다리 위에 차를 세워두고 화장실에 갔다. 구멍 건너편에서 손가락이 꼬물대며 신호를 보내면 좆을 밀어넣었다. 그럼 건너편에서 내 성기에 콘돔을 씌우고 항문에 삽입했다. 장애인 칸으로 옮겨 여럿이서 했다. 그는 나이든 바텀이었는데 내가 좋아하는 뿔테 안경을 쓰고 있었다. 군살 없이 탄탄한 몸에 엉덩이 피부가 매끄러웠다. 그를 닮은 누구를 상상하면서 그를 박는다고 생각하면서 했다. 벽 모서리에 밀어넣고 하고 변기 위에 앉아서도 하고 바닥에 무릎 꿇려서도 하고 엎드려놓고서도 했다. 사람들이 칸에 들어오면 뿔테가 그들 성기를 빨았다. 한 사람은 바닥에 정액을 쌌고 다른 사람은 뿔테 입에 쌌다. 뿔테는 웩 하면서 바닥에 정액을 뱉었다. 연거푸 침을 뱉고 휴지로 입을 닦았다. 주머니에 넣어두어 꼬깃해진 싸구려 점보롤 휴지였다. 장애인 칸 벽에는 청소 담당자 기록 용지가 있었다. 중년 여자 이름과 사진을 보았다. 뿔테는 나보고 자기 씻을 동안 밖에 있어달라고 했다. 나는 화장실 입구에 서 있었다. 내가 움직일 때마다 센서등이 들어왔다가 꺼졌다. 뿔테는 세면대 위에 엉거주춤 쪼그려앉아 물을 틀고 한 손으로 엉덩이를 닦다가 눈이 마주치면 어색하게 웃어 보였다. 공원에서 나와 가는 길에 순대국집이 보여 차를 세우고 먹었다. 편의점에서 팝콘과 소시지도 사서 먹었다. 자정이 넘었고 집까지 한 시간이 넘게 걸리는데 출발할 엄두가 안 났다. 세워둔 차 안에서 휴대폰 게임을 했다. 운전하면서 졸았다. 자유로에서 창문을 열고 바람을 쐬었다. 조수석 창문을 올리고 내릴 때마다 끽끽 쇳소리가 났다. 졸음껌을 네 개, 다섯 개까지 씹었다. 점심엔 읍내에 나갔다. 이차선 도로 코너를 도는데 역주행하는 트럭과 마주쳤다. 급브레이크를 밟으며 핸들을 도로가로 꺾었다. 휠이 도로 턱에 긁혔다. 기사가 경례를 붙이며 지나갔는데 그냥 받아버릴걸 했다. 빵과 우유를 사서 둑방길에 차를 세워두고 먹었다. 집에 날파리가 날아다녔는데 원인을 알 수 없었다. 새벽에 집을 치우며 창가 근처에 올려둔 야채 상자를 꺼냈다. 양파가 썩어 바닥에 검은 물이 고여 있고 거기 벌레들이 우글거리고 있었다. 2015. 10.

설거지란 뭘까?

집에 온 건 여덟시인데 여태 방바닥에 앉아 망연자실했다. 고기도 굽고 청소도 하고 설거지도 해야 하는데 뭘 할 수가 없었다. 이 상황에서 건져올려지고 싶다. 인생 뭘까? 자살하라는 말을 무시하면서 안 들리는 척하면서 인생이란 뭘까? 묻는 것이다. 사람들이 건강한 걸 보는 게 힘이 든다. 나 역시 건강하게 보여지고 싶어한다는 사실을 견디기 힘들다. 그럴 땐 적의를 갖는 게 도움이 된다. 건강한 사람들이 나를 미워하지 않는다면 견디기 어려울 것이다. 건강한 사람들이 나를 경멸하고 혐오하고 불쌍하게 바라보는 것이 좋다. 사람을 만나려면 용기가 있어야 한다. 나에게는 아무 용기도 없다. 자살하고 싶다. 자살하기 억울하고 내가 누구였는지 보여주고 싶다. 고속도로에서 잘 달리다가 갑자기 앞의 두 차선이 없어져버려서 벽에 차를 정면으로 박아버리고 싶다. 자살 충동에 저항하게 하는 건 억울함이다. 주변의 누구와 연결되기라도 했어야 죽음이 뭔가를 파열시킨다든지 일시적으로든 충격을 주든지 할 텐데 도무지 주변에 사람이라고는 없고 가족이라고 해봐야 내가 무얼 겪고 뭘 느끼고 무엇에 고통받는지 모르는 이들뿐이다. 나를 아는 사람은 나밖에 없어서 죽을 수가 없다. 뭐라도 만들어내서 내가 뭘 생각했고 뭘 느꼈는지 말해놓았다는 생각이 들어야 자살할 수 있다. 이대로라면 아무도 모른다. 왜 죽었대? 할 때 아주 정확하게 내가 죽은 이유를 사람들이 서로에게 설명해줄 수 있는 그런 이야기를 원한다. 아 이러이러해서 그런 선택을 하게 되었구나, 사람들이 납득할 만한 설득력 있는 이야기를 만들고 싶다. 하지만 나중엔 이런 억울함마저도 지치고 졸려서 에구 나는 억울하지만 너무나 피곤해서 이 감정 풀 길도 없이 죽어지네, 하는 상황이 닥치겠지. 외로워요. 떠들고 싶어요. 말하고 싶어요. 울고 싶은데 우는 걸 남들에게 보여주고 싶어서 아무도 안 볼 때 울 수가 없어요. 하지만 누가 나를 볼 일은 앞으로도 없을 테니 못 울게 될 것이다. 이 외로움은 눈앞에 구멍과 자지를 가진 성적인 대상으로서의 남자들이 필요하다고 느끼는 외로움이다. 구멍과 자지만 있으면 다른 건 신경쓰지 않는 아무나와 박 타고 싶다는 뜻이다. 수치심과 부끄러움과 조심성과 조바심과 설렘에 시달리는 특정한 누군가를 원해서 외로운 게 아니고. 너랑 얘기하고 싶은 것이 아냐. 네가 궁금한 것도 아냐. 감정을 알고 싶은 것도 아냐. 너의 똥구멍과 좆으로 할 수 있는 일에 관심 있을 뿐이다. 이 공식은 내게도 공평하게 적용된다. 바라지 않으면 나 역시 대체 가능한 똥구멍과 좆일 뿐이다. 견디는 건 힘이 든다. 이 방을 나가기만 하면 되는데 할 수 없다고 느낀다. 저기 개수대에 있는 그릇들을 씻는 건 어렵지 않다. 하지만 일시적으로 할 수 없다고 느끼는 것과 같다. 2015. 10.

흑흑

　감정하고 싸울 순 없다. 이길 순 없다. 하라고 한다면 해야 한다. 하지 않을 방법은 없다. 내가 그걸 하는 모습을 감정이 보길 원한다면 그러지 않을 방법을 찾을 수 없다. 감정이 처음부터 일어나지 않도록 움직이지 않도록 노력할 순 있지만 일단 움직여버리면 저항할 수 없다. 감정이랑 싸울 거야, 통제할 거야, 억누를 거야, 하는 건 불가능하다. 감정을 속일 순 없다. 감정을 농락하거나 혼자 두어서는 안 된다. 감정에게 너를 받아들일 준비가, 요구하는 모든 걸 해낼 준비가 되어 있고 의심하지 않아도 된다고 믿음을 주어야 한다. 감정아, 네가 나를 죽이고 싶어하더라도 그것까지 감당할 거야. 내가 죽기를 원한다면 죽을 거야. 네가 원한 게 내 죽음이 아니었다고 해도.

　감정을 외면하거나 시선을 다른 곳으로 유도할 수는 있지만 일시적이고 반드시 대가를 치러야 한다. 감정이 이걸 하자, 하면 지연시키더라도 결국은 해내야 한다. 감정이 오늘은 실망하자 한다면 아무리 괴로워도 실망해야만 한다. 혐오스러운 사람들과 있었을 뿐인데 그게 어차피 다 나였다. 새벽엔 졸면서 운전했다. 안 죽으려고 애쓰면서 안 졸려고 노력하면서 운전했다. 오전엔 영화를 봤는데 결말은 마음대로 수정해서 보았다. 혼자이던 사람에게 가족이 생겼다가 그 가족을 전부 잃게 되는 이야기였다. 하지만 마지막엔 가족을 되찾게 되리라는 암시가 있어서 그걸 떼어내고 보았다. 완전히 잃어버리는 것으로 생각했다. 그러자 이야기가 좋아졌다.

나는 내가 부끄럽다. 나는 사람들과 어울리는 것이 불가능하다고까지 느낀다. 지금은 밖에서 남자들이 큰 소리로 와하하 웃으면서 술 마시고 있다. 나는 저런 자리에 있고 싶어하면서도 그럴 수 없음만을 느낀다. 다들 맨몸으로 달리기를 하는데 나만 모래주머니를 덕지덕지 달고 달리는 기분이다. 그러나 누구도 내게 모래주머니를 차라고 한 적 없고 모래주머니를 달고 있다는 것은 나만의 느낌이기에 나는 이 기분을 해결해야 하며 이 문제에 고립되어 있다. 사람들과 어울리기가 달리기라면 나는 달리기를 하고 싶지만 몸에 달고 있는 이 모래주머니를 떼어내기 전까지는 달리지 못하겠어, 안 되겠어, 왜냐면 이건 부당하며 이 부당함은 공감받을 수 없으니까.

흑흑이다. 나는 흑흑 운다고 자판을 두들겨서 친다. 안 울면서! 하지만 내겐 이게 흑흑 우는 것이야. 감정을 참았고 안 표현하였지만 그 감정이 없었던 것은 아니란다. 정말 흑흑 운다, 흑흑 안 울었더라도 말이다. 실제로 운다, 안 운다와 상관없이 나는 흑흑하였다. 흑흑중이었기 때문이다. 2015. 10.

아내가 있어서

 창고 뒤편에 파지를 버리러 갔는데 뒷산 나무들이 단풍 들어 색이 변한 걸 보았다. 별볼일없는 풍경이다. 멋있는 나무도 아니고 특별하지도 않았다. 하지만 그 색의 변화가 새삼 느껴져 감동했다. 시간이 흘렀다는 의미여서. 저 나무가 파랄 때 이곳에 왔는데 여기에서 처음 단풍을 보는구나. 아침에는 회계사가 사무실 앞에 차를 대놓고 내렸다. 사료를 실은 수레를 끌다 꾸벅 인사했는데 그는 아무 반응을 안 했다.

 남자 좆을 간절히 빨고 싶은데 그는 내가 자기 좆을 빠는 걸 원하지 않을 예정이어서 죽고 싶다. 나는 남자랑 하는 항문섹스나 오랄섹스에 아무 가치판단을 하지 않을 수 있다. 다만 내가 원해지지 않음이 예정된 상황을 견디기 힘이 드는 것뿐이다. 문제는 늘 그것이다. 원해지지 않을 예정, 여기에 짓눌려 있는 게 힘이 든다. 안 원해질 때가 괴롭다. 내 입에 정액을 먹이건 뺨을 때리건 항문에 노콘 안싸를 하건 '그래질 수 있는' 나를 원하기만 한다면 상관없다. 안 원해질 때 나는 원해지고 싶어서 가슴이 미어진다. 나는 안 원해지는 이유를 반드시 내게서 찾아낸다. 찾아서 나는 나를 벌준다.

 실망 속에서도 일요일은 좋았다. 실망하면서 노력하였다. 실망되더라도 원해지려 노력하였다. 그 결과로 나는 한 아저씨의 정액을 입에 받을 수 있었고 그것이 아쉬움 속에서도 내게 집으로 돌아갈 용기를 주었다. 그는 키스하려고 하면 입술이 안 닿게 얼굴을 돌렸는데 작은 소리로 '아내가 있어서' 했다. 나중에 아저씨는 내 입에 쌌다. 나는 그걸 안 먹고 입에 머금고 있다가 휴지에 뱉었다. 2015. 11.

요도염

 금요일 밤 나는, 넓적한 천 같은 내 가슴을 면도칼로 죽죽 그어내리는 기분이었다. 그 선들은 자 대고 그은 것처럼 하나도 비틀리지 않았다. 그는 결혼하였으며 나와 얘기하던 중에 딸애에게서 영상통화가 왔다. 민머리에 솟은 핏줄을 보면서 저 사람의 고추를 상상했다. 고추가 궁금하다. 저 사람 고추가 작다면 안심할 수 있을 텐데. 몸통이 두툼하고 위로 휘었거나 귀두가 먹음직스러워서 전체적으로 보자마자 입에 넣고 빨고 싶어지는 고추가 아니라는 걸 확인하기만 한다면 혹은 저 사람이 그래 날 맘대로 해, 하고 내 앞에서 스스로 옷을 벗어주기만 한다면 저 사람을 소재로 그리고 있는 이 상상에서 나를 분리시킬 수 있을 텐데…… 누군가를 좋아하는 감정은 늘 나를 궁지에 몰아넣지만 다행히도 나는 항생제를 먹고 있었고 고추에서는 고름이 질질 새서 팬티 앞섶이 누렇고 딱딱하게 굳어 있는 중이었다. 그와 뭘 하고 싶었을까? 껴안는 거! 껴안는 거 좋아하고. 뽀뽀하는 거 손 잡는 거, 고추 빠는 것도 좋아한다. 그의 항문에 삽입할 수 있도록 허락해준다면 그것도 좋겠다. 치료중만 아니었어도 그와 헤어져서 이대론 집에 갈 수 없고 어디에서든 사정해야 한다 하고 찜방이나 사우나나 디브이디방으로 갔을 것이고 거기에서 아무나와 아무나의 자지를 빨고 아무나의 항문에 삽입하거나 아무나의 자지를 항문에 삽입하면서 안도했을 것이다. 그렇게 나를 사용했어야 했는데 요도 통증이 점점 심해져 아무것도 못하고 집에 왔다. 집에 왔다고 쓰니까 마음이 아프다. 또 언제 볼 수 있지. 나는 보고 싶어하는 999명과 머릿속에서 손을 잡는다. 나는 그걸 가슴이 미어지네요, 라고 부른다. 2015. 11.

2부

라디에이터

 아침엔 주임님이 성원씨, 하고 부르더니 이제 화장실에 라디에이터를 켜놔야 한다고 했다. "수도가 얼어서 물이 안 나와." "변기 물은 내려가고요?" "나는 있는 걸로 일단 내렸어." 갑자기 영하로 내려가 추웠다. 아침에 출근할 땐 밤에 맞은 빗물이 차 문틈새에 얼어붙어서 문을 잡아당겨도 안 열렸다. 낮에도 눈이 흩날렸다. 창고 문을 닫고 일했다. 작업 시작할 땐 장갑 낀 손이 시렸고 얼마간 일하면 땀이 나서 축축하게 따뜻해졌다. 며칠 전에는 기분이 좋았고 여유가 있었다. 낮에는 이대로 집에 가서 글을 쓰겠다 계획했다. 그런데 갑자기 회식이 잡혔고 술도 나쁘지 않다고 생각했다. 족발 먹으러 갔는데 할 말이 없었다. 다른 사람이 드문드문 얘기하는 걸 들었다. 나도 가끔 말했다. 별로 하고 싶은 말은 아니었다. 헤어지기 전에 도우미 있는 노래방으로 가자고 해서 걸어갔다. 비가 조금씩 내리고 있었다. 봉일천 읍내를 걸어서 편의점을 지나 노래방 사거리까지 갔다. ㅅ씨가 먼저 들어갔다. "없대요. 도우미는 있는데 아가씨는 없대요." "한 곳 없으면 다른 데도 없는 거 알지?" "예." 대리 불러 가려고 했는데 대리기사가 안 왔다. 차에 들어가 기다리다가 졸음껌을 씹었다. 점심에 먹다 남긴 커피가 차 안에 있어 마셨다. 얼음이 녹지 않은 채였다. 대리기사한테

서 전화가 왔는데 안 받았다. 진동이 계속 울렸다. 세 번 전화 오고 끊겼다. 집에 가서 빨래도 널고 청소도 하고 글도 쓰려고 했는데 할 수 없었다. 해야 하는 일들을 못한 채로 잤고 다음날 일어나자마자 출근했는데 너무 추웠다. 겨울이 된 것뿐이었는데 기분이 안 좋았다. 기분이 안 좋았는데 내가 기분이 안 좋다는 사실을 모른 채 출근했고 일하고 있었다. 글을 써야지. 사료를 포장하면서 머릿속에 떠올랐던 이것들을 쓸 거다. 요즘 무슨 일이 있는지 쓰고 싶다. 카페 가서 커피 마시고 싶다. 오직 나만 있는 시간에 그걸 하겠다 결심했던 날, 그런 계획을 상상하는 것만으로도 만족스러웠지만 "오늘 끝나고 한잔 콜?" 하는 말에 크게 웃으며 "아, 좋죠" 말해버린 나에 대한 유감이구나. 분위기를 망치고 싶지 않았다. 사람들이 모여 친목을 다진다는 느낌을 망치고 싶지 않았다. 어울리려 노력했다. 괜찮다고, 내일이 있으니까. 내일 하면 되니까. 그러고 다음날에 출근했는데 추위에 손가락이 얼어버릴 것 같았다. 지게차 핸들을 잡는데 손이 시렸다. 상차를 마치고 지게차에서 내려와 ㅇ에게 말을 하는데 입술이 얼어 발음이 잘 안 됐다. 춥구나, 이게 겨울이구나. 이게 겨울의 시작이고 앞으로 몇 달간 겪어야 할 상황이구나. 집에 돌아오니 등기를 내일 배달하겠다고 집에 없어서 못 전해주고 간다고 우체국 메모가 붙어 있었다. 성소수자부모모임에서 구입한 대화록이었다. 집에다 두고 가지 이걸 왜 가져갔지? 평일에 집에 있는 사람이 얼마나 된다고 파주우체국까지 가서 받아와야 하나? 원망까지 안고서 집에 들어왔는데 감정이 안 가라앉았다. 할말이 떠오르는 중이었고 그 말을 받아적어야만 했다. 주문 건수는 적었는데 일을 느리게 하고 있었다. 글을 쓰고 싶어서 몇 분 간격으로 휴대폰을 만지느라 장갑을 벗었다 꼈다. 그럴 때마다 따뜻했던 손이 식고 작업 속도가 느려졌고 배터리가 닳았다. 최소한 점심에는 이 받아적은 것들을 모으는 작업을 하고 싶었다. 그런데 점심엔 읍사무소에 갔고 이것저것 처리하느라 시간이 가버렸다. 글을 조금이라도 시간을 내서 쓰거나 정리할 기회가 사라져버리고 일을 시작해야 하는 오후가 됐는데 여전히 떠오르는 말들을 받아적어야 하고 그게 일보다 급하다는 감정에 짓눌려 있었다. 지쳐 있었는데 감정을 상대하면서 일을 해내야 하는 게 버거웠다. 사람들을 끝까지 상대해내는 게 힘이 들었다. 집에 돌아오는 길에는 운전하면서 엄마와 스피커폰으로 통화했는데 아주 크고 밝은 목소리로 안부와 재활 진행사항, 밥은 먹었는지, 아줌마들은 놀러와서 어쨌는지 물었다. 집에 들어가면 힘이 들어 뭘 해먹을 수가 없겠으니까 식당에서 밥을 먹어야지 생각하고 맛없는 참치김밥과 돈가스를 먹었다. 2015. 11.

십 미터 앞

 아침엔 회의 시작하면서 사장님이 어느새 11월 마지막 날이 되었네요, 하는데 가슴 한켠에서 뭐랄까 뭉클함도 싸한 불안감도 아닌, 있는지도 몰랐지만 늘 있었던 어떤 덩어리가 목구멍에서부터 빠르게 훑고 내려간 느낌이 들었다. 차는 정비소에 맡겨서 월요일은 차 없이 출근했다. 버스를 두 번 갈아타고 읍사무소까지 가야 하는데 마을버스 배차 간격이 길어 여섯시 알람을 맞춰놓고 잠들었다. 아침엔 버스를 타고 읍까지 왔는데 일곱시 삼십분밖에 안 되어 있었다. 토스트 가게에서 커피와 토스트를 먹고 읍사무소 화장실에 들렀다가 천천히 걸었다. 안개가 자욱해서 십 미터 앞이 안 보였다. 도로가 공사중이라 산길로 돌아 회사까지 갔다. 걸어가면서는 글을 써야지, 회사에 도착하면 시간이 여덟시 삼십분쯤 될 것 같은데 그러면 십 분 정도 남고 그 정도론 충분하지 않지만 뭐라도 써야지 했다. 회사에 도착해선 비에 젖지 않은 파레트를 골라 그 위에 앉아 노트북을 열어 자판을 두드렸다. 그런데 손가락이 얼어 자판을 잘 칠 수 없었고 할말도 떠오르지 않았다. 무슨 말을 하고 싶었더라? 토요일에 차 정비를 맡기려 했는데 안 됐다는 이야기. 아침 아홉시에 일어나서 비뇨기과에 들른 뒤 정비소에 가려고 했는데 열두시가 넘어서야 집에서 나갔다는 이야기. 그것도 엄마 전화를 받고서야. 엄마에게 전화 걸어서 '오늘 차 수리 안 맡길래' 할 때만 해도 정말 차 수리를 맡기지 못할 것 같았다. 해야 하는 일들이 있다면 그걸 할 힘이 없는 거 같았다. 엄청난 힘을 들이는 것이 아닌데도 힘이 없다고 느꼈다. 이 할 수 없음에 시달리는 상태를 누구에게든 말하거나 전달할 수 없다는 사실에 유감을 느끼면서도 표현하고 싶었다. '사정이 있다고요…… 내 사정이 무언지 모르잖아……' 병원에서는 의사가 일주일 약을 먹었으면 나아야 하는데 아직 통증이 있다면 만성전립선염이 동반된 것 같다고 주사를 한 대 더 맞고 약을 오 일 더 먹어보라고 했다. 그래도 통증이 남으면 소변검사를 해보자고. 간호사가 놔주는 '뻐근해요' 주사를 맞고 약을 타서 차에 탔는데 그때는 정비소에 갈 힘이 있었다. 정비소에 차를 맡기고 논길을 걸어 집으로 돌아왔고 할 수 없다고 느끼면서도 청소와 빨래 널기, 설거지를 하고 쓰레기를 버렸다. 그러곤 버스를 타 졸다가 합정역에 내렸는데 4번 출구 계단에서 ㅊ을 보았다. 그는 고개를 숙이고 올라왔는데 그에게 인사할 만큼 그렇게 노력할 만큼의 힘이 내 안에 없다고 느꼈다. 전철에서는 사람들 얼굴을 보기가 힘들었고 어디로 고개를 돌려도 사람들이 보여서 휴대폰을 봤다. 이상하네 생각하면서 발밑을 보고 멀리 보고 손바닥 안을 보면서 걸어다녔고 명학역까지 갔는데 힘이 들었다. 사람 보는 게 힘이 드네, 금요일 밤 행사를 가지 않은 건 잘한 일이야. 이 상태가 지속되지 않도록 주의할 필요가 있었다. 집을 향해 걸어가는데, 주차장도 있고 새로 생긴 카페도 보는데 왜 집에 들어가는 게 힘들다고 느꼈을까. 집에 가면 내 사정이 뭔지 말해야지 생각하면서 걸어들어갔다. 현관에는 작은 사이즈의 커플 운동화 두 쌍이 놓여 있었고 집은 조용했다. 엄마는 누나와 매형이 와서 자고 있다고 했다. "호떡 반죽 해놨어, 양미리도 조리고 있어." 어둡던 안방에 불이 켜지더니 매형이 엉거주춤 몸을 일으켜 왔어요? 하면서 졸린 눈으로 웃었다. 저녁을 먹었는데 갓 조린 양미리는 비렸고 밥은 한 공기였는데 너무 많은 것 같았다. 다음날은 아침에 일어나 호떡을 먹고 전날 남긴 양미리에 밥을 먹었다. 명자 아줌마가 와서 엄마에게 방통중 시험지와 배추김치 조금을 주었다. 세시쯤 집을 나섰는데 아침에 비 오던 생각이 나 우산을 챙겼다. 전철역에 가는데 역시 전날처럼 사람 보는 것이 부담스러웠다. 영등포 가서 목욕을 했다. 목욕탕에서 옷을 벗을 땐 파마머리 아저씨가 지나가며 내 엉덩이를 쓰다듬었다. 씻고 수면실에 올라가 누우니 아저씨들이 차례로 들어와 성기를 빨았다. 한 아저씨는 얼굴이 넓고 눈코입이 작았는데 아무 말 없이 나를 바라보다가 성기를 만져주었다. 나는 고개를 돌려서 옆 침대를 오가며 성기를 빨고 있는 늙은 남자를 보고 있었다. 허리를 숙여 오랄하고 있는 그는 군살 없는 근육질 몸을 갖고 있었다. 단단하게 각진 엉덩이 사이로 보이는 항문에 삽입하고 싶었다. 아저씨는 내 손을 끌어당겨 자기 성기를 만지게 했지만 몇 번 만지다 일어나 그 늙은 남자한테 갔다. 그의 항문에 오랫동안 박았다. 신음이 커서 입을 손바닥으로 틀어막고 했다. 땀이 쉼없이 떨어졌다. 얼굴 넓은 아저씨는 내 옆에 와서 어깨와 등과 엉덩이에 입맞췄다. 삽입된 성기를 만지다가 내 항문을 빨기도 했다. 사정을 하지 않고 나와 디브이디방으로 갔다. 이대로 집에 들어가면 기분이 안 좋을 것 같아서 사정을 하고 싶었다. 디브이디방에서는 문신한 잘생긴 형과 굵은 자지를 가진 키 작은 아저씨와 노콘으로 항문섹스를 했다. 문신남 안에 싸고 나서는 기분이 좋았다. 전철을 타려고 역으로 들어가는데 이번엔 사람들 얼굴을 똑바로 볼 수 있었다. 2015. 11.

보자기

　안양집 내 방은 빛이 환하게 들어 낮엔 잘 수가 없는데 엄마가 보자기를 하나 주어서 창문을 가리고 잤다. 토요일 아침에는 병원에 갔다. 이제 엄마는 걷는다. 조금씩 걷기 시작했고 의사는 잘하고 있다고 잘했다고 칭찬해주었다. 금요일은 행성인에서 열리는 HIV감염인 간담회에 갔다. 금요일은 상차하는 날이라 늦게 끝날 예정이었다. 코트도 차에 실어놓고 일 마치면 출발할 수 있게 준비해두었는데 회사에 와서야 갈아입을 바지를 집에 두고 온 걸 알았다. 간담회엔 늦게 도착해서 들은 것도 기억나는 것도 없다. 뒤풀이 가는 길에 ㅇ씨가 부모모임 이야기 출간에 대해 말을 꺼냈다. "ㄴ씨한테 들었어요, 정말 그렇게 해줄 수 있어요? 저희는 책을 출판하고 그런 것은 하나도 모르니까……" 치킨집에 도착해서도 나는 그 생각으로 얼굴이 굳어 있었다. ㅇ씨에게는, 회사를 그만둔 건 하고 싶은 이야기가 뭔지 고민하고 그걸 쓰는 데 힘을 집중하고 싶어서인데 막상 그만두고 나니 해낸 게 없다는 생각과 자기 불안, 초조, 조바심 등이 지킬 수 없는 약속을 하게 만든다고 이야기했다. 말을 한참 하다가 ㅇ씨한테 그리고 ㅁ씨한테, "사실 제가 요즘 너무 힘이 들어요. 사람들을 보는 것도 힘이 들고요. 자살하지 않으려고 많은 노력을 하고 있어요" 얘기했는데 둘 다 근심스러운 얼굴로 이해한다는 듯이 고개를 끄덕여주었다. 나는 그 끄덕임에 답하며 가만히, 그래 이제 이 일은 못하는 거야, 나는 못한다고 했어, 그래서, 못하겠어요? 하는 말에 예, 답한 거야 생각하며 식은 치킨을 포크로 찢었다. 나중에 나는 말을 많이 했다. 내 표정이 밝아졌을 때 옆에서 ㅇ씨가 성원씨 재밌네요, 하는데 그러자 내가 했던 이야기들이 부끄러워졌다. 2015. 12.

돼지갈비

　일요일은 엄마를 학교에 데려다주고 수원역 휴게텔에 갔다. 가장 안쪽 방, 그룹섹스가 자주 일어나는 어두운 그 방에 마른 어린애가 누워 있고 한 남자가 그애의 성기를 빨고 있었다. 손바닥으로 그애의 볼과 목덜미, 귀를 매만지다 노콘 항문섹스를 했다. 찜방에서 나와 엄마가 수업을 듣는 중학교로 돌아왔다. 카페에 들어가 책을 베꼈다. 수업은 세시에 끝나는데 그때까지 다 베끼지 못할 것 같았다. 두시 사십오분쯤 문자가 왔다. '끝났어. 데리러 와도 돼.' 이층 교실로 올라갔다. 같은 반 방통중 친구들이 엄마 가방을 챙겨주었다. 목발 짚고 계단을 내려오는 엄마를 부축했다. 반 친목 모임이 있다 해서 엄마와 아줌마 세 명을 더 태우고 인계동 장어집에 갔다. 토요일 저녁에는 호모들 송년회에 가려고 했고 그전 낮에는 찜방에서 항문섹스를 하거나 아저씨들 자지를 빨고 정액을 먹고 싶었다. 금요일에는 중산 화로구이집에서 회식을 했다. 대리운전비가 아까워 안 마실 생각이었지만 사람들에게는 서울에 가야 해서 차를 몰아야 해서 술을 못 마신다, 얘기했다. 그러곤 돼지갈비를 구웠다. 회식 자리에는 거래처 형이 왔다. 나는 이 형을 좋아한다. 그래서 형이 회식 장소에 도착했을 때 내 옆에 앉았으면 좋겠다는 마음과 소용없음을 함께 느꼈다. 형은 내게서 떨어져 앉았고 회식 끝날 때까지 말 한마디 나누지 않았다. 맥줏집으로 이동할 때 횡단보도를 건너면서 형이 내 어깨에 팔을 두르곤 친한 척을 하였는데 나는 그를 보는 것이 힘들어 '예' 하고 간단히 대꾸한 뒤 먼저 가버렸다. 고기 굽는 건 재미있었다. 술을 마셨더라면 더 재미있었겠지. 서울에 가겠다는 말은 진심이었다. 서울이든 인천이든 찜방에 가서 남자들과 항문섹스를 하고 마음껏 껴안고 뽀뽀도 하고 오랄섹스도 하고 정액도 먹을 생각이었다. 집에 왔을 땐 자정이 되어 있었고 뭘 한다는 것이 피곤했다. 이미 해본 거야. 이 감정이 제일 크다. 다 해봤다. 누군가를 찜방에서 만나고 그 사람이 좋을 수도 있지……그와 다정할 수도 있고 혹은 그가 내 이상형일 수도 있다. 그렇다면 그다음 행동은 무엇일까? 알고 있었다. 한계가 빤한 상황이었다. 회식이 있기 전 금요일 아침부터 죽고 싶었는데 이 자살해야 되다는 감정을 상대하는 데 진이 빠져서 나중엔 정말 내게 살해당하겠다는 생각을 하였다. 나는 매 분마다 머릿속으로 자살해라 소리를 듣고 그걸 무시하거나 억누르고 있는데 언젠가는 이 거부를 실수로라도 수행하지 못하는 때가 있을 거라고 그러면 덜컥 죽게 될 거라고 생각했다. 죽고 싶지 않았고 그 이유가 있다면 해결하고 싶었는데 할 수가 없었다. 왜냐면 할 수 없으니까. 이 할 수 없다는 느낌 때문에 죽고 싶었다. 하고 싶어. 그렇게 하고 싶다. 하지만 그렇게 하지 못할 것이다. 할 수 없으니까. 이 반복되는 무력감에 짓눌려 있었다. 이건 혼자가 아닌 사람을 볼 때, 사람들이 역할을 수행해내는 걸

볼 때 찾아오는 느낌이다. 알고 있다. 사람들이 걸치고 있는 건 사회적 관계에서 일시적으로 작동하는 역할임을. 그럼에도 그들이 수행해내는 데 성공할 때, 그들이 특정한 인물의 이름을 걸치고 있고 그게 흘러내리지 않은 상태임을, 당분간 흘러내리지 않을 예정이라고 깨달을 때 고통스럽다. 속는 것을 생각했다. '그렇다!' 깨닫고 싶고 감동하고 싶고 결단하고 싶었는데 속을 수가 없었다. 속는 게 필요하고 눈을 가리는 게 필요했는데 다 보였고 거짓말 할 수 없었다. 그런데도 거짓말 속에 있고 싶어한다. 그건 감정이다. 나는 감정이 시키는 걸 안 할 수 없어서 그런 상황에 놓이지 않도록 주의한다. 내가 '원하지 않는 걸 원하는' 역할을 맡게 될까봐 아예 그 상황의 기미 근처에도 나를 놓아두지 않았다. 하기 싫은 걸 안 하려고 할 수 있는 일들을 안 했다. 금요일 아침 집에서 나서기 전에 책을 읽었는데 그 책에선 여러 사람이 진짜 대화를 하고 있었다. 진짜 대화가 뭔가? 한 공간에 그들이 모여 있었고 소리를 내어 서로의 귀에 전달시켰다는 뜻이다. 말의 내용과 상관없이 그들이 한 공간에 있었다는 증거를 확인해서 고통스러웠다. 나 역시 어떤 자리에 특정한 사람과 있고 싶지만 그럴 수 없다고 생각한다. 나는 왜, 라는 물음을 이해한다. 이미 도달한, 아무렇지 않게 획득해버린 그들의 위치가 부러웠다. 내가 형에게 말을 할 순 없다고 느끼는, 그 경고와 훈련을 통해 얻어내야 하는 요소들이 거기엔 의식할 필요 없이 깔려 있는 것처럼 보여서. 형과 말하고 싶고 형과 친해지고 싶다. 형들에게 실수하지 않고 싶다. 형의 자지를 빨고 싶다는 생각이나 친밀해지고 싶다는 마음을 적절하게 누르고 통제하면서 그가 내게 요구하는 역할만을 성공적으로 수행하고 싶다. 나는 그들의 요구를 읽고 거기에 나를 비출 수 있다. 그것이 내가 괴로워하는 방식으로의 존재함이다. 그들이 아무 암시도 하지 않는다면 아무것도 역할할 수 없다. 나는 '한 공간에 있기'를 수행하고 싶지만 그것이 가능하더라도 그건 '한 공간에 있기'가 아니다. 형을 볼 수 있고 형과 얘기할 수 있다. 하지만 그것은 내가 얘기하는 게 아니고 형이 형을 보는 것이고 형이 형과 말하는 것이다. 나는 없다. 이게 자살된다는 느낌이다. 나는 아직 있을 수가 없다. 2015. 12.

소리 내어 말하기

 엄마는 어렸을 때 내가 도둑질했다고 밤에 우물가로 데려가 손목을 가위로 잘라버리겠다고 위협했는데 그때 저 가위로 뼈가 있는 이 손목이 잘려? 싶으면서도 밤이 깊었고 졸려서 울며 잘못했다고 말했던 기억이 난다.

 나는 혼자이고 혼자라면 아무것이나 할 수 있다. 하지만 누군가 나를 보고 있다. 사람들에게 판단할 기회를 주었다는 사실이 수치스럽다. 혼자라는 사실을 기억하면 된다. 저는 혼자입니다. 혼자라고 생각하면 덜 부끄럽다. 나는 '나'라고 생각되지 않는 내가 '나'로 전시되어 있는 상황이 힘이 든다. 나는 '아닌데요'라고 말하고 싶고 늘 '아닌데요'라고 말하려 노력하는 삶을 살아왔다.

 종로 가서 술 먹고 고기 먹으면 최소한 사오만 원 들겠지. 그 돈이면 마트 가서 귤 사고 고기 사와서 구워먹거나 치킨 시키는 게 낫다. 근데 돈을 쓰더라도 사람을 보고 싶은 건 말하고 싶어서다. 혼자 글 쓰는 거 말고 입으로 소리 내서 대화라는 걸 하고 싶다. 나는 평일에 거의 말 안 한다.

 하고 싶은 것은 목으로 소리 내어 말하고 만질 수 있는 실물 호모를 만나 그의 손을 잡거나 몸을 껴안는 것이다. 후자는 찜방 가면 할 수 있지만 목으로 소리 내어 말하기는 그보다 좀더 어렵다. 의미 있다고 믿을 수 있는 결정을 하고 싶다. '예……' 하고 답하는 것 말고 정말 오랜만에 고민하고 싶다. 죽지 않고 사는 건 가능한가요? 예, 가능하지요, 너는 자살하지 않았잖아요. 아뇨. 죽지 않음 말고 살아 있는 거 말예요. 살고 싶다. 어떻게? 살 수 있을 때까지 기다리면서. 지금은 죽지 않기만을 할 수 있을 뿐이지만 죽지 않기를 하다보면 갑자기 삶으로 넘어가게 되지 않을까? 2015. 12.

남을 이해하기 위해서

　점심은 도시락이었다. 끓인 누룽지에 멸치볶음이랑 더덕무침을 싸와서 먹었다. 사무실에 귤 한 박스가 있었는데 거의 내가 먹었다. 사람들이 한 개나 두 개 먹으면 나는 열 개 넘게 까먹는다. 그게 부끄러우니까 껍질을 사람들 없을 때 휴지통에 버리고 쟁반에 귤을 채워둔다. 나도 마치 하나나 둘 까먹은 것처럼. 오늘 돈 없다고 하니 엄마가 오만 원 넉 장을 주려고 해서 됐다고 했다. 그 오만 원은 병문안 온 아줌마(마트 판매직)들이 주고 간 돈이다.

　네 귀퉁이 중에 한쪽이 무거운 것에 눌려서 나머지 세 부분은 그 짓눌린 한쪽 때문에 꿈틀거리기밖에 못한다. 짓눌린 사람, 그는 무얼 하건 한쪽이 짓눌린 상태라 무언가에 자신이 온전히 집중하거나 다 쏟아부을 수 있다는 믿음에 속을 수가 없다.

　ㅇ도 그렇고 ㅅ도 이야기를 끝까지 듣기가 힘이 든다. 전혀 나와 다른 방향에서 소설을 보고 있어서…… 그들은 계속 '남을 이해하기 위해서' 소설을 쓴다고 하는데 그 말이 너무나 나를 밀어낸다.

　'누구가 보고 싶어' 말해도 그것은 누구와 전혀 상관없는 감정이다. '족발 먹고 싶다' 말해도 나는 족발이 먹고 싶은 게 아니고 족발이라 불리는 뭔가를 말하려는 것이다. 그건 '먹고 싶음'도 아니다. '먹고 싶다'는 '먹고 싶다고 말하고 싶다'에 불과하다. 나는 말하고 싶다. 성대를 사용해 목소리를 내고 싶다. 내 목소리를 눈앞에 있는 상대의 귀에 전달시키고 싶다. 항문섹스나 오럴섹스, 정액 먹기는 얼마든지 한다. 그런데 말해진 적이 없다. 말해진 지 오래되었다. 자판을 두드리며 생각할 뿐이다. 말하고 있는 사람들을 생각한다. 서로 말할 수 있고 들을 상대가 있는 사람들을. 마주보고 있는, 엇갈렸더라도 한 테이블에 있는, 같은 공간에 있는 사람들을. 그러면 나도 누군가가 필요하다고 느낀다.

정액 먹고 싶은 마음이 간절하다. 디브이디방 휴게실에서 담배를 빨다가 어린애가 들어오면 그 입에 어떻게든 싸고 싶어서 일어나 서성이는 아저씨들을 생각한다. '입에다간 싸지 마세요' 부탁했지만 쌀 때가 되자 목덜미를 꽉 잡고 놓아주지 않는 아저씨들. 입에다가 정액을 싸고 나선 바로 휴지 끊어 성기를 닦고는 뒤도 안 돌아보고 나가버리는 남자들을. 2015. 12.

용기란 무엇일까

그 사람은 통로에서 처음 봤다. 나는 화장실 구멍 칸에서 고추를 내놓고 빨리고 있었는데 모자 쓴 등산복 차림 아저씨가 들어와 내 바지를 벗기고 엉덩이에 자기 성기를 문질렀다. 나는 사우나에서 샤워하고 머리 감고 드라이도 하고 거울에 단장한 모습을 비춰보고 나왔는데 그러기 전에는 수면실에서 한 아저씨에게 성기를 빨렸고 입에 쌌다. 내 옆에도 또 옆에도 남자들이 있었고 그들도 누군가의 성기를 빨거나 빨리는 중이었으며 나는 제일 먼저 싸고 여섯시가 되었을 때 사우나를 나왔다. 간절히 하고 싶었던 일은 누군가를 꽉 껴안는 거, 뽀뽀하는 거였는데 못했다. 아무나와 항문섹스를 할 수 있고 좆을 빨릴 순 있었지만 뽀뽀나 포옹은 잘 안 됐다. 그는 통로에 서서 담배를 피우고 있었던가? 구멍방 밖으로 나왔을 때 이번엔 그도 나를 보고 나도 그를 보았다. 그를 지나쳐 상영관 의자에 앉았다가 일어나 곧장 그에게 가 껴안았다. 그는 마른 몸에 터틀넥 니트와 두툼한 외투를 입고 있었다. 외투 안으로 손을 넣어 꽈악 끌어안았다. 몇 주 전부터 하고 싶었던 포옹이었다. 껴안고서 뽀뽀도 하고 귀에 입도 맞추고 킥킥대기도 하다 그의 손이 차가워 한동안 꼭 쥐고 있었다. 상영관 의자에도 나란히 앉고 서서 한참을 안기도 했다가 비어 있는 방이 없어 화장실에 서 있었다. 그는 담배를 피우고 나는 물도 마셨다. 포르노가 나오는 스크린 불빛에 그가 비쳤는데 누군가를 닮은 듯도 하면서 처음 보는 얼굴이기도 했다. ㅁ을 닮았나? 웃는 건 ㅎ형 같기도 하다, 생각하며 뽀뽀했는데 그러면서 여기가 아닌 바깥을 떠올렸다. 이렇게 귀여운 남자랑 데이트를 하면 밖에서 손도 잡고 뽀뽀도 하고 카페 가서 커피도 마시고 사진도 찍고 맛있는 것도 먹고요, 같은 예전엔 가능했지만 최근엔 할 수 없다고 느꼈던 일들. 다른 사람이 되는 일. 나를 포기하지 않아도 되는, 자살하지 않아도 되는 계기를. 그가 좋았고 다시 보고 싶어서 망설이다가 세 시간 동안 껴안고 뽀뽀만 하다 결국 밖에서 보고 싶다, 또 보고 싶다, 했다. 그는 끄덕이면서 웃었는데 휴대폰 건넬 용기가 나지 않았다. 휴대폰을 건네지 못한 채로 껴안고 뽀뽀하고 내가 멘 백팩이 좁은 통로에서 지나다니는 사람들을 불편하게 해도 신경쓰지 않고 그렇게 통로에서……"풀고 가요, 저는 바텀도 아니고." "상관없어요, 안 해도 돼요." 풀고 가라는 그의 말, 괜찮다는 말을 들으면서부터 기분이 좋지 않았다. 나는 난처한 웃음을 지으며 어둠 속에서 그에게 검지와 중지로 번호 누르는 시늉을 해보였다. 그는 물었다. "시티 해요?" "네?" "시티하냐고요." "네." "글 올릴게요, 진짜로." 용기란 무엇일까? 나는 인생 뭔지 연구를 999년 동안 해왔지만 아무 소득이 없었다는 사실을 인정해야만 했다. 나는 아무 용기도 없었다. 상처받은 느낌이 들었다. 오랜만에 말이다.

2015. 12.

새해

저녁 여덟시에 보기로 했고 종로에 도착해 그를 만난 건 일곱시 오십분쯤이었다.

그날 어둠 속에서 화면에 반사된 불빛으로 언뜻 본 얼굴을 기억할 순 없었는데 상상에서 미화된 모습과는 사뭇 달랐다. 긴장한 듯 보였다. 나 역시 마찬가지로 보일 것 같았다.

술집에서 알탕에 소주를 마셨다. 내가 얘기하면 그는 주로 맞장구를 쳤다. 술을 마시다 그는 '진심'이라는 단어를 얘기했다. "진심이 느껴졌어요. 처음엔 제가 육체인 거 같았는데……" 알탕이 졸아들면 물을 더 붓고 끓였다. 적당히 취했고 초반의 어색함은 사라졌지만 이후에 어떻게 행동해야 할지 결정하지 못하고 있었다.

가게에 들어가기 전 나는 길에 서서 잠깐만 껴안아봐도 되는지 물었다. 그는 사람들에게 보여질 것이 걱정됐는지 중얼거렸다. "괜찮겠죠? 종로니까?" 나는 내가 노력하고 있음을 알았다. 그럼에도 긴장했음을, 그에게 어색함을 느끼고 있고 그날의 감정이 온전히 되살아나진 않는다는 사실에 당황하고 있었다.

우리는 전철을 타고 이태원으로 이동할 만큼만 취해 있었다. 그마저도 거리를 걷고 계단을 오르내리고 3호선에서 6호선으로 갈아타고 이태원에 도착하는 동안 취기는 사라졌다. 1월 1일이었고 휴일, 금요일이었는데 을씨년스러울 정도로 사람이 없었다. 그와 나는 어디로 가야 할지 결정하지 못한 채 호모힐부터 사우나가 있는 골목을 한 바퀴 돌고 그레이에 갔다가 오픈 전이라고 해서 나왔다.

커피 마시면서는 HIV 이야기를 했다. 사우나 있는 골목을 돌 때 그가 "탑할 때 콘돔 써요?" 물었고 나는 "아뇨" 답했기 때문이다.

"저는 꼭 쓰는데…… 써야죠, 걸리면 어떡해요." "걸리면 걸리는 거죠."

입장 시간에 맞춰 그레이에 갔다. 이후는 노력, 밤은 거의 노력이었다. 한번은 그를 껴안으려는 시늉을 했는데 그가 나를 가볍게 밀면서, "아는 사람이 있어서" 했다. "전애인 친구가 있어요." "누군데요?" 그가 턱짓으로 가리킨 남자는 바로 옆에서 놀던 일행 중 한 명이었다. 사람들은 끝없이 들어왔다. 더워서 외투를 벗었다. 그는 내 셔츠의 소매를 한 번 두 번 접어 올려주었다. 공연을 보는데 렌즈 낀 눈이 뻑뻑했다. 춤추는 댄서들, 립싱크하는 드랙퀸을 보았다. 그가 웃으면 나도 반박자 늦게 웃고 그가 박수 치면 나도 반박자 늦게 따라 쳤다. 렌즈 낀 눈이 감기고 앞이 흐려져 눈을 비벼야 했다. 펄스에는 사람이 더 적었다. 사람 없이 쏟아지는 빛만 가득한 스테이지 한가운데에 그와 서 있었다. 지쳐 보였다. 그에게 물었다. "나갈까요?"

새벽 네시였다.

도로에는 승차등을 켠 택시들이 느리게 전진해오고 있었다. "어떡하죠? 집에 갈까요?" "저 보내고 찜방 가려고요?" "아뇨……" 나는 오늘 이 관계를 망쳐버릴지도 모른다는 조바심으로 어쩔 줄 모르겠는 심정이었다. 사우나에 들어가 신발장에 구두를 넣는데 그가 나를 돌아보며 말했다. "여기는 각자." 고개를 끄덕였다.

샤워실에서는 서로 쳐다보지 않고 몸을 씻었다.

그는 찰칵 소리 내며 라이터를 켜 방과 방을 확인했다. 나는 휴대폰 불빛을 비추며 그 뒤를 따랐다. 늦어서인지 대부분 잠들어 있었다. 어디 갔을까. 잠깐 사이 그를 놓치고 위아래 층을 오르내리며 찾는데 안 보였다. 이불을 덮어쓰고 꼼지락거리는 남자들을 보면 그 속에 있나 생각했다.

이층에선 덩치 큰 남자들 여럿이 뒤엉켜 신음하고 있었다. 불빛을 비춰보다 방을 나왔다. 삼층에선 한 중년 남자가 내 아랫도리를 더듬더니 바지를 내리고 오랄을 시작했다. 거부하지 않았다. 한참 빨리는데 근처에서 그가 라이터를 켜 사람들을 확인하고 있었다. 그는 어둠 속에서 나를 보고 멈칫하더니 불을 켜지 않고 지나갔다. 나는 성기를 빼고 그가 사라진 쪽으로 갔다. 안 보였다. 이층에도 없어 일층에 내려갔다. 그는 옷장 앞에서 옷을 벗고 있었다. 나는 뭐 꺼낼 게 있어서 내려온 것처럼 뒤돌아 캐비닛을 열었다. 그는 샤워하러 들어갔다. 집에 가려는 것인가? 씻고 나가려고? 초조했다. 나는 탈의실 옆

계단에 서서 샤워실 입구를 힐끔거리다 이층으로 올라왔다. 그가 간다고 해도 막을 수 없고 그렇다면 조바심내봐야 소용없었다. 삼층으로 올라갔다. 중년남은 다른 뚱뚱남 성기를 빨고 있었다. 그의 입에 내 성기를 물렸다. 곧 그의 항문에 노콘으로 박기 시작했고 중년남은 다른 성기를 빨면서 열심히 엉덩이를 움직였다. 그때 찰칵, 라이터 소리와 함께 그가 보였다. 씻고 올라온 모양이었다. 나는 그에게 손을 뻗었고 그는 내 손을 가볍게 한번 쥐고는 갔다. 나는 중년남 안에 싸고 이층으로 내려왔다. 아까 덩치남들은 여전히 서로 엉켜 꿈틀대고 있었다. 휴대폰 불빛에 그들의 접힌 뱃살과 두꺼운 허벅지가 비쳤다. 한 흑인은 입구에 서서 바지 위로 자기 성기를 주무르고 있었다. 그는 여전히 안 보였다. 삼층으로 올라갔다. 여럿이 누울 수 있는 큰 침대에 한 어린애가 누워 있었는데 어떤 남자가 그 애의 다리를 접어올리고 항문에 삽입하려는 중이었다. 어린애는 신음하며 아프다고 그만하라는 말을 느리게 내뱉었다. 목소리를 들으니 꽤 취한 거 같았다. 남자는 아랑곳하지 않고 박았다. 이층에 내려왔을 때 나는 방안에 뒤엉켜 있던 덩치가 바텀이라는 걸 알았다. 발목이 가느다란 탑이 바닥에 누워 있고 덩치는 그의 성기 위에 쪼그리고 앉아 엉덩이를 움직였다. 항문에 성기가 들락거리는 동안 덩치는 울먹이듯 신음했다. 나는 탑의 가느다란 발목, 그의 오른발에 채워진 옷장키를 보았다. 그일까? 목소리라도 들으면 알아볼 것 같았다. 탑은 아무 신음도 안 냈다. 누군가 방안에 불을 환히 비췄을 때 짧은 순간 탑과 눈이 마주쳤고 탑은 고개를 돌렸다. 방을 나왔다. 잠시 후 방 앞으로 또 갔을 때 그들은 자세를 바꿔 섹스하고 있었다. 몇 번을 왔다갔다했다. 그가 왜 갈 거라 생각했을까. 그건 감정이다. 그게 내 상황이었더라면, 그가 다른 사람과 섹스하는 걸 먼저 목격했더라면 내가 그랬을 수도 있다. 견디기 힘들어서 질투나서 뭐 다른 어떤 이유로든. 하지만 그는 안 갔다. 집에 갈 방법이 없거나 입장료가 아까워서든 냉정히 판단해서든 무엇이든. 나 역시 상대를 찾아 오럴섹스를 하고 항문섹스를 하고 그들과 키스도 하고 껴안기도 하면서 그를 상상했다. 그가 보고 싶어지면 이층에 내려갔다. 그는 여전히 다른 덩치들과 섹스를 하고 있었다. 나는 방해되지 않게 밝기를 낮춘 약한 불빛으로 내가 아닌 것처럼, 지나가는 누군가가 방을 확인한 것처럼 그렇게 빛을 비춰 열중한 그의 뒷모습을 확인하고 삼층으로 올라갔다. 다시 내려가보면 그는 덩치에게 팔베개를 해준 채 누워 있었다. 나는 그 옆방에 들어가 다른 사람과 키스하거나 껴안았다. 마치 그에게 하고 있는 것처럼 그에게 하고 싶었던 것처럼 했다. 옆방에 다른 남자와 누워 있는 그를 생각하면 안타까웠다. "우린 어린애들이 아니잖아요. 알 건 다 알고……" 술 마시며 그가 했던 얘기와 내가 그에게 했던 말들을 떠올렸다. 침대방에 올라가 또다른 누군가에게 박히고 있는 중년남 입에 성기를 물렸다. 항문에 박다가 침대에 편하게 드러누워 그의 머리통을 잡고 입에 강하게 박았다. 또 한 번 찰칵, 라이터 소리가 났고 방이 잠시 밝아졌다. 그는 지나갔다.

나는 어둠 속에서 손을 뻗었다. 그가 손깍지를 껴주었다. 얼굴을 내밀었다. 그는 입을 맞춰주었다. "풀고 와요. 먼저 자고 있을게요." 나지막이 말하고 그는 돌아섰다. 중년남 입에서 성기를 뺐다. 중년남은 박아달라는 듯 엎드려 엉덩이를 벌렸다. "같이 가요." 나는 그의 뒤를 따라 내려갔다. 계단을 내려가는 그의 발목을 보았다.

　방마다 사람들이 자고 있었다. 그중 넓은 방 하나를 골라 헝클어진 이부자리를 정돈하고 그와 누웠다. 그에게 팔베개를 하고 눈을 감았다. 렌즈를 빼지 않은 눈이 화끈거렸고 눈가에 가벼운 경련이 일었다. 잠시 후 잠이 들었다. 자다가 팔이 저려 뺐다. 누군가 들어와 그의 아랫도리를 더듬었다. 그는 손을 뻗어 제지했다. 그 누군가는 이번엔 내 아랫도리를 더듬었다. 나는 제지하지 않았다. 누군가는 내 젖꼭지를 만지기 시작했다. 내버려두었다. 나는 그를 안고 있던 팔을 풀고 가슴을 틀어 그 누군가 쪽으로 몸을 기울였다. 그도 천장을 보고 누웠다. "괜찮아요. 한번 해요. 하는 거 보고 싶어요." 나는 어둠 속에서 그에게 웃어 보이고 누군가의 귀와 눈과 목덜미에 입을 맞추었다. 그와 손을 잡고 있다가 나중엔 놓았다.

　아침 여덟시쯤 일어나 전철을 탔다. 눈이 뻑뻑했다. 신림까지 전철을 타고 가는 동안 이상한 조바심이 났고 그걸 확인하려는 듯이 그를 껴안고 싶었다. 그는 사양했다. 그는 눈을 손등으로 비볐다. 힘들어 보였다. "렌즈 꼈었나봐요." "네." "우리 또 언제 보죠?" 나는 대답을 기다리지 않고 오늘 보고 싶다, 혼잣말을 덧붙였다. 그는 가벼이 웃기만 했다. 나는 내가 마지막까지 노력하고 있음을 느꼈다. 그는 말했다. "조만간 봐요." 나는 마치 그날 그가 '진짜로'를 발음했을 때처럼, 그 진짜가 일어나버릴까봐 두려움을 느끼고 있다는 사실에 당황하면서 안녕, 손을 흔들었다. 전철에서 내리면서 그는 나를 보고 웃었다. 차가 역을 출발한 후에야 나는 내가 누군가를 좋아할 수 있다는 사실을, 그 사건이 어찌되었건 내게 일어났음을 알게 되었다. 그의 감정과는 상관없이 말이다. 2016. 01.

아이 마이 미 유 유얼 유

 아이 마이 미 유 유얼 유. 영어 공부를 하는 엄마가 내는 소리…… 사람들이 평균인 것을 더는 견디기 힘이 든다. 아무 이야기도 못하겠다. 어제까진 할 수 있었는데. 애써도 안 돼요. 너는 완전히 망가졌다고요. 너는 완전히 망가진 인간이라구요.
 어제는 수원 맥도날드에서 엄마 수업 끝나기를 기다리고 있었다. 교회나 그 비슷한 거 마치고 몰려온 거 같았는데 고급 옷차림을 한 나이든 여자랑 초등학생쯤 되어 보이는 아이 여럿이 햄버거를 먹었다. 선생님이라고 자기를 칭하는 여자가 애들한테 뭐 먹고 싶은지 물어보면서 '선생님이 사줄게' 했다. 나중에 그 예닐곱 명 되는 애들이 조용하게 얌전히 눈치 보면서 햄버거를 먹었다. 2016. 01.

오줌

 점심으론 참치김밥에 오징어짬뽕 작은컵을 먹었다. 데우지 못한 김밥은 차가웠고 굳어 있었다. 라면 국물에 김밥을 녹여 먹었다. 그래도 완전히 풀어지지는 않는 밥알을 씹으면서 생각했다. 어떻게 해야 다르게 살 수 있을까? 이전처럼 살아온 것과 다르게 사는 게 가능할까? 여태 살아온 대로밖에 살지 못하는 게 아닐까? 내가 실패하는 것들, 잘해보고 싶었지만 적극적으로 실패한 관계들, 소망들을 요 며칠간 목격하면서 다르게 살고 싶다는 소망을 더 강하게 느꼈다. 같이 밥 먹는 사람은 나 외에도 물류팀 넷, 사무실 다섯이었다. 저번주쯤인가 창고에서 ㅈ씨가 짜증내며 큰 소리를 질렀는데 왜 그러는지 알 거 같았다. 고양이가 창고에 들어와 모래 포대에 똥오줌을 싸 놓고 나간 것이다. 그는 '미쳐버리겠네' 같은 말을 하고 있었고 나는 물티슈를 가져다가 똥을 집어 쓰레기봉투에 버리고 추위에 얼어붙은 노란 오줌을 닦아냈다. 나는 그가 화를 내고 있는 게 웃겼는데 그것은 ㅈ씨가 자기가 하는 작업, 모래 포대를 나르고 박스에 택배송장을 붙이고 테이핑을 하는 일이 이 똥을 치우는 것과 다르다고 믿는 것처럼 보여서다. 나에게 고양이 배설물을 치우는 것과 출근해서 하는 모든 일의 값은 같았다. 어떻게 하면 다르게 살 수 있을까? 어제는 진호라는 사람을 대화역까지 태워다주면서 이야기했다. "아직도 애기 취급을 한다니까. 내 나이가 몇 갠데……" "나도 나와 살아야지 안 되겠어. 능력이 안 되니까. 1월에 들어올 돈이 있거든. 원래 진즉 받았어야 하는 돈인데……" "사람이 많은 건 싫어요. 번잡한 거 싫고 저도 이렇게 조용한 데서……" 그전에는 집 화장실에서 진호가 신음하며 샤워했었다. 못다 한 사정을 하려고 자위하는 것 같았다. 샤워하기 전에는 오줌을 먹고 싶다 해서 나는 발가벗은 채 무릎 꿇은 진호의 입에 성기를 조준하고 있었다. 나올 듯 말 듯해서 페트병으로 조금씩 물을 마셨다. 그러다가 힘겹게 쌌다. 진호는 오줌을 받아먹다가 흘려 뱉다가 했다. 삼키지 못한 오줌은 목덜미와 가슴을 타고 흘러내렸고 내 허벅지와 종아리, 발등에도 튀었다. 방음이 안 되어 신음 내지 말라고 부탁했는데 그가 내는 소리는 입을 틀어막아도 줄어들지 않았다. 그전에는 노콘으로 그의 항문 안에 쌌다. 대화역에서 버스 기다리고 있어요. 아홉시 십일분에 집 근처에 도착했다는 문자가 왔고 나는 그때 집을 청소하고 있었다. 옷도 갈아입고 제모도 하고 머리 드라이도 했다. 어딘데요? 우리은행 안에 있어요. 그를 차에 태웠다. "저번에도 날이 추웠죠?" "예. 차 가져오셨네요. 집이 먼가봐요." "걸어가도 되는데 추우니까……" 그는 씻고 바로 나간 셈인데도 집에 누가 있었다는 사실이 싫었다. 오늘은 어플 속 프로필을 바꾸고 앱을 지웠다. 어제는 시티에서 사람들에게 쪽지를 보냈다. '님 너무 만나고 싶어요……' '여럿이 하는 거 좋아해요……' '175 75 30 탑' 나는 뭘 기대하나? 요즘은 거의 매일 꿈을 꾼다. 아침엔 도시락을 싸려고 밥통을 봤는데 취사 버튼을 눌러두지 않아 생쌀이었다. 차에 시동을 걸어두고 예열하는 동안 편의점에서 김밥 두 줄을 사 한 줄을 차 안에서 먹었다. 목이 메어 집에 올라가 물 마시고 내려왔다. 매일매일 나는 뭔가를 할 수 있다. 내가 결정하는 거였다. 이렇게 하는 것은 선택이었다. 다르게 살고 싶은 건 왜였을까요? 사람은 죽는다. 당연한 이 사실이 오늘 아침 새삼 새롭게 느껴졌다. 나는 죽는다. 나는 (해내지 못하고) 죽는다. 2016. 01.

애니타임

 어제 항문섹스 너무 많이 해서 항문이 아프다. 구멍방에서 나는 양말만 신고 엎드려 있었다. 항문엔 젤이 발라져 있고 그러면 아저씨들이 한 명씩 들어와서 노콘으로 박았다. 한 아저씨는 내 고추에 자기 정액을 묻히고 싶어서 안절부절못하다가 결국 내 귀두에 좆물을 잔뜩 싸놓고 문질렀다.

 형을 만났을 땐 내가 원하지 않는 방식으로 행동했다. 변명은 했다. '저에 대해 알게 된 게 있어요. 사람들을 만나면 제가 하고 싶은 얘기가 아니라 상대방이 해달라고 하는 이야기를 해버린다는 거요. 상대가 듣고 싶어하는, 그 말을 해달라는 암시에 시달리다 결국 그 말들을 해버려요. 그러니까 지금부터 하는 말은 이걸 감안하고 들으세요.'

 그 밤 형과 헤어지는 길엔 정류장으로 걸어가면서, 열어주지 않는 형의 입술을 열려고 애쓰면서 울 것 같았다. 이건 하고 싶었던 일이 아니야. 돈을 충동적으로 써버렸어. 나는 나아지고 있나? 나아진다는 게 뭘까? 그건 잘살았던 풍경 같은 거다. 예전엔 이층 양옥집에 살았는데 말야, 하고 이야기를 시작하는 거다.

 '럿슈'하고 뽀뽀를 하면서요. 껴안고 있으면서요. 뭘 생각했을까요? 저번과는 다른 방식으로 사람과 관계를 맺을 수 있을까? 우리가 관계라는 단어에 기대하는 값을 어떻게 상상 속에서 합의할 수 있을까? 랏슈는 제 가슴하고 어깨에 머리를 기대고 있었고요. 저는 그 머리통을 손으로 쓸어내리고 뽀뽀했습니다. 그러다 랏슈는 깜빡 잠이 들었답니다. 나중엔 휴게텔 직원이 청소를 시작해서 다른 방으로 이동했는데요. 애니타임은 끝까지 저와 랏슈를 따라옵니다.

"여럿이 하는 거 좋아해요?"

"네. 돌림빵 좋아해요."

"돌림빵?"

랏슈는 랏슈를 하면서 랏슈 냄새를 풍기면서 시들어가는 나의 고추를 목구멍 깊숙이 빨아넘기고 삼키고 했는데 그러면 애니타임이 옆에서 우리의 몸을 쓸어내리면서 젖꼭지를 빨기도 하고 뽀뽀를 하기도 하며 곁에 있었다. 그러면 다른 탑이 애니타임을 박으러 오고…… 애니타임은 몇 명이나 받았더라? 다가오는 탑들 모두에게 콘돔을 씌우고 받았다. 애니타임이 박히고 있을 때만 식이 되었고 나는 신음하는 애니타임의 손을 가끔 잡아주었다.

랏슈랑 속삭이는데 애니타임이 가지 않고 손을 내민다. 애니타임이 손목에 찬 열쇠가 랏슈의 등허리를 스쳐 아프게 할 것 같아 밀어내는데도 안 갔다. 랏슈에게 속삭이는 말을 애니타임은 다 들었다. 우리가 어디 사는지, 랏슈는 이따 어디 갈 계획인지, 우리는 언제 또 만날지. 애니타임은 내게 콘돔을 끼라고 해서 그와 안 했다. 랏슈는 콘돔 없이 안에 넣고 사정하게 해주었다. 럇슈한테 세 번 쌌다. 그동안 애니타임은 우리 옆에서 다른 탑들의 고추를 빨아 세워주고 거기에 콘돔을 씌워 자기 항문에 넣었다. 그래. 어쩌면 저 콘돔을 요구하는 끈질긴 태도는 기혼 바텀이 아내한테 지킬 수 있는 유일한 의리 아닐까? 애니타임은 박히면서도 우리를 보고 있었다. 내가 럇슈와 속삭일 때에도. 2016. 02.

돼지뼈

어떤 일이 있었는지 쓰려고 노력했지만 물리적으로 시간이 나지 않았다. 아무 용기도 생기지 않았다. 어제까진 잘 견딜 수 있었다. 피곤하지 않게 관리해두었고 잠도 잘 잤고 그래서 집에 가 글을 쓰면 되는 날이었는데 항상 그런 날이면 회식을 하자고 한다. 사람들과 술을 먹고 그러면 돈을 써야 한다. 대리비 이만 원에 술값. 술값은 조금 냈다. 족발과 보쌈을 다른 사람들이 더는 안 먹을 때에도 꾸역꾸역 먹었다. 죽은 돼지의 뼈, 발톱, 이런 걸 손에 쥐고 물어뜯었다. 술은 마시다 말았다. 먹으면서 '아니 저 새끼는 왜 저렇게 처먹기만 할까?' 누군가 한심해하겠지? 생각하면서도 먹는 걸 멈출 수 없었다.

어떤 건 안 가능하다. 그걸 잘 구분해야 하고 거기 감정을 소모하면 안 된다. 잠을 안 잘 수 없는 것처럼 어떤 일들은 일어나야만 하고 하소연은 쓸모없다. 교통사고를 당했다면 일어난 일은 없던 일이 되지 않는다. 알기에 입 다물고 있지만 억울하다.

감정은 날 도와주거나 해야 할 일을 대신할 수 없다. 오늘 할 수 있는 노력을 해야 한다. 물이 막 밀려와 혹은 창고문이 높은 곳에서 바닥으로 떨어져, 그것을 감정이나 기도로 막을 수 있나? 슬프거나 화가 나. 하지만 저 창고문이 떨어지는 걸 슬픔이나 분노로 저지할 수 있느냐고. 그게 감정이며 감정에 불과한 것이다. 누구야 보고 싶어, 라는 말과 시도들. 그것은 그저 감정일 뿐이었고 그 시간에 무얼 하고 싶어했는지 똑바로 봐야 한다. 2016. 03.

벽

　내가 원하는 건 고추 빨기니까 고추를 빨지 않고 호모를 보는 건 한두 시간이나 견디지 그 이상은 힘이 들고 빨리 고추 빨러 가야 한다. 그렇다고 특정 대상을 원하나? 그 행위를 원하는 것이지 사랑을 원하는 게 아니다.

　안녕하세요? 죽고 싶은 것은 사실이다. 그렇지만 내가 무엇을 '쓰면서' 선택적으로 과장하고 생략하는지 알고 있다. 쓴 것은 '쓰여진' 것이지 사실이나 전체가 아니다. 나는 살아가려고 노력할 뿐이다. 뭘 어떻게 하겠다, 이런 건 가능하지 않고 그저 벌어지는 사건이다.

　내가 내게 바라는 게 있겠죠, 수정하고 싶은 게 있고. 그걸 교통사고 기다리듯이 기다린다. 마치 그것은 '아, 설거지 못해서 눈물난다' 하는 상황을 지켜보는 시청자의 답답함일 수도 있지. '일어나서 설거지를 하면 되지, 왜 설거지를 못하겠다고 우는 거야……' 근데 그것이 그 인물에게는 정말로 벽이다. 나는 그 벽을 마주한 상황을 인물로 맞서고 있고. 그것은 벽을 해소해주진 않지만 벽을 마주한 스트레스를 완화해준다. 그것이 내가 생각하는 교통사고, 죽음이다. 저 상황을 어떻게 해결하지?라는 물음이 이 인물에게 던져졌을 때 그가 너무나 어처구니없이 해결해버리지 않길 원한다. 2016. 03.

회복

 이천삼백 원 하는 썬키스트 자몽에이드가 먹고 싶었지만 천오백 원 하는 암바사를 고르는 삶. 작년 추석 백화점에서 갈비 세트 파는 아르바이트 했었는데 그때 옆에선 과일 세트를 팔았다. 그때 맡았던 사과향이 아직도 기억난다. 백화점 과일님은 그 옆을 스쳐지나가기만 해도 인생 뭔지 물어야 한다. 나같이 미천한 자들은…… 누군가는 저런 과일을 구매하고 먹는다. 하나로마트나 이마트에서는 맡을 수 없는 향기였는데.

 아무도 안 보고 싶고 아무것도 못할 거다. 과일 먹고 싶다. 나는 힘들면 힘든 걸 안 하는 걸 택해왔다. 노력 같은 거 안 하고 아프면 안 하고 힘들면 안 하고 못 하면 안 하고 낯설면 안 했다. 그렇게 살아온 결과 할 줄 아는 것은 항문섹스밖에 남지 않게 되었다.

 뭘 더 했어야 했을까요? 뭘 더 견뎌야 했나요? 꾹 참고 열심히, 이렇게 했어야 했나요? 지금 내 것이 아닌 건 나중에도 내 것이 아니고 지금 힘든 건 나중에도 힘든 일이다. 버텨, 견뎌 같은 건 웃긴 말이고 그럴 필요가 하나도 없었다는 걸 우리는 팔십 세에 인정해야 했습니다. 네가 말이야, 그 시기를 견뎠으면 혹은 좀더 참았으면 나중에는, 이런 일은 일어나지 않고 어떤 식으로든 대가는 치러야 했다는 걸 속일 수 없다고요. 힘든 건 하지 맙시다. 피할 수 있으면 피하고 도망칠 수 있으면 도망치고 딴 데 있을 수 있으면 딴 데 가라. 안 되는 걸 되게 하려는 시도 같은 건 하지 말자. 되면 되고 말면 말고 하는 마음이 제일 소중하다.

 회복해도 전과 같을 순 없다, 그건 건강한 삶도 뛰어난 삶도 아니다, 라는 말을 책에서 읽을 땐 기뻤다. 회복하면 너는 뛰어나지고 건강해져, 했더라면 더 깊은 실망과 벽을 느꼈을 것이다. 2016. 03.

안에 싸주세요

　구로 디브이디방에 가서는 다 벗고 빈 방 침대에 엎드려 있었다. 배 나온 아저씨가 방에 들어와 엉덩이를 쓰다듬고 바지 지퍼를 열어 자기 고추를 내 입에 물렸다. 그곳을 나와 남구로역에서 노래방을 한다는 중년에게 톡을 보냈다. '손님이 두 테이블 있어요. 잠깐은 들러도 돼요.' 안내해준 출구 앞 골목길로 가서 지하 노래방에 내려갔다. '저는 청바지에 체크 셔츠랑 남색 점퍼 입었어요.' 옷차림을 말해두어서 아저씨는 나를 보자마자 알았고 비어 있는 큰방으로 데려갔다. "여기 잠깐만 있어요." 아저씨는 키가 컸고 피로해 보였다. 그가 리모컨을 조작하자 뮤직비디오가 나오던 사분할 브라운관에서 CCTV 1번부터 4번까지 화면이 출력되었다. 방에서 기다리며 휴대폰 게임을 했다. 아저씨는 얼마 뒤 내가 있는 방에 들어와 바로 오럴을 했다. 안에서는 밖이 보였지만 밖에서는 안이 보이지 않는 그런 유리벽이었다. "누가 오는지 잘 봐." 고개를 끄덕였다. 아저씨는 잘 빨았다. 또 오고 싶을 만큼. 고추를 빨리는 동안 옆방에서는 아줌마, 아저씨들이 트로트를 부르며 놀았다. 노랫소리를 들으며 캠 화면을 보았다. 노래방 앞 삼거리와 간판 아래 현관, 지하로 내려오는 계단, 노래방 입구, 이렇게 네 개의 화면을 지켜보면서 고추를 빨렸다. 삼십 분쯤 빨리다 입에 쌌다.

새벽 세시쯤 휴게텔에 갔는데 한 어린애가 아저씨들에게 노콘으로 박히고 있어서 나도 기다렸다가 박았다. 어린애를 박던 아저씨는 내 항문에 자기 고추를 넣었다. 나는 어린애를 박으면서 아저씨한테 박혔는데 나중에 어린애한테 쌀 때 아저씨도 신음하더니 고추를 빼고 나갔다. 샤워하는 내내 항문에서 정액이 흘러나왔다. 다리를 움직일 때마다 항문이 움찔거리면서 여러 번 정액을 흘렸다. 이후에도 여러 사람과 노콘으로 박을 탔다. 한 대머리 아저씨는 나를 정성스럽게 애무하고는 끈질기게 자기 성기를 내 항문에 넣으려 했다. 내가 아파하자 어르고 달래면서 끝까지 넣었다.

큰방에서 신음소리가 들려서 갔는데 체구가 작고 마른 한 바텀을 아저씨 둘이서 박으며 입에 성기를 넣어 빨리고 있었다. 나도 옆에서 바텀의 정강이와 발을 만지고 땀으로 미끌거리는 아저씨들의 등을 쓰다듬었다. 아저씨가 일어나 나에게 양보했고 그들은 바텀 입에 고추를 넣고 빨리면서 나와 키스했다. 그들은 내 성기를 만져보더니 콘돔을 벗겨내곤 그대로 넣으라는 시늉을 하였다. 나는 콘돔을 벗기고 바텀에게 넣었다. 바텀은 성기를 한번 만져보더니 아무 제지를 하지 않았다. 아저씨들과 키스하면서 바텀 안에 쌌다. 나중엔 방에 들어가 가운을 들추고 엉덩이를 보인 채 엎드려 있었다. 아까의 대머리 아저씨가 들어왔다. 내 항문은 여러 번 박힌 뒤라 젤과 정액으로 미끌거렸다. 아저씨는 조심스럽게 삽입했는데 이번엔 아프지 않았다. 엎드린 채 박혔다. 아저씨는 안에 싸도 되느냐고 묻더니 신음하면서 세게 몇 차례 박고 사정했다. 샤워하고 옷 갈아입고 밖으로 나왔다. 주차해둔 차문을 여는데 항문에서 정액이 주르륵 흘러나왔다. 속옷이 젖은 채 운전해서 집까지 갔다. 대머리 아저씨를 생각했다. 그가 내 안에 정액을 싼 것이 좋았다. 2016. 03.

입을 맞추고 싶었는데

 사람들을 나는 살해하고 싶다. 내가 느끼는 감정하고 그 사람들이 상관없기 때문이다. 그들에게 충격을 주면 그제야 그들은 내 표정을 보게 될 것이다.

 얼굴을 발로 밟아주어야 싼다고 해서 얼굴을 발로 밟았다. 토하려는 것처럼 고개를 돌려 입에서 성기를 빼려고 할 때마다 못 움직이게 손으로 눌렀다. 내 손을 끌어다가 자기 뺨을 치길래 따귀를 갈겨주었다. 고추를 빨면서 내 발을 두 손으로 껴안고 자기 허벅지 위에 올리더니 밟아달라고 해서 허벅지를 밟아버렸다. 내게 "형이 하고 싶은 대로 하세요" 해서 "응" 답했다.

 모든 건 다시 시작할 수 있다. 그애는 턱을 손으로 움켜쥐고 힘을 주면 흥분했다. 입을 맞추고 싶었는데 그는 뺨을 때려주길 원해서 뽀뽀를 한 번 하고 뺨을 아홉 번 때렸다. "콘돔 안 끼고 하는데 괜찮아?" 하니까 고개를 끄덕였다. 마주보고 박다가 안에 쌌다. 그의 얼굴을 밟아서 사정하도록 도와주고 뽀뽀를 몇 번 했다.

 안녕하세요? 오늘 내가 죽을 수도 있었는데 고추 빨아주고 얼굴을 발로 짓밟게 해주고 노콘으로 안에 싸도록 허락해준 강동구 사는 어쩌구씨 감사합니다. 안녕하세요? 나는 손목이 아프다. 박스에 안 들어가는 대용량 사료를 주먹으로 내리쳐야 해서. 안녕하세요. 나는 결국이다. 결국 그렇게 되었다. 예. 그 이야기는 그렇게 끝나게 되었습니다. 잘 안 됐어요. 이야기는 자기가 누구인지 상상하는 데 실패했다. 믿음을 잃어버렸다. 하지만 믿음을 잃은 것이 그의 잘못은 아니었다. 그 이야기는 어쩌면 믿음을 가져볼 수도 있었으며 실제로 목격하기도 했다. 믿음은 가로등처럼 촘촘하고 확실하게 빛을 내고 있었고 무수했다. 자기 것이 아니었을 뿐. 저는 주말 동안 제가 누구인지 모르는 상태였습니다. 월요일이 되어서야 제가 누구인지 상상할 수 있게 되었습니다. 너는 어쩌구가 되는 것을 보고 싶어? 너는 너의 이야기가 어쩌구 하기를 바라? 거짓말을 할 순 없다고요. 그다음을 보고 싶어한다면 대가로 저의 뭔가를 내놓아야 했고요. 그것은 안전할 수 없다고요. 저는 저를 더 상상하고 싶었습니다. 저는 상상 속에서 행복했고 회복하는 중이었습니다.

    안녕하세요? 저의 열 손가락 끝은 껍질이 다 벗겨져 있다. 뭘 믿나요? 손목이 아프다는 사실을 믿습니다. 제가 이걸로 들어갈 수 없는 상자에 들어갈 수 있게 될 때까지 사료를 두들겼다는 사실을 믿습니다. 아무데도 사용되고 싶지 않아요. 저를 아무리 원하셔도요. 가끔 같이 술 먹는 생각한다. 상상 속에서 나는 "형" 부르며 그는 취해서 내게 다정하다. 2016. 03.

마요치즈 프링글스와 반통어치의 절실한 사랑하기

　오랜만에 바깥 세상 나와서 사람들 구경하니까 기분 이상하네. 놀이동산 줄 기다리면서 일행이랑 웃고 싶은데 같이 갈 친구가 없는 사람처럼. 친구로는 호식이두마리치킨이 있어요. 친구가 없다면 '계단 오르기'라는 고급 운동을 해보세요. 무료랍니다. 친구가 없다면 가까운 편의점에 들러보세요. 천 원이면 맥스봉 소시지를 한 개 살 수 있답니다. 저는 몇 주 전에 교통사고로 죽었답니다. 저는 죽은 사람이니까 길에서 보여도 말 걸지 마세요.
　낮에 나는 많은 할아버지 사이에서 동남아 청년을 애무하고 항문에 노콘으로 넣어 동성애 행위를 하였다. 똥구멍에서 내 자지가 빠져나올 때마다 옆에 있던 할아버지들이 허겁지겁 빨았다. 화장실에 가려고 하면 슬리퍼를 신어야 했는데 거기에 파리보다는 작고 날파리보다는 훨씬 큰 그런 날벌레가 두세 마리 앉았다 날아갔다. 입장료는 육천 원이었다. 흰 난닝구 입은 할아버지 서넛이 중국집 짬뽕을 시켜서 먹는 중이었고 나는 출입구 플라스틱 의자에 놓인 대야에 분홍색 목욕표를 넣고 들어갔다. 사람들이 다 나를 쳐다봐야만 했다. 거기에서는 내가 가장 어리고 잘생겼으니까. 목욕탕에 들어가 샤워기 틀어 물 받고 있는데 두통이 심했고 머리가 쪼개지는 거 같아 한숨을 가

법게 쉬었는데도 고추는 커지기만 했다.

    오늘은 어떤 호모에 대해서 '너는 포경수술을 받지 않았구나' 짐작할 수 있었다. 그가 '난 홀어머니 아래서 자랐다' 말했기 때문이다.

    형이 "하고 싶어? 근데 나는 잘 못 받아. 아프다고 하면 빼야 해" 그러길래 "응" 했다. "콘돔이랑 젤 아무것도 없잖아. 있어?" 형이 묻길래 "아니" 했다.

    "내가 갖고 올 테니까 다른 사람이랑 하면 안 돼." "응."

    방이 아주 어둡진 않고 복도 전등 빛이 입구로 비쳐 들어와 형의 얼굴 윤곽과 표정을 알아볼 수 있었는데 형도 웃고 있어서 나도 안심이 되고 기분이 좋았다.

    "생각날 거 같아. 보고 싶을 거 같아. 틱톡 아이디 있어?"

    "응. 근데 틱톡 5월에 서비스 종료한대."

    "진짜? 헉……"

    "전화번호 알려줄게. 그러면 되지. 내 전화번호는 어쩌구 칠팔이야."

    형이 작게 중얼거려보더니 내 허리에 검지로 숫자를 써가며 외웠다. 나는 형에게 뽀뽀하면서 다음에도 보고 싶다는 생각을 해야 하였다. 안녕하세요? 불가능해진 사람을 구경해보세요. 참 재미가 있답니다. 제가 뭘 원했는지 알도록 허락해주실 분. 저는 도착되었습니다. 감사합니다. 2016. 04.

이태원

이태원에 갔다.

깨어 있는 사람보다 자고 있는 사람이 많았다. 이층 침대방에는 사람이 모여들어 더듬고 박을 타는 중이었다. 식되는 바텀을 만나 노콘으로 했다. 그애는 한국인처럼 생겼는데 영어를 썼다. 다른 사람들도 그애와 했다. 덩치 크고 가슴근육이 발달한 귀두 큰 형이 나를 따라다녔다. 그애를 박을 때에도 내 항문에 젤을 바르고 넣으려 하길래 탑이라고 말해주었다. 형은 괜찮다고 했다. 내가 샤워를 마칠 때까지 기다리더니 나를 데리고 방으로 갔다. "그냥 같이 자기만 해." 뽀뽀를 해서 의무적으로 받아주었다. 아까 박았던 바텀을 찾아 이층 침대방에 갔는데 안 보였다. 어둠 속에서 다른 바텀이 박히고 있었다. 성기가 삽입된 항문을 만지니 바텀이 두 개를 넣어달라는 듯 자세를 바꾸었는데 콘돔을 요구해서 넣진 않았다. 그동안 형은 내 옆에 있었다. 침대에 올라 바텀의 엉덩이를 쓰다듬는 얼굴에 뭔가를 들이밀었다. 럿슈였다. 한쪽씩 코를 눌러 막고 번갈아 들이마시게 했다. 형은 내게 노콘으로 넣으려고 했는데 물건이 크고 힘을 세게 주어서 아팠다. 나를 엎드리게 하고 몸으로 누르며 삽입했는데 아파할 때마다 럿슈를 시켜서 머리가 어지럽고 얼굴에 열이 났다. 고통은 참을 만하고 형이 싫은 것도 아니었는데 박히는 것보단 박히는 누군가를 나도 박고 싶어서 침대에서 일어났다. 나중엔 처음 사정했던 바텀을 만나 손을 쥔 채 돌아다녔다. 통로에서 입맞추다 삼층에 올라갔다. 응접실과 거실을 지나고 출구 옆 침대방에 들어갔다. 그 방에서 그애는 아침 아홉시까지 박혔다. 백인도 있었고 아시아 사람도 있었고 중년 남자들도 있었다. 다들 노콘으로 그애 항문에 사정했고 나는 사람들이 싸고 일어날 때마다 손가락을 뻗어 항문을 만져보았다. 정액이 흘러 흥분됐지만 발기는 되지 않았다. 사람들은 그애가 박히는 동안 침대 가장자리에 앉아 서로 물건을 뺄거나 성기를 만지작거리며 기다렸다. 한 명이 일어나면 다음 사람이, 그다음 사람이. 나는 그애 손을 쥐고 뽀뽀하다가 잠들기도 했다. 잠시 나갔다 들어오면 여전히 그애는 사람들에게 둘러싸여 박히고 있었다. 나중에 우리 둘이 남았을 때 그애는 나한테 한국인이냐고 물었다. 그렇다고 하니 그애가 자기도 한국인처럼 보이는지 물었다. 정액이 흥건해진 그애를 나도 박고 싶었는데 발기가 풀려서 자야만 했다. 좀 자고 일어나자 회복이 돼서 그애 안에 한 번 쌌다. 또 손을 잡고 같이 있다가 혼자 이층 거실로 내려와 소파에 누웠다. 일층 출입문이 열렸다 닫히는 소리, 자판기 커피 뽑는 소리, 발소리와 외국어가 들렸고 나는 알몸으로 쿠션을 껴안은 채 소파에서 잠깐 잠이 들었다. 2016.04.

빛

빛을 이야기하려고 했다. 삼층 침대방에 누워 있을 때 옆에서 있던 누군가가 방의 커튼을 들췄고 살짝 벌어진 틈으로 환한 빛이 들어왔다. 잠시 젖혀졌던 커튼은 제자리로 돌아갔고 영영 밤일 것만 같은 어둠이 방에는 있었다. 언뜻 목격한 낮의 빛은 방안과 대조적이어서 현실감이 없었다. 나는 밤을 샜고 그걸 보상하려면 낮에는 자야 한다는 생각에 약간 겁이 났다. 옆에서는 그애가 계속 박히고 있었다. 나는 그애의 손을 쥐고 머리칼을 쓰다듬었다. 나는 내가 누구인지 알고 있었다. 그걸 선택했다는 사실도. 2016. 04.

일기

일기라고 해서 사실만을 쓸 필요는 없다. 그럼 일기라는 형식이 긴장되는데 그게 재미있다.

금요일에는 아저씨가 입에 싸도 되냐고 물어서 고개 끄덕였다. 그는 바닥에 누운 내 얼굴에 자기 거를 흔들다 싸면서 내 입에 밀어넣었고 양이 너무 많아서 입술에서 볼을 타고 정액이 흘러내려 귀까지 젖었다.

또다른 고추 굵은 애는 열심히 내가 빠는 동안 (정말 고추가 맘에 들어서 내가 생각해도 참 잘 빨아주었다) "윽 나올 거 같아요" 하면서 내 머리통을 잡았다. 마찬가지로 양이 정말 많았고 정액은 별맛이 안 났다. 정액을 머금은 채로 고추를 핥아주었는데 감전되듯이 몸서리쳤다. 우릴 지켜보던 다른 애 것도 빨아주기 시작했는데 고추 크기는 보통이었다.

지켜보던 다른 호모는 그애 것을 빠는 내 고추를 빨아주기 시작했고 그애는 아무 말이나 신음, 신호도 없이 내 입에 세게 박더니 갑자기 싸기 시작해서 처음에 나오는 정액은 삼켜버렸다. 그게 목구멍을 쓰리게 했고 맛이 비려 캑캑댔다. 나중에 내 걸 빨던 호모 입에 박다가 목구멍 깊이 넣은 채 나도 쌌다.

2016.04.

칫솔과 면도기

아침에 양치하려고 할 때마다 칫솔하고 면도기를 헷갈린다.

밤에는 이층 수면실에 있었는데 누워서 벽을 보면 뿌옇고 마치 불이 나서 연기 찬 것처럼 보여서 헉, 일어났다. 벽지가 그런 색깔일 뿐인데 두 번이나 벌떡 일어났다. 정말 불난 것처럼 불안해서. 새벽 다섯시 반인가에 수면실 한쪽에서 통통하고 덩치 큰 남자가 엉덩이 내밀고 개구리처럼 엎드려 꼼짝 않고 있었는데 아무도 그 남자를 박지 않았고 나중에 삼십 분, 사십 분 지나서도 가보니까 같은 자세로 엎드려 있었다.

집으로 돌아오는 새벽에는 도로에 사고 나서 구급차와 경찰차가 있었고. 차에서 사람을 끄집어내고 있었다.

나는 문제를 해결하고 싶다. 문제를 해결한다니 이상한 문장이네. 국어사전 스피커를 눌러 성우가 '해애결' 발음하는 걸 들어보세요. 아무것도 달라지지 않으니까요. 문제를 어떻게 해결하지? 거짓말 하고 싶다. 어떤 일이 있었는데 거기에 과장이나 거짓말을 더하고 싶다. 어제저녁 여섯시부터 밤 아홉시 반쯤에 헤어지기까지 건너편에 앉은 남자에게 손끝 하나 대지 않을 수 있었다. 내가 어떤 행동을 하려고 하는지 알고 있었고 그 의미, 결과에 의문을 가졌기에 행동하는 대신 그걸 하고 싶어하는 나를 지켜보았다. 왜 그에게 눈을 마주치고 웃어 보였나요? 나는 내가 마주앉아서 부리는 이 안면근육의 노력이 어딘가에 반드시 전달된다고 믿고 싶어서 조바심났었답니다. 안녕하세요. 저는 저에게 무슨 짓을 저질렀나요? 저의 팔, 두뇌, 다리, 엉덩이나 항문에게 무슨 짓을 했나요?

남은 한 시간은 만회하려고 노력하였다. 앞에서 두 시간 동안 얘기한 내용을 후회하고 있어서. 그래서 남은 한 시간은 뭘 했나요? 형이 보고 싶었다는 이야기를 했습니다. "저는 형이 너무 보고 싶었어요" 하면 형이 웃었다, 거절하듯이. '찐득찐득한' 이야기 할 때는 내가 누구이고 (우리가) 어떤 사람인지 생각하였다. 그럼에도 내가 두 시간 동안 한 이야기가 남은 한 시간 동안의 노력으론 회복되지 않게 깊이 수치스러웠다. 내가 한 말은 이미 각각의 휴대폰에 녹음되었고 내 손을 떠나버렸다. 그것은 내가 한 말이었다는 사실이 충격을 주었다. 두 시간 동안 아빠와 삼촌 이야기를 했다. "좀더 디테일하게 얘기해주실 수 있을까요? 혹시 불편하신가요?"라는 질문에 "아뇨" 답하면서.

내가 제일 좋아하고 몇 년 동안 혼자 좋아한 사장님이 있는 그 호모바에서 나는 아빠, 삼촌과 무엇을 했는지 떠들었고 그 내용을 노랫소리가 가려주긴 했지만 음악이 멈출 때마다 나도 말을 멈추어야 했다. 말이 뭘까. 어떤 말은 사실이 아니어도 내가 한 말이 되어 힘을 갖고 타인을 설득한다. 마치 그것은 나름으로 사실이라는 듯이. 나는 딸아이를 키우는 유부남인 보수주의자 대머리 중년 남자를 유혹하려는 연출을 세 시간 동안 하였고 그 보답으로 거절의 웃음과 미소와 눈빛을 얻었다. 애초에 나는 무엇도 할 수 없는 채로 동작의 가능성이 절단된 상태였다. '내가 너를 만져' '나는 너를 봐' 같은 것을 할 수 없게 신체기관을 절단한 채로 거기에 있기로 결심했었고. 불안했다. 손이 없는 채로 누군가를 만나지는 것이. 누군가를 밀어내거나 그에게 저항할 수 없이 단지 기도로 기원으로 나를 선의하기를 바라야 하는 것이 나에게는 불안이었다.

저는 실패했습니다. 혼자 종삼 거리에 남겨졌고요. 뭔가 회복하듯이 어떤 시늉을 해야 했습니다. 그것은 책을 베끼는 일이었습니다.

안녕하세요. 천 줄의 문장을 왜 쓰나요? 그 사이사이에 있는 한 줄, 세 줄의 문장을 가리기 위해서다. 보여주려고 쓰는 게 아니고 감춰주려고 쓴다. 한 문장만 읽으면 되는데 그걸 허락할 수는 없고 읽으려면 대가를 치러야 한다는 믿음으로. 감정은 내 것이지 상대 것이 아니다. 그는 반영물에 불과해서 감정을 넘겨줄 수가 없었다. 나는 책임을 피할 수 없었다.

보고 싶다. '보고 싶다'가 포기할 때까지. 2016. 04.

3하고 26

 아침에 사우나를 나와 파주 가는 버스 타려고 횡단보도 앞에 서 있는데 누가 잡았다. 안에서 밥 탔던 형이었다. 어디 가느냐고 묻길래 파주라 했더니 괜찮으면 차로 데려다주겠다고 했다. 커피를 한잔 하자고 해서 카페에 갔다. 내가 계산하려 하니 다음에 보면 사주세요, 했다. 창가에 앉아 커피를 마시며 손을 만졌는데 그는 "사람들이 쳐다봐" 하면서 손을 뺐다가 잡았다. 영화를 보고 밥을 먹었다. 밥을 먹고 나와 주차장에서 그리고 그전 극장에서도 형은 나에게 몸을 부비거나 입을 맞추었는데 내키진 않아서(조증이 아니어서) 떨떠름했다. 오후 네시가 훌쩍 넘어 있었다. 형은 차를 인적 드문 논길에 주차했다. 각자 운전석과 조수석에 앉은 채로 껴안고 키스를 했는데 허리를 꺾은 자세가 불편했다. 아마도 그에게 허리디스크가 있다는 말을 들어서 더 신경쓰였는지도 모르겠다. 나중엔 내 반바지를 내리고 오랄을 시작했는데 성기를 삼키다가 힘들어하며 머리를 빼려고 할 때마다 최대한 깊숙이 삼키도록 뒷머리에 손깍지를 하고 힘주어 눌렀다. 형이 토하듯이 거품 섞인 침을 흘리고 고개를 빼면 미끌거리는 입술과 혀를 힘주어 빨았다. 눈가에 눈물이 흐르면 거기에 입도 맞추었다. 나중엔 시트를 뒤로 젖히고 항문섹스를 했다. 자세가 불편해서 몇 번 바꿨는데 물리적으로 힘들었다기보다 형이 허리디스크를 앓는다는 생각에 드는 근심이었다. 박 타면서는 매번 사람들에게 물어보는 이야기들을 했는데 그럼 형이 답했다. 형은 사정하고 나는 사정하지 않은 채 성기를 뺐다. 시트에 설사가 두어 군데 묻어 있었다. 형은 물티슈로 시트를 박박 닦았다. 나는 차 안에 구부정하게 서서 벗었던 옷들을 입었다. 집 근처에 차를 세웠고 나는 내리기 전에 전화번호를 물어보았다. 내 폰은 꺼져서 형에게 번호를 주었다. 졸려서 이불을 펴고 잤다. 새벽 한시에 깼는데 집이 지저분해서 책상을 치우고 안 읽는 책을 모아 한곳에 쌓았다. 얇은 이불 두 벌을 빨고 설거지를 했다. 고양이 화장실을 치우고 방을 쓸었다. 형에겐 카톡이 와 있길래 잤다고, 잘자라고 메시지를 보냈다. 여섯시쯤 다시 잠들어서 열시에 깼다. 형과 카톡을 하다가 갑자기 짜증이 나서 그만하고 싶었다. 점심 이후에 보자고 했는데 나갈 자신이 없었다. 잠들었다가 세시쯤 빗소리에 깼다. 부재중전화가 와 있길래 전화를 걸었다. 목소리 듣고 싶어서. 밥은 먹었어? 나는 아까 늦은 점심 먹었지. 이따 갈까? 통화 끝나고 낮잠을 잤는지 안 잤는지 모르겠다. 형과 박 타면서 한 이야기는 그런 거였다. 나는 여럿이 하는 걸 좋아한다, 형이 박히는 걸 보고 싶다, 형한테 다른 탑들이 싸면 좋겠다. 토요일 아침 커피를 마시러 가면서 형은 로또를 두 장 사서 하나를 선물이라며 주었는데 서른 개의 숫자 중 당첨 번호는 두 개 있었다. 3하고 26이었다. 나는 복권을 찢어 방 휴지통에 버렸다. 2016. 05.

일 년

　여덟시에 상차가 끝나 퇴근하며 전화를 걸었는데 받지 않아 형에게 카톡을 남겼다. 이제 출발해요. 자전거 타고 퇴근해서 한 시간 넘게 걸려요. 열시쯤 봐요. 너무 늦은 시각이면 답문 주세요. 오후 네시부터 배가 고팠는데 사무실엔 먹을 게 없어서 믹스커피만 하나 타 먹었다. 집에 왔을 땐 아홉시 반이 조금 넘었고 씻기 시작했다. 카페에서 만나 얘기했다. 나중에 형이 차에서 오랄을 하는 동안 내가 벗어둔 반바지 어딘가에서 벨이 울렸다. 이 늦은 시간에 내게 전화할 사람이 없다는 생각에 의아했다. 형의 차가 사라진 뒤 빌라 현관 비밀번호를 누르며 휴대폰을 꺼냈는데 부재중전화에 ㅇ의 이름이 찍혀 있었다. 나는 당황해서 비밀번호를 세 번이나 잘못 눌렀고 집에 들어가는 대신 ㅇ에게 전화를 걸었다. 신호가 가는 동안 초조했다. 나에게는 그 일들이 일어났다. ㅇ이 나에게 전화를 했다, ㅇ이랑 이야기를 할 수 있었다. 나는 집 앞에서 빙글빙글 돌면서, 점차 그 골목을 따라 몇 바퀴 돌며 통화했다. "술 마신 줄 알았어." "아니에요. 저는 사고가 났어요. 뇌출혈…… 후유증이 처음엔 없었는데 고개를 돌리면 어지러워요." 나중엔 골목을 벗어나 공사중인 빌라와 편의점을 지나 논길까지 걸어갔는데 가로등이 없어도 달빛이 밝아 환했다. "달이 환해서 길이 다 보여. 여기는 별도 많다. 많은 건 아닌데 충분히 많아." 전화를 끊고 싶지 않아서 계속 걸었다. 논길 다리에 올라가 들판을 가르는 개울도 내려다보았다. 형과 카페에서 얘기할 때는 눈을 마주치기 어려울 정도로 눈꺼풀이 감겨오고 시렸는데 잠이 어느새 깼고 모든 게 선명해 보였다. "아까 얘기했거든. 요새 관심사가 고정되어 있다고. 누군가와 관계맺는 것보다 내가 무얼 할 수 있는지 알고 싶고 거기에 물리적인 시간을 쏟고 싶다고. 그런데 너랑 통화하면서 깨달아버렸어, 내가 얼마나……" "주말엔 부산에 있어요. 어머니랑 같이 있어서 형이 내려와도 만나기 힘들 거 같고……" "월요일에 무슨 연락을 받았는데 금요일에 만나자는 약속이었다? 월요일은 좋았는데 화요일 되니까 화가 나는 거야. 아니 어떻게 금요일에 보자는 약속을 월요일에 할 수 있지? 나보고 어쩌라고? 꼼짝없이 기다려야 하잖아. 당장 보고 싶은데 금요일이 될 때까지는 아무것도 할 수가 없잖아. 그래서 취소해버렸어. 금요일에 볼 거면 그날 다시 약속하자고." 그렇게 새벽 두시가 될 때까지 동네 골목을 빙글빙글 돌았는데 나는 ㅇ과 연락된 게 기쁜 나머지 다음날 화가 날까봐 겁이 났다. 그럼에도 휴대폰을 통해 들려오는 ㅇ의 목소리가, ㅇ에게 전달될 내 목소리가 듣기 좋았다. "여행 가요, 놀러오세요, 저야 좋죠, 다음에 부산 가요." ㅇ의 말을 끝없이 듣고 싶었다. ㅇ과 통화하고 나니까 흐릿했던 게 대여섯 가지였으면 그중 하나가 선명해지고 나머진 지워져버린 기분이었다. "토요일은 ㅅ 만난다면서요." "걔는 내가 뭘 어쩔 수 없는 애지." 그러면 전화 너머에서 ㅇ이 웃었다. 보고 싶어서 속이 상했다. 오후 네시부터 퇴근시간인 여덟시가 되기까지 배가 고팠지만 먹을 게 없었고 쉼없이 사료를 포장하거나 지게차를 운전해야 했을 때처럼 속수무책인, 육체적인 고통이었다. "봐요, 일요일에. 일요일 두시. 형 괜찮은 시간에." "나는 괜찮아. 나는 보고 싶어." "그럼 그때 봐요." "알겠어." 오늘은 일하면서 손톱을 생각했다. 우리가 어떤 고통, 특히 성적인 고통에 더 의미를 부여하게 되는 까닭은 뭘까? 교통사고와 성폭행의 차이가 있다면 무엇일까? 사람들이 특정 신체기관에 더 의미를 부여하도록 훈련되었다는 느낌. 항문, 보지, 자지 등은 나를 이루는 다른 신체기관보다 의미를 과도하게 부여받고 있다는 느낌. 나를 이루는 다른 신체기관을 적극적으로 상상하기 시작한다면 그것은 지금과는 다른 방식으로 존재하게 될 것이며 부당하게 더해진 특정 신체의 의미를 나눠 짊어질 거였다. 우리는 손톱을 상상할 줄 모르니까요, 우리는 성기를 상상할 순 있도록 교육되고 훈련되었어도 손톱을 상상해보지 않았으니까요, 말하는 이야기, 연설하듯이. 사료를 싸면서 그런 생각을 했다. 캣챠우 7.26kg, 고양이 사료 포대를 회색 비닐에 두들겨 넣으면서 송장을 붙이고, 종이를 구겨 빈 박스에 던져넣으면서. 어제는 5·18이었고 작년 이 회사에 처음 온 날이었다. 일 년이 걸렸어. 일 년 동안 회복하려고 노력했다. 몸을 사용해 일하면서. ㅇ에게 말했다. 나에 대해 잘 정리된 충분히 긴 이야기를 갖고 싶어서 쓴다고. 뭘 어쩌려는 건 아니야 하면서도 생각한다. 증명해 보이고 싶다, 가능하다면. 어떻게 증명한다는 걸까? 나에게만 증명해내면 된다. 읽으면 안다. 하지만 아직 내가 읽을 만큼도 정리하지 못했다. 정리된 글을 읽고 이게 나라는 충분히 긴 이야기다, 안도할 수 있으면 된다. 뭐가 견뎌내고 끝내 바닥에 남을까? 무엇이 월요일부터 일요일까지의 시간 끝에 남을까? "너무너무 화가 나면은 연락하셔도 돼요. 주말은 충분히 기니까. 무슨 일이 일어날지 알 수 없도록 기니까." 나는 말할 순 있지만 그 말이 지속되거나 견뎌질 것을 요구할 순 없다. 그건 내 몫이 아니니까. 뭐가 견디겠냐고. 뭐가 끝에 남아 있게 되느냐고. 무엇이 견디나. 무엇이 바닥에 있고 무엇이 움직이지 않는가. 형은 집 앞에서 헤어지기 전 나를 보며 말했다. "세번째 보게 되면 네가 하고 싶은 대로 할게. 시키는 대로 할게, 진짜로." 나는 카페에서 왜 한숨 날 것 같았는지 생각해야만 했다. "제가 어떤 말을 한다고 그게 다 사실인 건 아니잖아요. 저도 감염 위험에 충분히 부담을 느낀다고요. 저는 말을 한 것일 뿐이지 그렇게 생각하는 건 아닐 수 있잖아요." 나는 어떤 사람이 뭘 하고 싶어하면 안다. 그것이 보인다고 생각해서 한숨이 났을 뿐이다. 한바탕 휘저은 끝에 무엇이 남아 있게 될까요? 아직도 일요일까지는 충분히 먼 것만 같았다. 2016. 05.

형하고 저는 아무 관계 아니잖아요

 나는 손을 쥐, 했고 그럼 상대는 손을 주었다. 손을 쓰다듬고 만졌다. 계획한 일은 할 수 없게 되었다. "영지 만나죠, 다음주면. 이번은 부산 내려가느라 시간이 났던 거고. 평소라면 영지 봤겠죠, 저 영지랑 사귀거든요." 방배 형과는 오전 열한시쯤에 보기로 되어 있었는데 늦도록 잤다. 낮에 ㅇ을 만나야 했으니까. 피곤하면 안 된다고 생각했다. 형과 약속한 시간을 훌쩍 지나 일어나서는 밥을 먹었다. "저번에 왔던 곳 찾아올 수 있어?" "네. 교대역이에요. 기다리고 있을게요." "커피 사둘게. 뭐 마실래?" "아이스 아메리카노요." 문을 열고 들어가니 형은 방배에서 본 그날과 달리 안경을 끼고 있었다. 얼굴을 제대로 들여다보기도 전에 나의 어깨를 잡고 벽에 세게 밀치곤 때릴 듯이 손을 들어 볼 부근을 안 아프게 쥐어박았다. 그러곤 달려들어 키스를 했다. 나는 형의 허리를 껴안고 어쩌구저쩌구⋯⋯ "약속이 있어요. 두시예요." "세시 반이네." "수원에서 세시 반에 보기로 했는데. 네시네요." "앗 벌써 네시 반이네." 형이 사온 커피를 먹고 초콜릿 케이크를 먹었다. 먹다가 얘기하다가 수시로 뽀뽀했다. 얘기하다 뽀뽀하고 쳐다보다가 먹다가 뭘 마시다가 껴안다가 속삭이다가 몸을 만지다가 위에서도 아래에서도 뽀뽀했다. 입맞출 때마다 좋았다. 형한테서 좋은 냄새가 났다. 세 번 씻었다. 이제 그만 가려고, 끝이라고 생각할 때 씻었는데 씻고 돌아오면 떠나기 싫어서 형을 껴안고 침대에 누워야 했다. "입술이 보랏빛이네요?" "응, 원래 그래." "눈이 예쁘네. 저번엔 제대로 못 봤어. 이번엔 제대로 봤다." "밖에서 보면 알아볼 수 있겠어요?" "그럼." ㅇ이 보낸 카톡을 늦게야 확인했고 수원으로 갈 때는 약속 시간보다 훨씬 늦어 있었다. "햇님, 저 일곱시 반이면 가야 하는데 괜찮으세요?" "어, 잠깐 보면 되니까." 교대에서 사당으로 금정으로 수원으로 전철을 세 번 갈아타고 갔고…… 봤죠, ㅇ을. 나는 우리은행 앞에 서 있었다. "오 분이면 가요." "자취방이 근처인가봐?" "네." "그럼 자취방으로 갈까?" "손님이 있어서." "일곱시 반에 만난다는?" "예." 카페에 들어가서는 아이스 라테 두 잔을 시켰고 이층으로 올라갔다. 우리는 손을 잡고 있었죠. "여기가 흉터예요. 여기랑 눈가…… 보드 타다가." "머리엔 없어?" "있을 텐데 제가 병원에 있는 중에 다 나아서요. 어딘지는 몰라요." "그렇구나." 나는 '그 말'을 들은 이후에는 심정이 답답해져서 뭘 어쩔 수가 없었다. "너는 무서워. 네가 건강했으면 좋겠어. 뭘 하라 마라 할 순 없지만." 형은 다짐하듯이 당부했는데 와닿진 않았다. "형하고 저는 아무 관계 아니잖아요." "아무 관계 아닌 건 아니지……" 형하고 헤어지기 싫어서 결과적으로 ㅇ을 늦게 만나게 된 거였는데 차라리 그게 나았다는 생각을 했다. 금요일 밤에는 퇴근하면서 여태 가던 길 말고 공릉천을 따라 달렸다. 영천배수갑문 앞에서 포장 도로는 끝났고 갈림길이 나왔는데 어디로 가야 할지 모르는 채였다. 해는 저물었다. 두 남자가 자전거를 세워놓고 대화중이었는데 길을 물어보려다가 휴대폰 지도만 만지작거렸다. 물줄기를 따라 달리기로 결심하고 출발했는데 길은 어두워졌고 뚝방길엔 나뿐이었다. 지도 어플을 켜면 길이 없는 곳에 위치가 표시되었다. 처음에는 내 위치를 수신하지 못한 줄 알았는데 거듭 확인해도 마찬가지였다. 신세계아웃렛과 자유로가 보이는 지점까지 와서야 내가 길을 잘못 들었고 돌아가야 한다는 사실을 받아들였다. 갑문으로 돌아가 다리를 건너 달렸다, 지도를 확인하면서. 이번에는 지도에 기록된 길로 달렸다. 길 중간에 물이 고여 있어 자전거에서 내려서 걸어야 했다. 가로등도 없고 전조등도 밝지 않았지만 보름이라 달빛이 있었다. 손에서는 좋은 냄새가 났다. 형과 헤어지기 전 화장실에서 물비누로 손을 씻었는데 그 냄새일까? ㅇ을 방까지 데려다주면서, 우리는 한 시간을 겨우 만난 후에 음료는 진작 다 마셨고 얼음까지 깨먹은 후에 방까지 데려다주는데 별로 말하고 싶은 생각이 안 들었다. 갈라지는 골목을 졸졸 따라갔다. 무슨 생각일까? 무슨 생각으로…… 그건 ㅇ에게 속으로 묻는 말이었지만 결국 내게 하는 말이기도 했다. 형이 연락한 것은 목요일이었다. 일하던 중 모르는 번호로 전화가 왔고 받아서 여보세요, 여보세요, 두 번 말했는데 답이 없었다. 전화를 끊었는데 문자가 왔다. '목소리 들으니까 좋네, 스토커 같지만……' 가슴이 철렁해서 누구세요, 문자를 보냈는데 흠, 하고 답이 왔다. '방배동에서 만난……' '형 저 진짜 놀랐어요. 왜냐면.' ㅇ하고는 헤어지기 전에 집 앞에서 한 번 껴안고 안녕 손 흔들며 다시 껴안았는데 그러면서 ㅇ의 등 너머로 엘리베이터의 층수를 보고 있었다. 8에서 출발해 내려오는 중인 그 숫자가 1을 가리켰을 때 잠시 껴안았던 ㅇ을 놓아야 했다. 충분하지도 않았고 원하던 만큼도 아니야. 하지만 딱 그만큼이었다. 뭐가 정해지지 않았으니까요. 우리는 뭘 상상하기로 결심했는지 서로에게 말하지 않았으니까. 아직도 형의 이름을 모르고 형이 어떤 사람인지 몰랐다. 하지만 세번째 만날 수 있을 거라는 생각은 했다. 2016. 05.

훼손되지 않는 사람

　내가 이십구 년을 살아본 결과 나는 이십구 살이 되었다.

　사람 눈 보고 싶고 사람 목소리 듣고 싶다. 사람이랑 얘기하고 싶다. 사람이 전혀 필요 없는데 가끔씩은 누군가랑 딱 눈 마주치고 싶을 때가 있다. 어떤 사람은 자살에 의미 부여 크게 하네. 선택일 뿐이다. 네가 매일 살아 있기를 선택하듯이.

　건강한 사람들은 있다. 건강이들은 존재합니다. 건강이들은 어디에나 있습니다. 건강이들을 목격된 안 건강이들은 어떻게 되나요? 자살당한답니다. 그래서 안 건강이들은 안 건강해져요. 건강이는 말합니다. 나는 건강이라서 건강이 친구들도 있고 건강이 친구들과 있으니 더욱 건강해졌어. 건강이가 부럽고 되고 싶고 그 싶음의 상황이 부당하다고 느끼지만 건강이의 심기를 거스를까(자기를 건강이 친구로 안 삼아줄까봐) 묵묵히 듣고 있는 안 건강이는 더욱 안 건강해집니다. 안 건강이는 안 건강해서 점점 안 건강해요. 친구도 없고 있더라도 안 건강이들밖에 없으며 그들은 건강해지는 방법이나 비용을 감당할 수 없습니다(지식과 접근성이 떨어짐). 안 건강이인 자기 상태만 보면은 이건 별로 안 건강이가 아닌 게 아닌가? 의심하게 됩니다. 기본값이니까요. 그래서 나는 안 건강이이다, 라고 의식조차 안 하고 지내게 됩니다. 그러다가 어디에나 있는 건강이들을 목격해버리면 자기가 얼마나 안 건강이이며 건강이가 될 수 없는지 자각하게 되고 받아들여야 합니다. 안녕하세요? 건강이들을 미워하지 않을 수 있냐고요. 건강이들이 건강이이다, 라는 뚜렷하고 반박할 수 없는 사실에 감정 비용을 소모하지 않을 수 있느냐고요. 사람들이 희망을 가져? 그래서 뭘 이렇게 어떻게 해? 아무나 사용하지만 훼손되진 않는 사람. 더 많은 사람이 내 얼굴을 봤으면 좋겠다. 그러면 누가 죽어졌는지 누가 있었다가 없어졌는지 상상할 수 있겠죠. 저를 살려주실 분은 없습니다. 감사합니다. 아니라고 말할 수 있는 기회를 반복해서 겪지만 '아뇨(괜찮아요)'라고 말해지는 사람. 안 건강이의 문제는 마치 그가 노력할 수 있다면 건강이처럼 될지도 모른다고 착각하고 싶어서 생긴다. 안녕하세요? 세상엔 건강이가 있고 건강이가 안 건강이가 될 순 있지만 안 건강이가 건강이가 된다? 그런 일은 일어나지 않아요. 당신이 안 건강이라면 너는 안 건강이입니다. 죽을 때까지. 왜냐면 너는 건강이였던 적이 없었거나 건강이여본 적이 없고 안 건강이로 존재하는 법밖에 몰라서 안 건강이로 있을 수밖에 없어요. 여보세요? 로또 1등에 당첨되면 돈이 많아지겠죠. 그 정도라고요.

살아 있음을 유지하는 데 들어가는 에너지, 이걸 스스로 과소평가했거나 측정해본 적 없으니까 상상 속에서, 나는 에너지가 백 있으니까 그중 삼십이나 사십 정도를 나를 수정하는 데 사용할 수 있을 거야, 믿고 싶어지죠. 하지만 대부분의 안 건강이들은 존재하는 것에 백을 다 써버려서 남은 힘이 없어요. 여보세요? 내가 어떤 재질의 옷을 구입하거나 착용할 줄 모른다면 그것은 죽을 때까지라고요. 제가 살아 있음에 에너지를 덜 써도 되게 살아왔다면(컴플렉스 관리, 기억 관리, 생활 관리, 감정 관리 등) 당연히 그 여분의 에너지를 곳곳에 투자하면서 지내왔겠죠. 그런 경험 자체가 전무하다고요. 해왔던 대로밖에 살 수가 없어요. 뭘 바꿀 수가 없다고요. 왜냐면 자신이 바뀌는 게 아니고 상황이 바뀌어야 하는 것이어서. 생활을 혼자 감당하는 게 아니라 외부의 도움이 생긴다, 같은 거라고요, 그걸 바라는 순간 감정은 악화되니까 관리 비용이 늘어나겠죠.

물에 사는 참치랑 땅에 사는 염소는 친구할 수 없어요(해도 되겠죠. 상상 속에서는요). (여러 사람들과 연결감을 가지며) 혼자 뭘 해내는 것과 (고립감을 느끼며 고립된 채) 혼자 뭘 해내는 건 정말 다르다고요. 살아간다는 건 타인과 감정적 신호를 끊임없이 주고받는 일인데 그것이 가능한 사람과 그게 거듭 벽에 부딪힌다고 느끼는 사람의 현실은 다르겠죠. 계속해서 고립 비용을 지불해야 하니까요. 버스정류장으로 걸어가는 행위도 안 고립된 사람은 정류장으로 걸어가는 비용만 발생하지만 고립된 사람은 자신이 고립되었다는 감정 비용이 줄줄 새고 있는 것이죠. 2016. 06.

물속에서

 누구를 칭찬할 때 '걔는 잘 참아요' 할 수 있는 사람. 건강해지고 싶네. 어떻게 하면 회복하거나 건강해지는 게 되지?

 얼마 전에는 새로 상품 개발하고 디자인해서 내놓은 제품을 보았는데 최종 아니죠? 싶을 정도로 오자가 많아서 물어봤더니 최종이라고 해서 아차 싶었다. 여기저기 네임펜으로 고쳐야 하는 부분을 표시해주었다. 그다음에 출시할 간식 이미지를 카톡으로 보내주며 봐달라길래 출력해주셔야 보기가 편하다 하고 인쇄한 종이에다 고칠 부분을 표시했다. 적은 양이었지만 재밌어서 보고 또 봤다. 제일 작업이 많은 월요일이었고 심지어 퇴근 시간이 지나 일곱시가 되어가는데도 집에 안 가고 확인했다. 노트북 켜고 공장 주소와 전화번호, 전문 용어들을 점검했는데 교정 보던 시절을 그리워하고 있었다.

 나는 (호식이두마리치킨에 콜라 큰 거를 시켜야 할 정도로) 외로워…… 지나치게 외롭다(무한리필 돼지갈비집에서 기분 나쁘게 배 채우고 싶을 정도로). 인생 뭐냐고. 어떤 사람은 열정을 갖지만 어떤 사람은 충분히 반복해서 지쳐 있다. 번개를 앞두고 자위해버린 사람처럼 실망했다. 안녕하세요? 나는 어린 시절 사진이 없다. 자기가 애기였을 때의 사진이 집에 보관되어 있는 삶이란 어떤 것일까. 자식이 죽어서 서운했는데 자식이 남긴 자기 사진하고 동영상, 일기가 오천만 개여서 부모가 죽을 때까지 봐도 다 볼 수 없기. 어찌되었건 생각은 정리해야 한다. 할말이 없는 것처럼 느껴지더라도.

사람들은 공원에서 줄넘기 하고 있고 너무 건강하며 다른 건(누군가가 십 분 동안 안아주기) 하나도 원하지 않는 것처럼 보이네.

평일에 나는 청소한다. 일하고 돌아오면 청소한다. 글을 쓰거나 운동하거나 음식을 만들거나 장을 보거나 사람을 만나거나 하진 못하고 청소 정도 한다. 청소를 이틀이나 사흘에 한 번씩 한다. 그 주기로 빨래도 돌린다. 양말은 대부분 구멍 나서 신을 게 없다. 청소하면 기분이 좋아진다. 뭘 꾸준히 규칙적으로 해내고 있다. 성원씨는 뭐 했어요? 누군가 물어보면 청소했어요, 대답해야지. 그럼 기분이 좋아진다. 사람들이 괴로워하는 거 보는 게 흥미롭다. 어떤 사람들은 어떤 일이 괴롭다고 약속해두었고 그런 상황이 자신에게 벌어지면 울부짖는다, 어째서…… 괴로운 일 중 정말 괴로운 게 무엇인지 찾고 있다. 사료 포장 오백 개 하면 허리 아프다, 이런 건 확실히 괴롭다. 사람들하고 있으면 내가 비정상이라는 사실을 깨닫게 되고 부인할 수 없다. 혼자라면 내가 비정상이라는 사실에 간섭받지 않아도 된다. 나는 물속에 있지만 그냥 있는 것이다. 나는 물속에 있어, 하고 생각할 필요나 이유도 없다. 가끔 나는 물속에 있음을 느낀다. 나는 늘 거기 있었다. 2016. 06.

부를 수 있는 이름

못하면 못하는 거지 뭘 어떻게 해. 비가 그쳐서 서운하다. 인생은 무엇이었을까? 혼자 치료하려고 애써보지만, 회복되는 것도 같지만 제자리라고 느낄 때 서늘하다. 비가 그친 게 아니고 계속 오는구나. 창문 여니까 소리가 들리네. 보여지는 대로 살고 싶다. 보여지는 대로.

서울 나와졌지만 이대로 집에 가는 걸 선택당했네…… 서브웨이, 버거킹, 맥도날드, 케이에프씨 모두 망설이다 지나쳤고 강제 체념시키느라 힘 다 썼다. 먹으면 소스 냄새 몸에 배서 박탈 때 신경쓰일까봐 안 먹었는데 박도 안 타고 집에 간다. 서울 나오면 다른 사람은 다른 사람들과 있는데 나는 혼자 있다. 앞에 걸어가며 떠드는 남 모르는 사람들이 마치 내 일행인 것처럼 바라보기. 식되는 아저씨들에게 다정하게 쓰다듬어지고 싶네. 누군가가 저를 아껴줬으면 좋겠네요. 그가 그런 기회를 허락받는다면요.

오줌 싸러 들어간 화장실에서 정액 냄새 나네……

야…… (이름을 부를 수 없어서 야, 라고 함.)

야! (불러봤자니까 부르기만 함.)

확실한 것은 확실해서 뭐가 아리송하면 그것은 아니다. 저 사람이 돈이 많은가? 안 많음. 저 사람은 몸이 좋은 거 같아. 아님. 저 사람은 고추가 크지 않을까? 아님. 저 사람은 날 어쩌면? 아님. 어떤 게 사실이면 딱 드러난다고. 그것은 사실이니까. 아리송하고 어렴풋하다면 그것은 아니라고. 난 사람 얼굴 쳐다볼 수 있다!이신 분? 너는 사람들이 건강하거나 건강한 관계 속에 있어지려고 노력되는 모습 목격하면 자살당할 수 있으니 늘 조심해야 해. 뭘 확인하거나 시험하지 마세요. 그것을 확인하거나 시험하게 되니까요. 사실이랑은 상관없이.

돈이 없는 사람 둘이 만나서 돈이 없는 사람 1이 치킨을 사주었는데 2는 체했다. 이유로 적당한 것을 고르시오.

1. 둘이 한 마리를 시켰는데 반이나 남겼고 포장해오지도 않아서……

2. 정답입니다…… 2016. 07.

글쓰기와 만지기

 캠프에서는 사람을 판단하고 있었다. 너는 이런 사람이군, 당신은 이렇구나. 판단할 수 없는 사람에 대해선 궁금해했다. 넌 누구지? 당신은 누구지? 그런 생각은 입밖에 낼 수 없으니까 안 했다. 클레이카드 놀이를 했다. 주제가 적힌 다양한 카드를 뒤집어놓고 그중 하나를 골라 이야기를 시작하는 거였다. 조 안에서 자기를 소개할 때도, 클레이카드 놀이를 할 때도, 술자리에서도 말할 기회가 있으면 나는 말하는 대신 이야기했다. 나는 나에 대한 이야기들을 정리해두었고 그것은 사실과 상관없이 이야기로서 들을 만했다. 이럴 땐 어떻게 말을 시작해야 할까, 우리가 단둘이 되었을 때, 어떤 말을 시작해야 할까인 상황에서도 이야기는 할 수 있었다. 누구한테라도 실수하면 안 된다고 의식했다. 내가 그곳에서 누군가와 호감을 교환하고 서로 스킨십 이상을 할 수 있다고 생각할까봐 주의했다. 새벽 다섯시 정도까지 남아 있었다. 누구랑 뽀뽀하고 싶었어도 안 했다. 그럴 거면 찜방을 가면 됐으니까. 잠은 혼자 잤다. 숙소에 돌아갔는데 각자 방 한가운데를 비워두고 발을 뻗은 채 자고 있었다. 누구랑 입맞췄는데 키스하는 소리가 컸고 내 성기를 만지려고 해 귀찮았다. 방에서 나와 기획단실에 가 이불 펴고 혼자 잤다. 건너편에도 누가 자고 있었다. 그 방으로 건너가는 꿈을 꾸며 잤다. 보고 싶었던 사람을 본 건 좋았다. 껴안고 싶은 사람이 열 명이었으면 두세 명과는 껴안았다.

　나도 모른다. 몰라도 행동할 순 있으니까. 내 행동에 왜, 물으면 할말이 없다. 상대방이 어떤 답을 듣길 원하는지와 내가 무슨 말을 하고 싶은지가 다퉈서. 누군가를 좋아할수록 이 다툼이 세지고 나는 후회한다. 캠프에서 밤에 자리를 옮겨서, 허리선이 예뻤고 스무 살이었던 그 친구가 나에게 종이에 펜으로 '노콘의 좋은 점'을 적어 보여주었을 때, 그 친구가 자리를 옮기고 다른 사람과 잠깐 얘기를 하자고 밖으로 나갔을 때 나는 술자리에 남아 있으면서도 관심은 온통 돌아오지 않는 그 둘을 향해 있었다. 너는 그런 사람이군, 너는 나에게 말했던 식으로 말하겠지. 질투와 초조, 가능한 일에 대한 상상으로 신경이 곤두서 있었다. 먼저 자러 간 사람이 보고 싶었다. 지금은 이 사람과 다리가 닿아 있지만 다른 사람 다리가 닿아 있다면 더 좋겠죠. 다리털을 보면서, 털 얘기를 하고 싶은데 그러다가 만지고 싶은데, 생각하면서도 아무 행동 안 했다. 기다렸다. 나는 기다리는 거 잘해요. 그걸 유일하게 해요. 어제는 통화를 사십 분 정도 했는데 말을 하면 대부분 후회하게 된다. 보고 싶은 사람들을 떠올렸다. 보고 싶은 이들은 대부분 만지고 싶은 사람들이었다. 나는 그들을 만져버릴까봐 겁이 났다. 그게 가장 하고 싶은 일이어서. 2016. 08.

망치

  술자리엔 다섯시 정도까지 있었고 말없이도 있었고 가만히도 있었는데 얘기도 했다. 그중 하나. "어떤 사람이 그걸 부서져라, 부서져라, 하고 망치로 내려치더라도 그게 진짜로 부서지는 순간에는 고통을 느낀다고요." 2016. 08.

새우만두

여보세요?
여보세요, 라고 말하기.
예.
예, 라고 말하기.
그렇구나, 라고도 말하기
아.
아, 가 감탄사로 쓰일 때.
다시 여보세요? 하기.
네.
아뇨, 라는 뜻의 네.
아닙니다.
괜찮습니다, 라는 뜻의 부정어.
그게 없었던 것처럼 보이지 않는 것처럼 말하기.
그것에 대한 감정을 감추거나 말하지 않기. 다른 식으로 말하기. 나는 말하지 않고 사람들이 말하게 두기.
만져보기.
손 줘보세요, 해서 손을 받았고 쓰다듬고 있지만 아무것도 만져지지 못하기.

예전에 고급 쌀국수집이라고 생각했던 베트남 음식점에 형이랑 둘이 방문해서 맛있게 먹고 (둘 다 음식을 남겼고 나는 그 남은 음식이 어른거릴 정도로 맛있었다고 느꼈으나) 혼자 재방문했을 때는 테이블 위 조명에서 날파리가 쌀국수에 계속 떨어졌다.

신음소리에 깼다. 방에서 누가 박히고 있었고 커튼을 젖히고 들어온 누군가가 자연스럽게 내 팔을 베더니 나한테 안긴 채 잤다. 그의 허리를 만져봤는데 라인이 예뻤고 항문에 손을 대니 신음했다. 항문이 신선한 해삼 같았다. 입구 주변에 살이 단단하게 뭉쳐 있는 느낌이었다. 나는 취해 있었고 양치 안 한 입안에서 냄새가 날 거 같았다. 일어나 샤워실로 내려와 양치를 두 번 하고 물로 입을 헹궜다.

몇 시나 됐는지 옷장 열고 휴대폰을 찾았는데 안 보였다. 가방을 다 뒤져도 없었다. 카운터에 갔더니 주인아저씨가 "그냥은 못 준대" 했다. 나는 밤에 가운도 잃어버려서 알몸으로 고추인 채 서서 거기서 사람들에게 보여지면서 "아, 예……" 했다. 주인은 휴대폰을 주면서 이거 주운 사람이 저 방에서 라면 먹고 있으니 가보라고 했다. 그래서 "예……" 하고 휴대폰 들고 그 방으로 갔다. 닫힌 문을 똑똑 두드리고 여니까 어떤 아저씨가 상을 펴놓고 김치랑 찌개랑 이것저것 올려놓고 밥을 먹고 있었다. 아저씨한테 고맙다고 인사를 하는데 이리 와보라고 더 가까이 와보라고 손짓하였다. 가까이 갔는데 고추를 만지더니 몇 번 빨아주었다. 그러곤 이거 원래는 팔 수도 있었다고 그럼 삼십만 원은 받았을 거라고 하였다. 그러면서 나보고 위에 큰방에 가 있으라고 했다, 그래서 예, 감사합니다, 하고 큰방에 올라가서 누웠는데 눕자마자 거기 있던 누가 안겨왔다. 아까 만난 항문단단이였다. 단단이는 고추를 빨아주더니 바로 자기 항문에 집어넣었다. 그러면 옆에 있는 통통이는 내 가슴을 빨아주고 입을 빨아주었는데 침을 줄줄 흘려서 볼까지 침으로 젖었다. 옆에 또 누가 와서 만지고 가고 그랬다. 위에서 하다가 눕혀놓고 하다가 접어서 하고 어쩌고 있는데 어느새 아저씨가 와선 "기다리랬잖아" 했다. 그가 휴대폰을 주워줘서 감사하고 봉사하는 마음으로 아저씨 항문에 넣기 시작했는데 느낌이 나쁘지 않았다. 그가 물었다. "내가 꽉꽉 쪼여주니까 좋지?" 아저씨 안에 쌌다. 씻는데 휴대폰 번호를 달라고 해서 줬다.

종로는 어딜 가야 공짜로 똥 쌀 수 있나요. 커피집에 똥 싸러 들어왔는데 대변 금지라고 해놔서 못 쌌다. 다른 공중화장실은 호모들이 고추 빠느라 칸을 다 차지하고 있네. 빨리 나오라고…… 똥 쌀 거 같으니깐.

새우만두 좋아했는데

갑자기 죽은 사람들처럼 보이네……

깨끗하게 씻고 렌즈 끼고 드라이하고 밖으로 나와도 호모 만나러 갈 수 있는 곳이 디브이디방이나 공원 화장실밖에 없다고 느낀다면 자존감을 유지하기 어렵겠죠. 2016. 08.

죄송합니다

 새벽에는 ㅌ형에게 고추 빨게 시켰는데 목젖 닿도록 깊숙이 집어넣어도 이가 닿지 않고 부드러웠다. 토할 때까지 입에 박았고 나중엔 숨소리가 거칠어져서 손바닥으로 입을 틀어막았다. 침과 토사물로 입 주변이 미끌거렸다. 불을 켰을 땐 바닥에 형이 토한 것들이 잔뜩이었다. 목 뒤에 받치고 박아서 베개에 침과 토한 찌꺼기들이 묻어 그것도 닦고 커버는 벗겨 세탁기에 넣었다. 바닥도 수건으로 한 번씩 닦았다. 그동안 형은 헉헉거렸다. 휴지로 형의 입 주변과 코 부분을 닦아줬는데 휴지 질이 나빠서 턱 주변에 휴지 부스러기가 달라붙었다.
 '죄송합니다'라고 말하고 싶지 않다. 반말하고 싶으면 반말하고 욕하고 싶으면 욕하고 싶다. 어떤 사람을 때리고 싶으면 때리고 싶다. 나는 어떤 사람을 주먹으로 친다. 그런데 그 대상이 없어서 힘이 든다. 방에서 음식 냄새나는 것에 눈물이 줄줄 난다. 나는 이 냄새나는 상황을 해결할 수 없어요. 내게는 이것들을 치울 힘이 있다. 그렇지만 그 힘과 이것들을 치우는 건 다른 문제다. 할 수 있는 힘이 있지만 그 힘있음과 행동을 하는 것은 별개다. 2016. 09.

동물원

밤에는 군자역 가서 잤다. 처음 가보는 휴게텔에서 서너 번 빨리고 두 명과 항문성교를 했다. 한 번 쌌고 아침엔 컴퓨터실에서 자위했다. 낮에는 ㅊ을 만나 동물원에 갔다. 식물원도 구경했다. 식물원 돌아다니며 말을 했는데 기분이 좋았다. 내가 마치 누군가랑 같이 있는 것 같았다.

나는 소설을 전혀 이해하지 못한다. 다른 사람을 볼 때도 마찬가지다. '사람들에게 호기심을 느낀다' '안 궁금한 사람이 없다' 같은 말에 반박하고 싶은 충동. '전 안 그러는데요.' '어떤 사람은 반드시 평범하고 보통이고 그게 진실이라고 믿는데요.' 쓸 수 있는 만큼만 쓴다. 못하면 못하는 거지, 뭘 어떻게 해. 나에게 바라는 걸 이루기 어려울 거야. 상상하는 대로 되진 않을 거야, 잘못하고 있으니까. 어떤 벽이 있으면 그 앞에서 머리를 부비고 있을 뿐이니까. 동물원에서 본 곰은 철문에 머리를 부비고 있었다. "간지러운가봐." 나는 말했고 ㅊ은 "정신병인가봐" 했다. '정신병'에 걸린 동물이 많았다. 아시아코끼리도 그랬고 얼룩말도 그랬고 일본원숭이도 그랬다. 북카페 건물 삼층에는 하늘색 페인트와 하얀 구름이 칠해진 피아노가 있었다. 뚜껑을 열려 했는데 접착제로 고정되어 있었다. "닫혀 있네." 나는 말했는데 ㅊ은 열었다. 2016. 09.

소변통

시 썼다.

제목: 미청년 꼬추

내용: 작아도 귀엽고/크면은 와우

"영화 보면 기억은 하셔? 어머니가?"

"보고 나오면 잊어버리지."

"만 원짜리 한 장하고 오백 원 동전 열 개 딱 놓으면 망설여. 뭐가 더 많지? 오만 원짜리 주면 안 받아. 엄마 기억 속에는 오만 원짜리가 없어."

"그렇겠네."

인생은 무엇일까? 나는 소변통(종삼 포차 골목 주차장에 비치되어 있으며 낡은 하얀색 플라스틱 들통이고 오줌이 곧 넘치려는 듯 아슬아슬하게 차 있음) 정도가 된 거 같네요. 확실하게요. 인생 뭔지 앞으로 십 년 살아도 모르겠죠. 살아남고 싶다. 저는 집에 갈래요!(불빛들이 회전함) 호모들이 나를 소변통 정도로 사용하면 좋겠다. 고추 빨리고 싶으면 저에게 빨아달라고 하면 됩니다. 제가 "입에 싸주세요"할 텐데 그럼 입에 싸면 됩니다. 감사합니다. 형의 뒤를 취한 채 따라가다 맥주캔 밟았는데 먹다 남긴 맥주가 있어서 발목과 신발 안이 젖어버렸다. 종로 길에서 서로 눈 마주쳤고 키스 같은 걸 할 수 있었더라도 실제로 그런 일이 있었다는 걸 아무에게도 자랑할 수 없도록 내가 볼품없는 사람이기. '잘살기'를 포기하고 싶다. 오늘은 모임 주최한 형이 나를 종로 골목 이곳저곳으로 끌고 가며 더 으슥한 곳을 찾다가 귀금속 골목에 데려가서 내 입에 정액 쌌다. 사정한 뒤 내게 "술 더 안 마셔도 돼?" 물어서 "예" 하고 헤어졌다. 그러고는 "저는 잘 잊어요. 기억 잘 못해요. 이게 술버릇이거든요" 했다. 형은 나중에 '오늘 반가웠어요. 조심히 들어가고 행복한 연휴 되세요' 하고 문자 보냈다. 행복한 호모들은 저 안(불 켜진 레테 간판이며 호모 가라오케임)에 있고 소리 꽥꽥 지른다. 나는 밖에서 혼자인데.

작성자: 아빠뚱이

'운정에 비뇨기과 거의 없네요. 아들 녀석 고래 잡아줘야 하는데……'

호모 목욕탕에서 나이든 호모 아저씨들한테 오랄받다가 입 안에 싸면 꿀꺽 삼키고 수건으로 입 닦으며 '고마워' 한다. 너무나 소중한 호모 아저씨들…… '내가 좋아하는 얼굴'이라는 제목의 꿈을 꾸었다. 엘리베이터 문이 고장난 것처럼 반쯤 열려 있으면 안에 정장 입은 날씬한 여자가 거꾸로 서 있었다. 서 있는 건데 나는 매달려 있구나 했다.

운동화 뒤축 꺾어 신을 때마다 엄마 생각난다. 꺾어 신지 말라 그랬는데…… 2016. 09.

탄수화물은 답을 알고 있다

 검사해보니 임질이에요. 작년에 걸렸던 건 뭐였는지 혹시 알고 계세요?

 예. 임질이었던 거 같아요.

 이번에 새로 감염됐을 수도 있고 치료가 완벽하게 되지 않으면 한 십 프로는 이대로 남아 있다가 전립선으로 들어가기도 하거든요.

 작년에 약을 먹다 말았거든요. 증세가 나아지는 거 같아서. 처방받은 약을 다 먹진 않았어요.

 그래서 몸에서 잠복하고 보균으로 있다가 이번에. 만약 그런 경우에는 약을 오래 먹어야 해요. 한 달 정도.

 오늘 소변검사 해보니까 염증이 많이 없어졌거든요. 약을 먹으면 없어지니까 약만 잘 드시면 되는데. 일단 이게 주사가 잘 들으니까 오늘 다른 주사 한 대 놔드릴 거고 약 농도를 바꿔서 일주일 치, 주말밖에 못 오시니까. 처방해드릴게요.

 다음에 오실 때는 소변검사하고 정액검사를 할 거예요. 그때 정액에 균이 남아 있으면 약을 한 달 정도 드셔야 해요.

 알겠습니다. 감사합니다.

 오늘 주사는 좀 빨리 놓을게요. 아픈 주사인 거 알고 계시죠. 원래도 아픈데 빨리 놔야 해서 더 아플 거예요. 이게 섞기만 하면 바로 굳기 시작해서.

  토요일 낮에는 고추 큰 아저씨 오랄해줄 때 목구멍 깊숙이 밀어넣고 빨았어서 침 줄줄 흘렸는데 양치 여러 번 한 후여서 침에서 냄새 안 나고 좋았다.

  읽을 준비는 되어 있으니까 들을 준비는 늘 되어 있으니까 더 많은 사람이 자기 얘기했으면 좋겠다. 자기가 어떻게 죽을 뻔했는지 어떻게 죽었는지. 2016. 10.

3부

세상의 의미

 안녕하세요? 점 오천 개 찍을 수 있지만 안 찍는 것처럼 살고 있다.

 ………………………………… 키보드로 점 오천 개 찍기는 어려운 일이 아니지만 죽을 때까지 할 기회 없을 것이다. 내가 안 할 테니까. 인생은 그런 일들로 이루어져 있는 거 같다. 점 오천 개 찍기.

 밤에 혼자인 하얀 고양이야. 너는 예쁘구나. 마치 네가 앉아 있는 대문 뒤 단독주택처럼…… 사람들 여럿이 힘을 모아가지고 큰 물건을 옮기는 장면 생각하면 가슴 미어진다. 인생 뭘까? 어떻게 해야 목요일을 금요일로 바꿀 수 없다는 사실을 받아들이고 살 수 있을까? 안녕하세요? 해결할 순 없다. 감정을 상대할 순 없다. 아무도. 원하는 건 물리적인 실감이니까 누가 어떻게 해줄 수 없다. 구체적인 실물의 사람을 만지고 껴안고 싶은 감정이 고통스럽게 한다. 주어진 감정을 감당하러 간다. 나는 조건들을 수정할 자신이 없다. 인생을 아무것도 즐기지 못하고 있네. 어떻게 어떤 사람은 내가 느끼고 시달리는 이 감정들이 없는 것처럼 살 수 있지?

 이마트에서 알뜰 초밥 사십 프로 세일한 거 팔천 원, 오렌지 다섯 개 세일하는 거 삼천 원, 바나나 한 송이 세일한 거 이천

오백 원에 샀다. 장 보고 나와선 버스 잘못 타서 파주 아닌 일산으로 왔다. 기다려서 버스 갈아타고 대화역 간 뒤에 파주행 탔다. 알뜰 초밥 사십 프로 할인해서 팔천 원 주고 산 것에 너무 자괴감 느끼지 말아야겠다. 비닐봉투에 세로로 넣어놓고 들고 다녀서 모양 다 찌그러졌다는 사실에……

안녕하세요? 정액을 먹는 남자랑 정액을 안 먹어본 남자랑 당연히 세상 살아가는 데 차이가 있겠죠. 나는 전자를 편애하고 한없이 마음이 간다. 정액도 안 먹어보고 죽는 남자들이 있겠죠. 세상에는요. 안녕하세요? 제가 저인 것을 견딜 수 없어요. 모든 게 견딜 만하지만 짜증내려면 한없이 짜증낼 수 있다. 말할 필요 없을 때 자격과 이유가 없을 때 말할 기회가 주어질까봐 두렵다.

'세상의 의미'라고 얇은 책등의 글자를 읽었는데 '내 삶의 의미'였다. 2016. 10.

행복식당

　대구 도착해서 ㅈ을 봤다. 고기 먹고 술 먹었다. 비가 조금 오다 말았다. 편의점에서 맥주 사 공원에 갔고 벤치에 앉아 마셨다. 손을 쥐고 주물렀다 놓았다 했다. 만지는 것보다 더 만지고 싶었다. 모텔에 가려고 했는데 ㅈ이 집에 간 뒤 혼자 모텔에 남으면 나는 휴게텔에 가거나 매우 심란해지리라는 걸 경험으로 알고 있었다. ㅈ은 그럴 거라면 휴게텔 가도 된다고 했다. 행복식당 삼층에 갔다.

　누가 왔고 그 사람은 자기 성기를 ㅈ 입에 물렸고 그럼 ㅈ이 빨았다. 사람들이 ㅈ 항문에 입에 성기를 넣었다 뺐다. 나도 넣었다 뺐다. 사람들이 그애 입에 정액을 싸고 그럼 ㅈ이 침대나 구석자리에 퉤 뱉었다. 그때 끌어당겨 키스를 하고 혀를 섞으면 약간은 얼얼한 정액 맛이 나서 좋았다. 사람들이 ㅈ 입에 정액을 싸는 게 행복했다.

　나중에 ㅈ은 갔다. 나는 남아 있었다. 자다가 깼다가 푹 자고 아침에 카톡을 보냈는데 답이 없었다. 전화도 안 받았다.

　카페 갔다. 그전엔 밥을 먹었다. 갈비만두 포스터 보고 들어간 분식집이었는데 메뉴에 갈비만두가 없어 당황하다 돈가스 정식을 시켰다. 서울행 버스는 한시 사십분에 출발하는데 그전에 ㅈ과 연락이 돼서 터미널에서 봤다. 표 취소하고 시간 늦출까? 했는데 그러지 않았다.

도착해서는 방배에 갔다. 어떤 형을 또 만나 네 시간 반 동안 뽀뽀하고 애무하고 빨았다. 나는 종로 갈 거예요. 누구랑? 혼자. 저는 친구 없어요. 질투나. 종로 가본 적 있어요? 없어. 이태원은? 거기도. 그 사람이 같이 종로 가자 그랬는데 대답 안 하고 다른 말 했다. 나는 그 순간에도 돈 내는 어려움(내가 내야 하나? 더치페이? 얻어먹어? 따위)을 생각해서.

나중에 형이 종로 가지 마, 해서 응, 했다. 괜찮아져서 안 가도 될 거 같아. 사우나를 나왔을 땐 비가 세차게 내렸다. 나는 방배에서 집까지 돌아오려고 노력했다. 강남역 어디로 가야 파주 가는 광역버스를 탈 수 있는지 몰라 헤맸다. 정류장을 찾았지만 반대 방향이어서 나왔고 튀김 파는 노점에서 우산을 사천 원 주고 샀다. 튀김 먹고 싶었는데 빨간 떡볶이 국물은 검게 굳어 있었다.

버스를 기다려 탔지만 파주에서 잘못 내렸고 빗속을 걸었는데 비가 점점 더 많이 왔다. 정류장 바로 앞에서 버스를 한 대 놓쳤고 어느새 새벽 한시가 지나고 있었다. 찜방 갔으면 이렇게 고생할 필요 없는데. 다음 버스는 이십 분 후에 온다고 했다. 신발을 안 젖게 하고 싶었는데 방법이 없었다.

또 대구에 내려간다면 찜방 가지 않아도 괜찮을까? ㅈ이 사용되는 걸 목격하고 싶지 않아할까? 서울 올라와 사우나에서 그 형을 애무하고 입맞추면서 ㅈ 생각을 했다. 아주 어둡지 않고 적당한 어둠이 있는, 냄새나지 않고 푹신한 침대가 있는 공간에서 시간 제약 없이 원하는 만큼 충분히 ㅈ을 애무하고 뽀뽀하고 싶다고. 하지만 그것만큼이나 간절하게 ㅈ이 사용되는 걸 보고 싶은 기분과 나 역시 그렇게 사용되고 싶다는 마음이 있는 걸 알고 있었다. 토요일 밤 휴게텔에서 ㅈ이 잠깐 내 곁을 떠나 사라진 동안 나는 렌즈를 뺀 눈으로, 방을 비출 불빛 없이 어두운 통로를 헤매기만 했다. 어둠 속에서 누가 빠는 소리, 박히는 소리, 애무하는 소리가 들릴 때마다 부럽고 가슴이 미어지는 거 같았다. 어디 있는 거지? 대체? 샤워실 가서 커튼을 들춰보고 화장실이 잠겼나 확인하고 휴게실에서 담배 피우나? 확인해도 어디에도 없었다. 나중에 어둠 속에서 ㅈ이 누군가의 성기를 빨다가 정액을 입에 받았는지 고개 드는 걸 목격했을 때 안타깝고 뿌듯했다.

질투가 아니었다. ㅈ이 다른 사람의 성기를 빨건 말건 상관이 없었다. 나도 ㅈ의 입이나 항문에 고추를 넣을 수 있었다. 그것이 올해 1월 1일과 다른 점이었다. 주제넘은 생각이다. 그 사람은 그의 선택을 한다. 나는 이 사람이 어떤 선택을 해왔는지 모른다고 인정해야 했다. 스스로를 과대평가하고 있었다. 내 주제를 생각했다. 원하는 게 뭔지 똑바로 보고 싶었다. 어떤 게 마음을 아프게 하고 용기를 잃게 하는지. 무엇이 내가 이 친구와 연결되어 있다고 느끼게 해주는지. ㅈ이 적극적으로 사용되었으면 좋겠다고 희망하지만 그건 누구에게도 마찬가지였다.

다른 사람하고 하라고 하지 마. 방배에서 형이 말했을 땐 그를 아끼는 듯이 소중하다는 듯이 껴안고 입맞췄지만 그뿐이라는 걸 알았다. 누가 자위할 때 사정해야 할 때 흥분해야 하는 요소를 요구하듯이, 그 정도의 도취, 분위기를 원할 뿐임을 알았다. 그게 그 공간에서 그 시간에만 가능하다는 것도 이제는 알고 있었다. 함께인 동안 알려준 번호를 외워 몇 번이나 나에게 들려주고 확인했지만 연락이 오지 않으리라는 것도. 다음이 있을 수도 있겠죠. 1월 1일 다음엔 10월이 있듯이. 누군가와 실패했어도 누군가와 가능한 것처럼 보인다. 그때만큼은.
2016. 10.

다른 사람이 되는 꿈

 아침에 자전거 타고 공릉천 달릴 땐 콧물이 나서 훌쩍였다. 어떤 일이 꿈인지 현실인지 헷갈리고 기억이 잘 안 난다. 멍하게 지낸다. 한두 생각으로 머리가 차 있어 뭘 겪거나 행동하더라도 흘려버려지는 기분이다. 일요일에는 일찍 자고 싶었다. ㅈ을 버스 태워 대구 보내고 ㅁ형을 만났다. 종로 이디야에서 두 시간 반을 기다렸는데 노인들이 많이 왔다. 빈속에 단 음료를 마셔서 속이 역했다. 집중도 안 되고 할일도 없어서 디브이디방에 갔다. 스크린 앞 긴 벤치에서 포르노를 보았다. 모인 사람은 전부 늙었는데 화면 속 배우들은 십대나 갓 스무 살이 된 친구들 같았다. 졸려서 다리를 앞으로 쭉 빼고 불편한 자세로 등받이에 기댔다. 건너 옆자리엔 아저씨가 신음했는데 누군가 얇은 잠바를 뒤집어쓴 채 엎드려 그의 성기를 빨아주고 있었다. 구멍방에 들어갔는데 아무 일 없었다. 나중엔 머리에 젤 바른 키 작은 노인이 내 성기를 빨았다. 피곤해서 빨리다 자고 싶었다. 한 시간쯤 빨렸는데 형에게서 문자가 왔다. 사정을 못하고 나와 장어 정식을 먹었다. 형이 킨더조이 과자 두 개를 사와서 하나씩 깠다. 계산은 형이 했다. 맥주를 사라고 해서 이층집에 갔고 거기서 마른안주에 소주 두 병을 나눠 마셨다. 운동 모임 사람들이 형에게 알은체를 했고 나는 인사 없이 빠져나왔다. 형을 버스 태워 보내고 아홉시 반쯤 되었을 때, 집에 이대론 못 가겠어서 다른 디브이디방에 들어갔는데 주인이 커튼 열고 나오더니 사람이 빠지고 없다 했다. 공원 화장실 끝 칸에서 누군가 목구멍 깊숙이 성기를 빨아들일 때 나는 힘겨운 신음이 들렸다. 문틈으로 보니 산발한 노숙자 한 사람이 변기에 드러누워 신음하고 있었다. 아파 보였다. 시청으로 오면 오랄 해준다는 중년이 있었다. 저는 종로3가예요. 얼마나 걸리는데요. 그때 노란 바람막이 입은 어린애가 화장실에 들어와 그애랑 했다. 피곤했고 졸렸고 하고 싶은 것은 키스랑 껴안는 거, 무엇보다도 포옹을 하고 싶었다. ㅈ을 두시 차에 태우려고 했고 여의치 않아 결국 서울역에서 세시 반에 보냈는데 차가 떠나고서야 충분히 껴안지 못했다는 걸 깨달았다. 노란 바람막이를 안았는데 키가 작고 몸이 말라 ㅈ과 비슷했다. 그애 입에선 파냄새가 나서 입술만 몇 번 갖다대려다 말았다. 스스로 어쩌려는 것인지도 모르겠고 내가 뭘 원하는지도 모르겠어서 빨리 사정하고 가려고 바지를 벗기고 그애를 뒤돌게 했는데 항문 주변엔 뭐가 나 있었고 손가락을 갖다대자 항문이 축축하고 뜨뜻했다. 손가락에서 똥냄새가 났다. 그대로 바지를 올려주었다. 바지춤을 여미지 않고 성기를 내놓은 그애는 구부정히 서서 나를 보며 자위했다.

아까는 미루던 전구 갈기를 했다. 전구는 창고 천장 아주 높은 곳에 달려서 지게차로 파레트를 끝까지 들어올려도 닿을 수 없이 한참이다. 그 전구를 갈려고 길이가 삼 미터쯤 되는 봉을 세 개 연결하고 끝에는 반으로 자른 페트병을 달았다. 페트병 중간엔 플라스틱 자를 열십자로 교차시켜 삼파장 램프 유리관 사이에 끼울 수 있게 했다. 아래에서 두 팔로 십 미터쯤 되는 봉을 들어올리면 막대 끝이 휘청거렸다. 위를 올려다보면 현기증이 났다. 그 봉을 든 채 파레트 위에 올라서면 그 파레트를 지게차가 최대 높이까지 들어올린다. 그 위에 서서 전구 갈이를 하려는데 높이가 모자라 천장에 안 닿는다. 지게차에 파레트를 일곱 장까지 끼운다. 한 장일 땐 그래도 바닥이 단단하다 느꼈는데 여러 장을 쌓으니 이제는 가만히 있어도 발밑이 흔들렸다. 전구는 두 군데 갈았고 창고가 전보다 밝아졌다. 변한 게 있다. 전에는 참을 만했던 공간과 사람이 참기 어려워졌다. 오래된 사우나, 지린내나는 한증막과 물때 낀 바닥, 축축하고 일 년이 지나도 청소하지 않는 듯한 수면실의 매트, 할아버지들, 아저씨들, 아무 매력이 없고 성욕이 들지 않는 남자들, 오랄하기 겁이 나고 오랄하기 싫은 성기들. 디브이디방은 누드데이여서 하얀 가면을 준다. 눈과 코를 가릴 수 있는 작은 가면을 사람들은 발가벗은 채 쓰고 있었다. 들어가면 통로 사람들이 나를 본다. 거기서 사람을 착각하고 박을 탄다. 그가 아닌가? 구별할 수 있는 건 키스다. 내가 좋아하는 그는 키스를 건성으로 한다. 그런데 가면 쓴 이 사람은 나를 좋아하는 거 같다. 내가 다른 사람에게 하듯이. 뭘 원하는지 모르겠다. 이름을 부르기가 겁이 나나? 아니면 부르기만 해놓고 그것이 그저 부르기에 불과할까봐 겁이 나나? ㅈ과 호모바에 들어가면 사장 형이 있다. 내가 자기를 언제부터 좋아해왔는지 모르며 알 필요도 없는, 내가 처음 누군가의 정액을 입으로 받았던 이유가 단지 그를 닮아서였다는 걸 모르는, 그 이전과 이후의 삶이 완전히 달라진 나를 모르는 중년 남자가 있는 그 바에 들어가면 건너편에서 누가 알은체를 한다. 그는 여럿이다. ㅈ을 바라보려고 노력했다. 그전엔 ㅈ과 포차 골목을 걷고 있었다. 좁은 인도를 앞장서서 걸으면 뒤에서 ㅈ이 따라왔다. ㅈ이 나와 같이 있지만 혼자라고 느낄까봐 겁이 났다. 어쩔 수 있는 게 아닌데도. 2016. 10.

그대만 원해요

 오후에 일하면서 라디오를 듣는데 가수가 인터뷰를 한다. 얼마 전 청혼가를 만들었다고 부르는데 가사에 그대만 원해요, 이런 말이 나온다. 그대만? 그런 게 가능해? 그런 사람이 있더라도 상대도 나만을 원해? 이런 생각을 사료 포장하면서 한다. 고양이 사료이며 고양이 사진이나 그림이 겉 비닐에 인쇄되어 있다. 이십 킬로짜리이고 나는 그것을 바닥에 세워 두 발로 사료가 쓰러지지 않게 잡고 위에서부터 빨간 마대를 덮어씌운다. 그 상태로 사료를 빠르게 뒤집어 세우고 벌어진 주둥이를 마대끈으로 잡아당겨 오므린다. 줄을 빙빙 감아 입구를 묶고 매듭을 만들어 안으로 말아넣은 뒤 테이핑을 세로로 두 번 해서 풀리지 않게 한다. 포장한 사료는 파레트 위에 가로 두 개 세로 세 개씩 쌓는다. 가로세로 교차되게 열 단 내지 열한 단까지 쌓고 포장이 끝난 파레트는 지게차로 들어 창고 마당으로 옮긴다. 마대에선 늘 먼지가 날리고 그래서 코가 맵다. 건강이 안 좋아질 수도 있다. 지금 이 돈을 벌려고 나중에는 폐질환으로 고생할 수도 있다는 생각을 한다. 손목과 허리는 항상 아프다. 지난주에 ㅈ이 대구에서 올라와 나에게 술을 사주고 서울에서 파주 가는 택시비를 낸 사실에 근심하지만 나도 여유가 없으니 돈을 뽑아서 준다거나 하진 못했다. ㅈ이 계산할 거였으면 안주를 두 개씩 시키거나 칵테일을 한잔 더 마시거나 하지 않았을 거다. ㅈ아. 다음에 내가 인사불성이 된다면 내 지갑에서 카드를 꺼내 결제하렴. 그걸로 택시비도 내고요. ㅈ이랑 모텔에 가고 싶다 생각하더라도 주말에 모텔을 가면은 칠팔만 원이고 대구에서도 그 정돈 든다. 하지만 찜방을 가면 이만 원이면 해결할 수 있다. 형, 혼자 모텔에서 자면 나중에 나와서 찜방 가겠지? 묻길래 응, 답했다. 사람들과 박 타려고 찜방 간다는 것도 어느 정도는 맞는 말이지만 모텔에 가지 못하는 이유는 순전히 돈이다. 나는 새로운 신발과 예쁜 니트나 맨투맨 티를 사고 싶다. 옷은 오 년 전 옷가게에서 일할 때 공짜로 받았거나 만나던 형이 사준 옷들밖에 없는데 두 개 있는 맨투맨 티는 다 낡았고 손으로 쓸어보면 촉감이 걸레보다 빳빳하고 거칠다. 물도 빠졌고 지워지지 않는 흐릿한 얼룩도 있어 더러워 보인다. ㅈ을 만나려면 돈이 든다. 그렇다고 특별히 한 것도 없다. 대구 내려가 커피 마시거나 저녁 먹고 찜방 가는 게 전부다. 왕복 차비가 드는 건데 그 정도도 무리라고 느낀다. ㅈ을 보려면 매주 볼 수 있다. 항상 대구에 내려갈 수 있지. 다른 걸 포기하는 거다. 신발 사기를 포기하기, 구멍난 바지를 계속 입기. 그 돈으로 차표를 끊고 술을 마셨으니까. 모텔에 나도 가고 싶어. 나도 단둘이 있는 곳에 가고 싶다고. 그걸 선택할 수 있고 싶어. 동대구역 게이 술집에도 들어가고 싶죠. 하지만 거기 들어가면 비용이 추가되겠죠. 금요일에 대구에 내려가고 싶었지만 충동이고 감정이었다. 무리는 상황을 악화시킬 뿐이다. ㅈ이 아는 형이랑 셋이 할 거다, 하니까 가슴이 아팠다. 그건 진짜 아프다. 그것은 내가 그 상황에 있을 수 없다, ㅈ이 될 수 없다는 질투라기보다(나도 서울에서 그렇게 하면 되니까) 내가 실패한다는 고통에 가깝다. 다른 사람이 될 수 없다는 고통. 최소한 그렇게라도 보이는 관계를 유지할 수 없었다는 고통. 아까는 일하다가 '끝이야, 끝! 카톡도 그만할 거야!' 했다. 술 마시면서 우리가 서로 다른 찜방에 가면 좋겠어, 했을 때 그건 진심이었다. 가슴 아픈 상황은 목격하고 싶지 않으니까요. 그것은 내가 ㅈ과 항문섹스를 하거나 ㅈ의 입에 싸고 싶다는 욕망보다 크다. 나는 노식인 사람들에게 둘러싸여 있거나 박 타고 싶은 사람이 없는 상황에 혼자 있더라도 그것이 ㅈ이 나 아닌 다른 사람을 원하고 그들에게 나보다 더 원해지는 상황을 목격하는 것보다 오천억 배 정도 낫다. 오천억 배라고 표현하는 것은 어느 정도 진실하다고 느껴서다. 감정을 진실하다고 판단하는 기준은 고통이다. 고통을 느낀다. 내가 뭘 원할까? 금요일에 보려 했던 사람은 키도 크고 몸도 별로고 바텀이라고 생각하면 발기가 안 될 만큼 노식인데 다정해서 보고 싶었다. 뽀뽀하면 받아주었고 얼굴을 돌리거나 피하지 않았다. 내가 껴안으면 안겼고 나를 좋아하는 것처럼 보였다. 나는 그런 감정이 해소되길 언제나 바란다. ㅈ에게 끌리는 것은 어떤 흔적이다, 확실한 흔적이다. 자살을 시도했던 흔적이 목에 있다. 그걸 알아채지 못한 나는 갑자기 말을 꺼내려 한다. 나는 사람이 목을 맬 수 있다는 사실을 알고 있지만 그걸 시도하는 사람이 곁에 있을 수 있다곤 생각하지 못해서 갑자기 말을 꺼낼 수도 있다. "앗……(네 목에…… 빨간…… 주름 같은……)" 너는 "앗" 소리에 나를 쳐다보는 중이며 나는 짧은 순간에 깨닫고 다음 말을 삼켜버린다. 일어날 일들은 일어나겠죠. 어떤 일이 안 일어날 순 없겠죠. 미루더라도 언젠가 신발과 바지를 사야만 하는 것처럼요. 안녕하세요? 어떤 사람을 필요 이상으로 원하고 싶지 않습니다. 필요 이상으로 좋아한다고 믿고 싶지 않아요. 사실이 아니니까요.

누구한테 보여주려고 글을 쓸 순 없어. 보여주려고 일할 수도 없고요. 지금껏 봐왔던 것과 다르게 보지 못하면 뭘 다시 할 순 없다고요. 반복이니까.

나는 무엇으로 이루어져 있을까? 정액으로 이루어져 있으면 좋겠다. 내 입에 쌌던 남자들의 정액으로. 2016. 10.

야상

 아까는 용기 잃을 뻔했다. 용기 잃을 뻔했다는 말이 뭐냐면 집으로 가는 버스, 90번을 탈 수 있는 정류장이 눈앞에 있었는데 하나는 집으로, 다른 하나는 호모들이 오는 사우나로 가는 거였고 사우나 방향 버스를 탈까봐 겁먹었다는 거다. 아침엔 자전거 타고 출근하는데 너무 추웠고 바퀴가 얼었나? 타이어 공기가 빠졌나? 싶게 힘이 들었다. 내리막을 지날 때에도 페달을 힘주어 밟지 않으면 앞으로 나아가지 못하고 곧 멈출 것처럼 느렸고 어딘가에 에너지를 빼앗기는 것 같았다. 아침에 나는 금릉역에 서 있다. 거기에는 ㅈ씨랑 ㅁ씨가 있다. 그들에게 인사하고 떨어져 선다. 낡은 야상, 베란다에 오래 걸어둬서 햇볕을 받은 왼쪽 팔과 어깨가 바래버린 군청색 야상을 입고. 그동안 나는 상상력에 대해 생각해왔다. 살면서 겪는 문제들, 마주해야 하는 문제들, 입장 차이와 무지(몰라도 된다는)에서 오는 괴로움. 그것은 우리가 어떤 세상을 상상하느냐의 문제지. 우리가 인간이라는 존재가 어떠하기를 바라는 문제, 인간을 상상하는 문제라고. 그 길을 보여주는 것이 서사예술이라 생각해왔다. 아무에게도 고통을 주고 싶지 않다. 그건 빚이니까. 고통을 받는다면 나인 게 편하다. 저 사람들이 있는 곳으로 돌아갈 자신이 없다. 이대로 카페를 나가고 싶다. 하지만 저들, 박수 치고 웃는 사람들의 자리로 돌아간다, 그러고 싶지 않더라도요. 나는 어떤 사람이 되고 싶어하는 걸까? 용기를 잃을 수도 회복할 수도 있다. 그건 선택처럼 보인다. 금릉역에서 기다리면 차가 온다. 실장님 차거나 사장님 차인데 그걸 남자 세 명이 기다렸다 탄다. 스타벅스가 있고 여러 기업체가 입주한 건물 일층 로비, 그 유리문 안쪽에 들어가 비바람이나 추위를 피하다가 차가 도착할 여덟시 반쯤부터 길가에 나가 서성인다. 오늘 아침에는 에어컨과 실외기 여러 대를 실은 트럭이 인도에 올라와 그것들을 내렸다. 남자 둘이 내리고 옮기는데 나는 건물 입구에 서 있다가 비킨다. 낡고 빛바랜 야상, 호모들 만날 때 입어도 된다, 안 된다, 생각을 백 번쯤 하는 그 야상을 입은 채 움직인다, 차를 기다리면서. 오늘은 사장님이 태우러 왔는데 그의 차는 아우디이고 에스유브이다. 점심시간에 사람들이 밥을 먹는데 그런 얘기를 한다. 누가 뭘 했는데 되게 잘하더라고. 나는 말했다. 하지만 사는 걸 유지하면서 일하면서 해야 하니까 힘든 거죠, 이미 일을 열심히 하니까 다른 뭘 할 힘이 없는 거죠. 그러자 사람들이 좋아했다. 그런 말을 하니까 잠깐이나마 감동했다고 했다. 곧 아우디가 오고 우리는 그 차가 횡단보도 앞에 설 때를 기다렸다 후다닥 뛰어가 뒷좌석과 앞좌석 문을 열고 탄다. 나는 뒷좌석에 타는데 보통 늘 짐이 있다. 가방과 옷가지들을 한구석으로 밀고 엉거주춤 앉는데 게임하기엔 눈치 보이고 가만히 있다가 글을 읽어야지, 써두었던 내 글을 읽어야지 생각한다. 내가 특히 좋아하는 글은 올해

1월 1일 친구를 만난 기록이다. 그걸 쓰고 여러 번 거기 기록된 순간과 감정을 생각했다. 다시 읽었을 때 나는 왜 그동안 '쓰고 있는데 아직 사람들한테 보여줄 만한 글은 아니에요' 했는지 깨닫게 되었다. 사실이었으니까. ㅈ은 나와 다툰 다음날 울다 잠들었다고 연락을 해왔다. 안심이 됐다. 울었다고 해서였다.
2016. 11.

왜 그랬을까?

 무슨 말을 할 수 있겠어. 할 수 있다면 제 말밖엔 할 수 없겠죠. 할 수 없다고 느끼는 상황(이를테면 캐롤이 크게 들려오고 그것이 나를 방해한다…… 가수 목소리가 나와 전혀 다른 감정을 호소하고 있을 때……)에서도요. 있었던 일을 쓰고 싶은데 아직도 있었던 일을 쓸 수 없다. 거기로 들어가지 못했다. 글을 쓰면 가상의 공간이 열리고 나는 거기서 모든 있었음을 정돈하고 배열할 수 있다. 하지만 안 열린다. 마침표를 여러 번 찍기, 맞춤법 틀리게 하기는 도움이 된다. 하지만 그러고 싶지 않다. 이어폰 볼륨을 높인다. 가수는 여전히 호소한다. 내가 있는 카페 테이블은 여전히 테이블이다. 이것이 테이블인 걸 잊고 싶다. 어제는 캠페이너 교육이 있었다. 12월 1일 에이즈의 날을 준비하며 11월 26일 토요일에 거리에서 벌일…… 캠페인을 기획하는 자리였고 그에 앞서 참가자 교육과 사람책으로 초대한 감염인과의 대화 시간이 있었다. 거기에서 무슨 말을 했는지는 쓰고 싶지 않다. '사람들의 시선 같은 건 상관없어요. 내 안에 있는 윤리적 기준, 거기에 관심이 있죠.' '……취약성, 그때는 제가 우울증에 시달렸을 때이고 그게 나로 하여금 이걸 원한다고 말하게 했던 거 같은데 지금은 회복되는 중이어서 정말인가? 돌이켜보고 있어요.' '관심 있는 건 다가올 미래예요.

살고 싶은 세계를 상상하고 그걸 만들어가는 데 관심이 있어요.' '제가 느끼기에 부당하다면 그걸 글로 쓰고 표현해서 사람들을 설득할 수 있다는 확신이 있어요.' "진짜 위험한 사람이네. 내가 오십 년을 살았는데 이렇게 위험한 사람은 처음 보네. 그래. 감염인이 되면은 그렇게 살아야 하는 건 맞아. 그런데 감염되는 순간 지금까지 해왔던 전부 반대로 살아야 할 거야. 사람들이 안 그렇다니까?" 끝난 뒤 김치찌개를 먹고 광화문에 갔다. 집회를 마치고 종로까지 걸어왔다. 혼자 카페에 들어왔다. 새벽엔 찜방에 갔다. 가서 소파에 앉아 있다가 게임을 하다가 이층에 올라가 열심히 노콘으로 박히고 빠는 젊은 친구와 했다. 아저씨 둘이 그애와 하고 있었는데 나에게 박으라 해서 콘돔 없이 넣었다. 누가 싸둔 정액이 축축하게 흘러나와 있어서 부드럽게 들어갔다. 하다가 아저씨와 교대했다. 다른 아저씨도 이어서 박으려고 성기에 콘돔을 씌웠는데 젊은 애를 박고 있던 아저씨가 "에이 콘돔 빼고 해, 안에 싸" 했다. 그러다 내 차례가 되어 안에 싸고 나왔다. 씻고 또 올라갔는데 항상 그곳에서 보던 작고 어린 친구가 있었다. 그애와 했다. 안에 싸달라고 해서 안에 쌌고 마찬가지로 어둠 속에서 기다리던 다른 아저씨가 차례를 이어받아 박기 시작했다. 샤워하는데 누가 나를 쳐다본다. 아까 방에서 셋이서 했던 아저씨다. 그는 몸이 말랐고 키가 작지만 성기가 굵고 울퉁불퉁하다. "아까 안에 쌌어? 물이 많길래 젤을 발랐나 했는데." "자기도 정액 싼 데다 하는 거 좋아해?" 휴게실에서 텔레비전 보고 있는데 이층에서 내 몸을 만지고 달라붙었던 아저씨가 옆에 앉았다. 대충 쳐다보고 말았는데 귀에 대고 그런다. "아까 본 거 같은데?" "콘돔 끼고 해야지, 안 끼고 하면 어떡해……" 나는 웃기만 했다. "그러다 에이즈 걸리면 어쩌려구……" "걸리면 걸리는 거죠, 뭐." 아저씨는 건드리지 않을 테니 이층으로 올라가자고 한다. 따라갔다. 방에 들어가 눕고 아저씨는 나를 껴안는다. 식도 아니고 같이 있기도 싫지만 원하는 대로 해준다. "다음주 토요일에 오시는 거 아니에요? 캠페인 하잖아요." "거기 가면 볼 수 있어? 다음주 토요일 다섯시에 보신각 앞에서 볼까?" "끝나면 집회 갈 건데요. 오늘도 다녀왔어요." 나는 누워 있다가 다른 방에서 나는 신음소리를 듣고 일어나 아까의 대물 아저씨와 젊은 애랑 또 했다. 젊은 애가 내 걸 빠는 동안 아저씨는 크게 신음하며 항문에 싸고 나간다. 나는 그애 뒤로 돌아가 항문에 손가락을 넣고 아저씨가 싸놓은 정액 냄새를 맡았다. 그대로 삽입하고 또 한 번 쌌다. 아침에는 일어나 여러 방을 돌아다니다 엎드려 있는, 눈썹이 짙고 허리가 가는 어린애 엉덩이에 올라타 낑낑댔다. 잘 안 들어가서 껴안고 뽀뽀만 했다. 나중엔 일으켜세우고 입에 쌌다. 그애는 먹었다. 나는 내가 뭘 하면 뭘 했다, 뭘 생각하면 뭘 생각했다, 써야 한다는 걸 알았다. 혼자 있고 싶다고 생각하는 순간은 느끼는 대로 말하지 못하고 검열하고 있다는 생각이 들 때다. 박 타고 싶은 사람은 더 있었다. 가운 사이로 태닝한 피부, 오랫동안 운동해온 잘 갈라진 가슴근육을 보여주며 앉아 있던 중년 남자나, 마찬가지로 운동으로 관리한 탄탄한 허리, 밤톨같이 짧게 깎은 머리에 셔츠가 잘 어울리는 하얀 피부 아저씨…… 할 수도 있었는데 안 했다. 상관없었다. 졸렸고 피곤했다. 집회 끝나고 뒤풀이랍시고 치킨집에 도착해 앉아 있었을 때부터 후회했고 정확히는 여기 들어오기 전, 성소수자 만세 따위가 적힌 피켓을 들고 거리를 걸어오면서부터 집에 가고 싶었는데 따라 들어와 자리에 앉았다. 왜 그랬을까? 나중에 사람책 후기를 묻는다. 어땠느냐고. 그러고는 조그만 카드를 하나씩 쓴다…… 고마워요, 사랑해요, 따위가 인쇄된 카드를 펼쳐서 뭐라고 적어야 한다. 이걸 함께 있었던 사람책에게 줘야 한다고 했다. 사람책 형은 나한테 선물을 주었는데 조그만 걱정인형 다섯 개였다. 나는 그 인형이 사람꼴을 하고 있어서 다섯 명이라고 편지엔 적었지만 그것이 인형인 걸 안다. "걱정인형은 잃어버리면 좋은 거래요. 주인이 너무 걱정을 많이 해서 그 걱정을 가지고 멀리 가버린 거래요." ㅅ씨가 걸으면서 얘기한다. 그녀는 쉴새없이 뭐라고 말하고 나는 그 상황 속에 놓여 있는 듯 타인에게 보이는 게 좋다. 진열대 속의 그릇처럼, 단지 보여지기만 할 뿐인 관계 속에. 남들이 짐작할 수 없고 예상할 수 없으며 알아볼 수 없는 상황이…… 이것을 이야기로 배열할 수 있다. 스스로 납득할 수 있거나 그럴싸한 핑계처럼 보이게끔 가공할 수 있다. 원인을 찾는 거죠. 아무것도 원인이 아닐 수 있는데. 내가 나 말고 무엇을 말할 수 있단 말이야. 그 설득력에 대해 자신을 잃어버린다. '네가 정말 감당할 수 있을 거 같아?' 어제는 바텀을 할 수 있었다. 화장실에서 관장을 신경써서 했는데 아무와도 바텀을 안 했다. 두려워하고 있었다. 내가 노콘 항문섹스를 원한다고 느끼는 게 맞는지 아니면 이것이 취약성에서 오는 반발이나 착각인지 알 수 없었다. 그것을 알게 될 때까지 기다려야 한다는 걸 알았다. 형들은 나한테 '그러면 죽어' 했는데 아닐 수도 있다는 걸 안다. 노콘으로 안에 싸거나 사정당하고 나서는 두려웠다. 나는 이걸 좋아해서 감염될 거라는 생각을 했다. 이미일 수도 있고. 집회가 끝나곤 어린 친구가 한 명 마음에 들었는데 그가 뭘 생각하고 원하고 계획하는지 초조함이 다 보였다. 그 결과도 알고 있었다. 사람들과 어울린다, 회복되고 있다, 했던 생각이 착각일까봐 무서웠다. 피켓을 들고 구호를 외쳤지만 그것이 뭘 바꾸거나 내가 변한다는 증거가 아니어서 할 수 있었다. 피켓 들고 사람들 앞에서 구호를 외치는 건 시시한 일이다. 집에 가도 되고 안 가도 되는 정도의 선택. 나는 보여지는 상황에 놓여 있을 뿐이고 대체 가능했다. 거기 있던 모두가 그러했듯이. 2016. 11.

구슬 탑

 안녕하세요? 용기는 작은 구슬이고요. 그것들은 쌓아올려지지 않는답니다. 수시로 퍼지고 흩어지는 감정에 불과하다. 한데 모아놓아도 높이 쌓을 순 없다. 늘 굴러다니기만 한다. 나는 그 성질을 이해하지 못하고 쌓으려 했다. 그걸 노력이라고도 생각했다. 전혀 이해하지 못한 것일 뿐인데…… 나는 11월 30일부로 퇴사했는데 나오기 하루 전엔 창고 두 곳의 남자화장실 청소를 했다. 하기 전에는 겨울이니까 춥고 손 시리고 장화도 없고 해서 안 하고 싶었는데 할 사람이 나밖에 없어서 했다. 정리할 물건도 적게 입고되어서 서두르면 오전에 마칠 수 있을 거 같았다. 새 신발을 신고 왔는데 더러워지긴 싫어서 패드 비닐을 신발에 씌우고 종아리까지 오게 잡아당겨 묶고 테이핑했다. 일회용 마스크를 썼다. 철수세미로 변기를 닦으면 얼굴에 오물이 튀니까. 세제, 락스, 철수세미, 천수세미, 구두솔, 바닥솔, 바가지, 물통 등을 챙겨 화장실에 가 눈에 거슬리는 곳이 없게 박박 밀고 닦았다. 세면대, 유리, 벽면, 변기, 변기 안쪽, 소변기, 소변기 안쪽. 똥물이 튀어 딱딱하게 굳은 변기에 세제와 락스, 물을 섞어 뿌리고 철수세미로 밀었다. 고무장갑은 구멍 나서 물이 스며들어와 손이 다 젖었다. 소변기 안쪽엔 누런 오줌 때가 벽을 타고 흘러내린 그대로 굳어 있었다.

그것도 철수세미로 긁어냈다. 긁어내고 물을 뿌리고 다시 긁어내고 물을 뿌리길 반복했다. 오줌 자국은 물에 씻겨 사라져 버렸다. 치약, 다 쓴 샴푸통, 주인 없는 칫솔, 죽은 벌레 등 쓰레기들을 모아 버리고 겨울용 제설용구를 한곳에 정돈했다. 그렇게 청소하고 나면 내가 어떤 사람인지 알 수 있을 것도 같아진다. 나는 여전히 내가 누구이며 어떤 일을 할 수 있는 사람인지 모르지만 이 화장실을 청소해낸 것이다. 일주일 전쯤에는 에이즈 캠페인이 있어 거리에 나갔다. 대학로 케이엔피플러스 사무실에 모여 밥을 먹었다. 집회 신고는 마로니에공원 앞 거리에 했다. 일기예보와 달리 첫눈이 왔고 눈을 피할 천막을 급하게 수소문하는 동안 지붕 있는 카페 안쪽에 서 있었다. 장갑은 가방 안에 있었는데 안 끼었다. 맨손인 사람이 또 있을 거 같아서. 눈은 점점 많이 온다. 캠페인을 못할 줄 알았는데 어찌어찌 하게 되었고 끝이 난다. 끝나고는 청소년청년감염인 커뮤니티 알의 발간회에 가서 저녁 먹고 책자와 기념품을 받고 술을 마시러 간다. 어떤 이야기는 하기 싫은데 하게 된다. 토요일이었고 더이상 사람을 보면 안 될 거 같아 파주로 갔다. 캠페인 전날에도 사람들과 있었다. 밤에는 찜방에 갈 수 있었는데 가고 싶지 않았다. ㅁ형에게 연락해 택시 타고 갔다. 내가 벗어둔 옷을 형은 베란다로 가져가 탈취제를 뿌렸다. 샤워할 때는 바닥을 적시지 않으려 노력했다. 욕조에 들어가 샤워커튼을 치고 씻었다. 물기는 욕실에 있던 마른 걸레로 닦았다. 어디서 잘래? 묻길래 거실에서, 했다. "같이 자도 돼." 나는 갈라진 발뒤꿈치를 의식하고 있었다. 침대 속 형에게 이불을 들추고 들어가 입맞추려고 하면 제지한다. "이젠 넌 진짜 동생 같아." 아침에는 바나나와 렌지에 데운 우유, 카스테라와 호빵을 형과 반쪽씩 나누어 먹었다. 뭐가 끝나간다는 생각이 든다. 마지막 출근했던 날 점심엔 콩나물국밥집에 갔다. 실장님이 사주었는데 콩나물국밥은 삼천팔백 원이고 오징어와 김치가 들어간 김치콩나물국밥은 사천팔백 원이다. 나는 김치로 시키고 부추야채전도 시킨다. 만두도 시킨다. 여기까진 사주는 사람도 웃는다. 그런데 나중엔 왕만두도 하나 더 주문했다. 시키자마자 후회했다. 배는 충분히 불렀고 더이상 사람들도 웃지 않았다. 다들 식사를 마쳤는데 왕만두만 안 나온다. "찜기에 올라가 있어요." 점심시간은 한시까지인데 한시 넘어 만두가 나오고 사람들은 일어나 계산한다. 나는 뜨거운 만두를 빨리 삼킨다. "만두 한 개? 두 개 먹었어요?" 다른 테이블에 물어보는 소리를 들으며. 오후 작업중에 실장님이 온다. "오후엔 남양주 가야 해서 미리 인사하려구요. 송년회 때 꼭 와요, 성원씨 것까지 예약했어." 사람들과 마지막으로 인사 나누는 그런 건 최소화하고 싶었다. "악수 한번 하자." 해가 짧아져 어둑한 저녁, 창고를 나와 조명 달린 문 앞에서 ㄷ과 악수하고…… 택배 과장님과 짧게 얘기한 뒤 자전거를 타고 언덕을 내려간다. 맞은편에서 간선차가 오르막에 진입하는 중이고 나는 옆으로 빠지며 속도를 줄인다. 간선차가 경적을 울리고 지나간다. 나는 그게 이들의 인사라는 걸 안다. 여기 일하면서 배운 거, 악화된

정신 건강을 관리하며 배운 것은 몇 가지 있었다. 하지만 끝이라고 생각하는 순간에도 어떤 사람 얼굴은 똑바로 보기 힘들었다. '입구가 어디지?' 건물 외벽 현수막을 올려다보며 입구를 찾는데 모르겠다. 낯선 회사 이름들만 안내판에 있고 내일 찾아가야 할 회사 이름은 없다. 불 꺼진 건물 바깥을 한 바퀴 돌고 내 감정엔 변화가 있었나? 용기가 뭐라고 생각하나요? 용기는 작은 구슬이고 모아 세울 수 없으며 자꾸만 흩어진다. 이것이 이것이다, 믿으면 좋겠지만 그럴 수도 없다. 내가 어떤 사람인지 알게 되고 싶다. 내가 잘못 생각하면 침묵하며 기다리고 싶다. 어제는 한 소설가의 연재글에 달린 사백여 개의 댓글을 읽었다. '저는 ○○○입니다. 등단은 하지 못했지만 소설을 쓰고 있습니다. 저에게 이름을 지어주세요.' 거기까지 읽고 잠이 들었다. 2016. 12.

계단을 내려갈 때

 화요일에 누구를 봤는지 생각하면 감정을 끌어낼 수 있다. 그러면 그 감정에 둘러싸인 상황, 내가 옴짝달싹 못해졌던 그 상황을 얘기할 수 있다. 보고 싶은 사람에게 말 걸려면 이 년은 기다려야 한다. 일찍 만나면 말할 수 없다. 빨리 만나져버렸으니까. 나는 그와 한 테이블이며 서로 보려면 볼 수 있는 대각에 있지만 어쩔 도리 있느냐 하는 심정으로 다른 곳을 본다. 나이든 시인은 내게 눈을 맞춰준다. 아마도 전이었다면, 내가 더 어렸더라면…… 다른 노력을 할 수도 있었다. 그 역시 취했다는 사실, 그 역시 특정하며 자신만이 상대해야 하는 감정에 눌려 있다는 걸 몰랐던 전에는. 하지만 이제는 나만큼이나 누군가들도 나름의 사정이 있어서 나를 그렇게 바라보는 걸 안다. 나 역시 그를 그렇게 바라본다. 나를 보아주고 웃으면서 군것질하는 나이든 남자 시인을 보며 했던 생각을 말해볼까? 그의 옆에는 나와 다른 곳을 보는 남자가 앉아 있으며 나는 그를 좋아한다. 어쩌겠나? 하는 판단은 실수하지 않도록 도와준다. 어쩔 순 없다. 월요일에 할 일을 화요일로 미루는, 아무 고통이나 희생을 요구하지 않는 정도의 판단이었다. 자리에서 일어나 우리가 헤어져야 하는 시간이 오면 말할 수도 있다. 그 정도라면 말할 수 있다. 레드파티가 있는 날이고 오랜만에 ㅌ형을 보고 그러면 나는 또 ㅌ형 목에⋯⋯ 뽀뽀를 하고 입에도 뽀뽀하고 혀도 넣고 그러고 싶지만? 목에다 볼에다 입을 맞춘다. ㅈ에게 주려고 맥주를 샀지만 ㅈ이 보이지 않아 두리번거리던 중에 ㅌ형한테 가고 형은 "나 주려고 산 거야?" 한다. 나는 웃기만 한다. 나중에 르퀸에선 ㅌ형이 맥주를 사들고 와 내게 준다. 이번엔 형이랑 입맞춘다. 사람들과 드랙쇼를 보며 나는 서 있다. 공연중인 새벽 세시. 좁은 클럽 통로는 꽉 차 있다.

사람들이 왔다갔다한다. 침대방에 가면 침대 위에 그게 있다. 엎드려 있는, 아무에게나 여러 차례 박혔고 항문에 손가락을 밀어넣으면 그래도 조이는 누군가의 탄탄한 엉덩이가. 그 엉덩이를 다른 외국인 호모가 사용하기 시작한다. 나는 침대 옆에 선다. 엉덩이를 박던 사람이 나간다. 나는 콘돔 안 끼고 한다. 엉덩이 안에 싼다. 씻고 올라왔는데 방은 여전하고 나는 침대에 엎드려 있는 엉덩이한테 또 한다. 하고 빨리 싼다. 진짜 나갈까? 생각하고 마음이 아프다고도 생각한다. 마음이 왜 아픈가?

토요일엔 ㅈ과 음악 영화를 봤다. 영화 속 계절은 겨울로 시작해 봄으로 여름으로 이동한다. 나는 아마 봄쯤 잠든 거 같다. 인물이 서로 친밀해졌을 때 잠에서 깨었다. 노래를 하는 동안 카메라가 움직이면 인물들이 짜임새 있게 원색 의상을 입고 광고에 나올 법한 소품과 배경에서 춤을 춘다. 배우들은 하늘도 날고 지루한 사건은 몇 컷의 사진으로 요약해버린다.

시인은 그랬다. 시 쓰세요, 소설 쓰세요. 나는 네, 예, 대답하다가 언젠가부턴 웃기만 했다. 나는 이 시인하고 할 수 있는 일에 더 관심이 있다. 이 시인처럼 생긴, 이 시인의 나이인 남자들과 해온 일들에. 그건 항문을 이용한 섹스나 고추 빨기다. 내가 고추를 빨면 아저씨들이 입에 정액을 싸고 그것은 언제나 유효하게 가슴 미어지게 한다. 오늘 파주에서 서울 가는 광역버스에선 줄곧 서 있다가 합정쯤 도착해서야 자리가 나서 ㅂ씨랑 앉는다. 합정에서 홍대까진 한 정거장인데 그 잠깐이 왜 길게 느껴졌을까? "이제 ㅈ을 좋아하게 된 거 같아요" 했는데 ㅂ씨가 "왜 그런 거 같아요?" 물었기 때문이다. 그러게. 왜 그랬을까?

토요일엔 극장을 나와 ㅈ과 횡단보도를 건너는데 뭐가 이상했다. 보행 신호고 차들도 정지선 앞에서 좌회전 신호를 기다리긴 하는데 다른 차들은 안 보이고 건너오지도 않는다. 살펴보니 종로3가 횡단보도에서부터 세종로까지 차량 통제중이었다. "추워." "춥지?" 길가에 유니클로가 있어 들어간다. "목도리 사려구." ㅈ은 말하고 일층 이층 삼층까지 올라간다. "몇 개 없네." 건물을 나오기 전엔 옷을 따뜻하게 입으라 말하고 ㅈ의 코트 단추를 여미고…… 목도리를 목에 두르라 한 뒤 걷는다. "집회도 이제 끝물인가봐." 엘이디 촛불이 삼천 원, 이천 원에서 천 원이 되는 동안 세종로에 닿았고 걸어서 종로로 돌아온다. 밥을 먹으러 가서 소주 한 병을 마시고 나와 호모바에 간다. 그전엔 전집에 있었다. 맛이 없어서 빨리 안 먹었다. 막걸리 하나에 맥주를 네 병 마셨다. ㅁ형이 와서 먹었다. 할 얘기는 없었는데 와준 게 고마워서 계속 말했다. 형 집에 가서 자자고도 했는데 이상하게 그럴 자신이 없었다. ㅈ과 광역버스를 타고 파주 집에 와서 잤다. 저녁에 나가서 고기를 먹었다. 피시방 가서 오버워치했다. 월요일 아침엔 함께 논길을 걸어 버스정류장으로 갔다. 회사로 가는 마을버스는 보내고 서울 가는 광역버스를 같이 탔다.

버스가 합정에서 홍대로 이동하는 짧은 순간 나는 대답을 망설인다. 왜 좋아졌을까요? 그런데 정말 ㅈ이 왜 좋아졌을까? 대답을 결국은 했는데, 여러 말을 했는데 시원한 답이 아닌 거 같아서 거듭 덧붙인다. "저를 좋아하는 거 같아요." "누구나 자기를 좋아해주면 좋아하겠지만 저는 진짜 누가 저를 좋아해주면 좋아하거든요." 또 덧붙인다. "체구가 작거든요. 저는 작은 사람 좋아하는데. 품에 쏙 들어오는." 그래도 답변이 되기엔 시원찮고 버스는 골목을 돈다. 창밖에는 고깃집, 돼지갈비집, 일인분에 얼마 하는 가격이 적힌 간판이 지나가고 그 불빛들은 밝다. 왜 ㅈ이 좋을까? 앞으로도 좋을까? 아침에는 좋았지만 저녁에는 아닐 수 있겠지. 아까는 카페를 찾았다. 이대로는 집에 갈 수 없다는 생각에 서울로 나왔지만 이 기분을 해결할 수 없는 걸 안다. 평일이고 저녁이며 시간이 충분하다는 사실이 주는, 찜방이나 디브이디방에 가서 성기를 빨고 정액을 받거나 누군가에게 싸는 일들을 하고 싶을 때 그걸 어떻게 중지시킬까? ㅈ을 좋아해서?

영화를 기다리며 카페에 있는데 ㅈ은 나를 동영상으로 찍는다. 영상 속 나는 빨대로 커피를 빨아먹다가 가방에서 패드를 꺼내는데 패드를 확대한 화면을 보면 뭐라고 메시지를 보내는 중이다. "이게 뭐지? 나는 잭디 안 해. 폰에도 없어." "나도." ㅈ이 말한다. 어떻게 해야 관계를 이어갈 수 있을까? 좋아한다고 생각하면 겁이 나나? 네가 좋아지기 시작하는데 너는 아닐 수 있잖아 정도의 고통인가? 그건 아닌 거 같다. 그럼 욕구를 억눌러야 한다는 불안? 그건 조금 더 이유 같다. 혹은 내가 고백한 "사실 나는 연락이 안 되거나 하면……" "나도야." 그 망상들이 아직도 나는 억누를 수 없는 '아니야 그래도'의 세계에 머물고 있을까? "핸드폰 줘봐." 아침에 집을 나와 걸으면서 버스앱을 켜 표를 끊어주려는데 말한다. "아니야. 나 동서울에서 탈 수도 있어. 시간이 다를 수도 있어. 서울 구경하다 갈 거야." 그 순간 머릿속엔 스쳐가지만 빨리 흩어버린 생각이 뭘까? 그런 게 상관있어? "너는 성욕 같은 거 안 중요하다고 하지만 정작 가서는 사람들한테 그렇게……" "알았어. 미안해 안 그럴게." "찜방 가서 자면 되지." "찜방 싫어. 모텔 가. 파주까지 택시비 얼마 나오는데?" 행동에 이유가 있어야 하나? 그러고 싶어서 그랬겠죠. 찜방엘 갔다면 가고 싶어서, 거기서 할 수 있는 일들을 하고 싶어서 간 거겠죠. 이게 힘들어? 너한테 이 행동이나 결정이 고통을 주니? 그러면 그러지 말아야 할까?

 어떤 사람이 좋아지고 있어서 그 감정을 의심하며 얼마간 보냈는데 처음에는 안 봐도 될 거 같고, 한 달을 만나도 그랬고 며칠 전에도 그랬는데 왜 아, 좋아졌다, 느꼈을까? 못 보게 되면 고통스러울 거 같아서였다. 누구를 보고 싶어했더라도 그 기간이 이 년이든 십 년이든 혹은 그 이상이든 그 감정엔 특별한 고통이 없다. 대체 가능하니까. 그 감정은 특정한 대상을 요구하는 것처럼 보이지만 자격의 문제이지 특정성이 아니다. 그런 자격(내가 어쩔 방법 없음, 소용없음)을 지니고만 있다면 누구라도 감정을 일으켜준다. 그런데 어떤 사람은 특별해진다. 그 다음을 할 수 있어서. 그는 나를 받아준다. 그 순간 나는 다른 의미의 소용없음에 놓인다. 행위할 수 없어서 욕구가 무의미하다고 느끼는 게 아니라 얼마든지 원하는 대로 할 수 있지만 그래봤자 소용없는. '나는 다음을 알고 싶은데 어떤 사람들은 여기에서 자기가 아는 거, 여기까지라고 생각하는 데 이동하는 것에만 관심이 있잖아. 그런 글을 읽기가 싫은 거야. 그게 거짓말인 걸 안다고. 자기를 속이는 것임을 안다고.'

그래서 화요일에요. 우리가 아직 이층에 있고 계단을 내려가지 않았을 때 카운터 주위가 환하다. 나는 적당히 취해 있고 그도 취했는데 불빛이 맥주처럼 노랗고 뒤에서 떠오르듯이 밝을 때, 갑자기 나는 그의 두 팔과 어깨를 잡고서 아프지 않게 힘을 주면서 '내가 너의 팔을 잡았다!' 알려주듯이 흔들며 처음으로 말한다. "보고 싶었다고요. 보고 싶어서 꿈에도 나왔어요." 계단을 내려올 땐 어쩌라고, 생각한다. 그런 말은 속으로 수천 번도 했다. 앞으로도다. 나는 왜 누구와는 항문섹스도 정액을 싸는 것도 먹는 것도 허락되는데 어떤 사람과는 전혀일까? 이 문제를 나는 이해하지 못하고 죽을 것이다. "시 쓰세요! 소설 쓰세요! 꼭요!" 외치던 시인이 가는데 나는 연락처 안 물어본다. 속으로만 중얼거린다. '그럼 우리 주말에 만나가지고 술을 먹을까요? 저랑 뭘 안 해도 되고 오늘처럼만 쳐다봐주면 되는데. 어차피 박은 서로 타고 싶어하는 호모들이랑 타면 되고 선생님은 저를 이렇게 봐주면 되는데.' 배웅하면서 손 흔들면서 이제 가네, 하며 보낸다. 실수하지 않는 사람이네, 아무 증거도 안 남겼다, 누가 목격한 게 아니라면. 흔적 없는 일, 없던 일이었다. 글로 남기지 않는 이상은. 2016. 12.

그의 이름을 모르면

며칠 전엔 엄마가 그런다. 금요일이었고 출근해야 하는데 아침에, "너네 아빠 죽었대, 오늘 장례식 치른대" 했다. '그렇구나, 그럼 뭘 어떻게 해야 하지?' 일단 출근하려다 꿈에서 깼다. 요즘은 이야기를 보면, 영화든 만화든 어떤 콘텐츠를 보면 고민한다. 쓰고 있는 글, 이걸 어떻게 조합하거나 형태를 갖도록 가공할까…… 각자 무엇을 믿는지 생각하면 무서워진다. 누군가 사랑받기 위해서, 자신을 사랑받을 만한 존재로 만들려고(지금은 그 자격에 미달하기에 사랑받지 못한다고 믿으려) 노력하는 걸 보면 겁이 난다. 이 사람은 이렇게 믿고 있구나, 아니면 그렇게 믿는 게 나뿐인가? 이야기를 완성했다고 쳐, 그게 나를 벗어난 이야기가 될 수 있어? 우리가 아니어도 타인들이 그 이야기를 읽고 느껴야만 해? 어떻게 해야 사랑받는 사람이 되나요. 어떻게 해야 나는 이래, 하는 가정과 한계지은 울타리 안에서 밖으로 걸어나갈 수 있을까? 어떤 영화를 처음부터 끝까지 보면 용기가 생기나? 어떤 글을 시작부터 끝까지 읽으면 내가 변해? 읽기 전엔 몰랐던, 읽기 전엔 될 수 없었던 존재가 될 기회를 얻어? 희미하게 의무를 느낀다. 잘못 생각하고 있을까봐 겁이 난다. 잘못된 것을 믿고 원인 아닌 원인을 찾아서(찾을 수 있었다는 유일한 이유로) 그 인과를 믿고 싶어할까봐 겁이 났다. 어떤 사람은 운이 좋다. 누군가는 운이 나빴다. 취약성을 이야기해야 한다. 삶은 다양한 가능성을 갖고 있다고, 그가 누구라도 타인에게는 얼마든지 다른 모습으로 살 수 있는 것처럼 보인다고. 모두는 다르게 살 수 있다. 그런 기회와 조건이 주어진다면. 그 결핍된 조건을 안고 노력해야 해서 힘이 든다. 함께인 것처럼 보이는 사람들을 목격하는 일은 힘이 들었다. 사람이 많으면 겁이 난다. 내가 세상을 그렇게 보고 이해하고 싶을까봐 겁이 났다. 조명을 비춰 얼굴이 환해지면 아 환하구나, 믿을까봐 겁이 났다. 2017. 01.

무무모텔 304호

인생을 어떻게 살아야 하는지 정말 모르겠네…… 알고 모르고와 상관없이 참아야 하는 문제를 어떻게 견딜 수 있을지 모르겠다. 경험하지 않은 일을, 일어나지 않아서 배우지 못한 일을 빨리 겪고 싶다. 뇌의 오류나 인지장애 등으로 사고나 감정 관리에 어려움을 겪다가 실수로 사망하고 싶지 않다. 나는 어떻게 살아야 하는지 반드시 알아내서 사람들에게 알려주고 죽을 것이다. 이것이 내가 본 인간의 삶이다, 하고 보여주고 싶다. 바꿀 수 있는 듯 보이는 한계나 조건들이 사실 바꿀 수 없는 것임을 인정하고 싶다. 그게 진실해 보이니까. 사람들이 제정신 아니면 괜찮은데 다들 제정신처럼 보인다. 사람에 대고 말하기가 어려워서 말하는 걸 포기한다. 글쓰기도 마찬가지다. 벽에 대고 말한다. 자동차 바퀴에 대고 말한다. 그런 건 할 수 있다. 어떤 사람은 거짓을 믿는다. 거짓이든 진짜든 그가 살아가는 것과 상관없으니까. 그런데 어떤 사람은 뭐가 거짓이고 진짜인지가 중요하다. 그가 살 수 있는 방법 중 하나여서. 내가 갖고 있는 인생의 의문들 몇 가지는 답을 알고 싶다. 무무모텔 304호인데 바텀이 항문에 젤 바르고 엎드려 노콘으로 박아줄 탑을 기다린다는 정보 같은 거요. 2017.03.

친구

아침에 대걸레 들고 복도 청소를 하는데 귀에 맴도는 소리. "주변에 친구가 없었다는 거잖아. 글이 얼마나 이상한지 그런 이야기를 하면 되는지 안 되는지 말해줄 사람이 없었다는 거지." 회사에 도착한 건 여덟시 삼십분쯤이고 사십분쯤 노트북을 열어 지난 글을 읽는다. 마지막 수정했던 글을 확인하려 열었다가 자살하고 싶다라는 문장이 거슬려 지우고 닫았다.

2017. 03.

어리둥절 속에서의 노력

 말할 수 없는 일이면 하지도 말아야 한다. 알 필요가 없고 그래도 된다는 이유로 폭력적일 수 있는 사람들이 많다는 사실을 어떻게 생각하시나요? 할말 있으면 글로 써야지 생각해서 글만 십 년째 고치다가 지워버린 사람을 생각한다.
 외로움이 뭘까?
 죽어도 된다고 생각하게 만드는 것.
 인생 무엇인지 알고 싶다. 인생 어떻게 살아야 하는지 정말 알고 싶고 그 '어떻게'에 대해 말할 수 있는 날이 오기를 기다린다. 인생 뭔지 알 수 없는 중에서 혼자 노력했지만 그건 정말 어리둥절 속에서의 노력이었다.
 안녕하세요? 그동안 써낸 글을 정리하고는 있는데 이것을 어떻게 하면 좋을까요?
 안녕하세요? 모아둔 글로 저는 무엇을 할 수 있을까요?
 1. 화장실에서 똥 쌀 때 심심하면 읽기.
 2. 화장실에서 읽으려고 했지만 휴대폰 게임하기.
 안녕하세요? 제가 쓴 글을 누군가는 읽어야 할까요?
 아뇨. 해야 하는 말은 아는데 그렇게 생각하지 않으면서 그 말이 옳다는 이유로 할 수는 없어요. 2017. 05.

세탁기

ㅈ은 연락되지 않았다. 전화를 받든 받지 않든 그것이 중요한 건 아니고 나에게 문제가 있으며 그것을 해결할 사람이 나밖에 없었지만 그래도 운 좋게 연락을 주고받을 수 있었다면 숨쉴 수 있었겠지? 이 문제가 밖을 타서 해결된다면 그렇게 했을 텐데 그것들론 상황을 해결할 수 없었다. 그러자 사람들과 관계맺고 하는 일에 용기 잃기 시작했고 감정이 상황을 부풀리고 상상 속에서 악화시키는 것을 바라보아야 했다.

나는 내가 어떤 사람인 것처럼 보이는 일에 지쳤어요. 아무도 강요하지 않았습니다. 고추를 빨아보면 어떨까요? 전처럼 성욕을 강조해서 안 느껴. 외로워서 힘들거나 하지도 않아. 이제 방법을 알아. 다만 모든 것이 세탁기를 작동시키는 일처럼 느껴진다. 세상이 커다란 빨래더미이고 저것을 세탁기에 넣어 빨 수 있지만 막막하며 그러고 싶지 않다. 2018. 03.

바나나우유

나는 외로운 사람인데 사람을 쉽게 만날 수 있어서 답답하다. 사람들이 나를 원하고 보고 싶어하고 나를 통해 '그렇게' 하고 싶어해서 외로워할 시간을 빼앗겨버린다.

나 같은 사람이 글을 쓰지 않으면 누가 써야 하나?(너무너무 외로워서 번개해서 한 시간 동안 호모 똥구멍 빨다가 든 생각……)

나는 그것들을 할 수 있지만 그 하기를 원하지 않는구나. 나는 내가 어떤 걸 할 수 있는지(나보다 몸무게 삼십 킬로 적게 나가는 중년 남자의 몸을 모터 달린 것처럼 세 시간 동안 달달 떨게 함) 확인했지만 그 할 수 있음을 하고 싶지 않았다.

살아 있기가 정말이지 쉽지 않네!(십 분 간격으로 바나나우유 먹어야 한다는 말임) 2018. 04.

먼저 가는 사람

 원하는 걸 얻을 순 없는 사람을 지켜보기. 원하는 걸 얻으려는 소극적인 노력을 하였지만 그것이 도움되지 않는 사람을 지켜보기. 원하는 걸 원한다고 말할 수 없이 체념되는 것에 익숙한 사람(늘 안 익숙해짐). 성중독 시절은 끝나버렸다고 인정해야 하는 걸까. 이것을 원한다 말하라고 강요할 수는 있지만 이것이 나를 웃게 하진 못하는구나. 나는 나에게 소중하고 내가 사랑하는 대상을 보면서 웃게 되었다. 그리고 이제 그런 사람이 사라져버렸다. 어찌되었든 ㅈ과 보냈던 시간이 빠져나가 버린 지금 그것을 어떻게 감당해야 할지 기다림이 필요하다.

 금요일에는 어느 역에도 어디에도 가고 싶지 않았는데 집으로는 더더욱 갈 수 없었다. 그래서 가고 싶지 않았던 곳에 갔는데 거기 바닥엔 사람들이 똥을 싸놓았다. 갈색 똥은 누가 한 번 밟아서 뭉개져 있었고 그 옆엔 구겨진 종이컵이 있었다. 종이컵으로 똥을 뜨려고 했다가 놔둔 모양이었다. 똥냄새와 소독약 냄새가 심했다.

 자리가 파해 술은 더 마실 수 없어 밖으로 나왔다. 사우나에 가도 됐는데 싫었다. 사우나에 가고 싶을 거야, 이태원에 왔으니까 생각했는데 아니었다. 얘기하고 싶은 게 있었고 그런 줄 알았는데 아니었다. 먼저 간 사람들을 조용히 질투하고 있었다. 나도 먼저 가는 사람이 되어야지. 마지막까지 남는 사람이 되지 말아야지.

모임에 가야 할지 망설이다가 ㅈ형에게 '저 이제 이런 거 못해요' 카톡을 보냈더니 '그래그래 무슨 일인지는 모르겠지만'이라고 답장이 왔다. 나에게 무슨 일이 일어나고 있는지 알고 싶다. 미래를 보고 싶다. 2018. 04.

둘이라 해도

 사람들은 혼자일 때 어떻게 그것을 견디나? 영화를 보거나 책 읽는 것을 원하지 않을 때. 사람과 이야기하고 싶고 같이 있고 싶은데 혼자여야 할 때. 안녕하세요? 호모를 만나서 부질없이(박 타거나 고추 빨아주기나 뽀뽀도 하지 않은 채) 칵테일 한잔씩 시켜 마시고 이만 원 결제한 뒤 쓸쓸하게 집으로 돌아가는 것과 아무 호모에게든 무료로 고추 빨리고 항문성교한 뒤 하나 사면 하나 더 주는 케이에프씨 닭튀김을 이천삼백 원에 두 조각 포장해가는 삶, 둘 중 무엇이 호모일까요.

 나는 오늘 죽고 싶지 않았는데 자살당하기 직전까지 가서 울면서 얼른 자리를 벗어나서⋯⋯

 이차를 갈 건데 같이 가겠느냐고 형이 물었지만 가면 안 된다고 생각했다. 좋은 경험을 해, 자극을 받아. 형이 멀리 가버리면 이런 자리에서 사람들과 어울릴 기회도 완전히 사라져버리는 걸 알았다. 안녕하세요? 그것은 그들에게도입니다.

 형, 어디 있어요? 저는 대학로에서 공연 보고 종로 가고 있어요. 그전에는 공원에 들렀는데 소변기에 서 있으니까 중년 남자가 무릎 꿇고 앉아 고추를 빨아주기 시작했고 나를 대변 보는 칸으로 데리고 가더니 거기서도 정성스럽게 빨아주었다. 젊은 애가 옆칸에서 좌변기 뚜껑을 밟고 올라서서 우리를 훔

쳐보았다. 한참 빨렸다. 사람들과 얘기할 수도 고추 빨릴 수도 있다면 당연히 고추 빨리기를 택하지 않을까? 이것은 아이스크림을 먹는 직접적인 쾌락이고 대화는 고차원의 고통이다. 박 타고 싶은 사람과 아이스 아메리카노 마시기 같은.

형, 그래서 제가 종로로 걸어가는데 그전에는 무슨 동상 앞 어두운 곳에도 앉아 있고 그랬어요. 옆사람들이 담배를 피우는 동안 화단에 걸터앉아 핸드폰 본다. 사람들은 나를 힐끔거리지만 나는 이들과 뭘 할 생각이 없다.

"나이 많은 사람 왜 찾아요? 혹시 받기만 하는가요? 나이 많은 사람 찾는 젊은이들 중엔 그런 사람 많아서요."

그래서 오라고, 지금 어디 이층에 있는데 거기로 오라고, 다른 사람들한테 물어봤는데 와도 된대, 하는 말을 듣고 나는 거기로 간다. 갔는데 술집에 사람이 생각보다 많아 당황했고 두리번거려도 ㅁ형을 찾을 수 없어 입구로 나와 전화를 걸었다. 이제 유월 중순에 가지. 형이 아예 한국을 떠난다는 말을 들으며, 저도 이런 모임 나가야겠네요, 잘생긴 사람이 많아요, 했다. 그래 여기 훈남 클럽이야, 몸들도 좋구. 형은 여기저기 소개시켜준다. 얘는 사업해, 얘는 작가야, 쟤는 뭐야, 얘는 토끼 떠야, 동생이야, 형이야. 나는 나를 건성으로 훑는 눈빛 속에서 공원 화장실에 모여가지고 누구든지 그것이 걸리기만 해라 하는 눈빛으로 고추를 빨려고 서성이는 환갑도 훌쩍 넘었을 노인들을 그리워하고 있었다.

어디 카페라도 빨리 들어가 뭘 써야 하는데 자꾸 울고 싶어졌다. 누가 해소해줄 감정이 아니었다. 혼자가 아닌 둘이라 해도 위축돼 있다. 둘을 제한 나머지는 훨씬 많으니까. 배타적인 게 얼마나 기쁘냐. 밀어내고 차별하고 과시하는 재미가 얼마나 크냐고요. 여기 사람들은 정상으로 보이고 어울리는 데 성공한 것 같다. 나에게 그런 일은 일어나지 않을 테니까 자살하든지 받아들이든지.

사람들은 그만 이차로 이동하자고 한다. 얼결에 자리에서 일어나며 형에게서 배드민턴 채가 든 가방을 받아든다. 나만 먼저 떠밀리듯 계단을 내려간다. 뒤늦게 오는 형을 바라보다 가만히 불렀다. "형, 저 갈 거예요." "어디 가게?" "혼자 마시려고." "왜, 이차 안 가? 같이 가." 못 그러겠다. 혼자니까 함부로 할 수 있는 거예요. 자신이 혼자라는 사실만큼이나 상대방이 스무 명이나 함께였다는 사실이 얼마나 혼자인 사람을 압도하는지 겪어보셨나요? 2018. 05.

호의

 육십대 호모와 채팅하는 거 재미있다. 외로운 중년 호모만이 나의 친구다. 나는 이 육십대 호모만큼이나 외로워하는 것 같네. 술에 완전히 취해가지고 아무 고추나 감사하는 마음으로 빨면서 입에 싸달라고 말하게 되었네. 어떻게 살아야 할지 모르겠다. 오늘은 모든 고추의 맛과 크기와 생김새가 만족스러웠고 마치 나보고 자살하지 말라고 당부하는 듯이 최대한 호의적이었다.

 투표: 호모로서 속상된 것

 1. 남자인데 남자 고추 빨고 정액 먹고 싶어한다는 사실

 2. 정액 먹으려고 했는데 아무도 싸주지 않아서 못 먹음

 자살하는 순간 생각하면 마음이 울리며 감동한다. 아직도 이만큼 자신을 사랑한다는 사실에. 다정할 수 있는 사람은 그 힘을 쓰길 원하는구나. 아무도 그걸 원하지 않을 때조차요. 인생은 힘겨운 균형을 요구하는구나. 행복했다면 반드시 그 대가를 요구하러 오는 것이 인생이네. 행복할 수 있었던 이유로 고통받게 되는 것이 바로 삶이구나. 2018. 05.

책상이 책상이다

 공동체에 닿아 있건 아니건 게이가 자살하라는 압력을 받지 않을 수 있는 경우는 드물 것 같네. 호모들은 아무리 시기와 질투와 음험된 속셈으로 속이 꽉 찼더라도 고추를 빨고 남자 항문에 자기 고추를 넣거나 자기 고추를 남자 항문에 넣는다는 점에서 모든 것에 면죄부 받았고 세상에서 제일 소중된 존재가 되었다, 저에게는요.

 무슨 말이든 그다음에 친구를 붙여보세요.

 ex) 명품보컬친구.

 긍정적인 생각을 했더니 나에게도 친구가 참 많아졌구나! 파란플러스펜친구, 다마신커피컵친구.

 인생이 무엇인지에 대하여 말할 순 없겠네. 그것은 언제나 겠죠. 옳은 말을 할 수는 있겠죠. 하지만 그것을 실천할 수 없는 사람이 옳은 말을 하지 않는다고 비난받아야 할까? 옳은 말을 실천할 순 없는 사람이 자기 기준으로 가급적 윤리적이려면 어떻게 해야 할까요? 1. 옳은 말을 하지 않는다. 2. 저녁 뭐 먹어야 하는지 고민해본다.

 싸이월드 안 망했어요! 하는 광고 볼 때마다 남의 일 같지 않고 인생 배우게 된다.

 외로움은 어떻게 해결할 수 있나요? 일단 외로움을 해결해야 합니다. 그럼 외로움이 해결됩니다. 외로움을 해결하려면 외로움을 해결해야 한다라고 써보면 알 수 있다. 외로움을 해결하려면 고추 빨아야 한다가 답이 아니라는 사실을 말이다. 외로움을 해결하려면 외로움을 해결해야 한다. 여기서 이 문장을 어떻게 실천할 수 있는지는 고민 말아야 한다. 나는 잘못 생각하기 때문이다.

  이럴 때 해야 하는 일은 해결책이 없다는 사실을 받아들이는 것이다. 그것은 동어반복을 외움으로써 가능해진다. 그것이 나에게 책상이 책상이라는 사실을 보여준다. 내가 책상을 다른 것이라 믿고 싶을 때에도 말이다. 2018. 06.

나는 나

 감정이 어디에서 올까? 누구를 좋아할 때 첫눈에 반해 그 감정을 그대로 믿을 수 있었던 때는 오랫동안 스스로 누구를 좋아하지 말라고 제한하고 있다가 막 허용했던 정체화 직후 몇 년뿐이었고 그 이후부터는 여러 가지 날 설득할 수 있는 이유로 누군가를 쉽게 좋아할 순 없었다는 생각이 든다. 어제는 어두운 방, 침대에 둘이 누워 있었다. 이 사람 피부가 하얗고 엉덩이가 예쁘고 그런 걸 떠나서, 내가 껴안으면 자신도 안기고 싶었다는 듯 같이 꽉 안아주고 그랬는데 이 사람과 함께 있다는 사실에 집중이 안 될 때는 누군가 떠오르기도 했다. 그래. 새 지갑을 사준 건 잘한 일이었어. 지갑을 꺼낼 때 만질 때 가끔 내가 생각날 수도 있으니까. 그런데 왜 그렇게 늦게 사줬을까? 더 일찍 사줬어도 되는데. 지난봄 ㅈ을 보러 대구에 내려갔을 때 터미널에서 내게 발렌타인데이라고 뭘 만들었다고 초콜릿을 주었다. 그러고는 버스를 타려는데 ㅈ이 천으로 만든 브라운 동전지갑을 열어 잔돈을 꺼냈다. 곰 캐릭터가 그려진 지갑 지퍼를 열고 닫던 ㅈ의 손이 아른거렸다. 어느새 발기는 다 풀렸고 흥분이 안 되는 이유를 '나는 찜방을 좋아해서' '여러 사람이랑 해야 해서' 따위로 변명하고 천장을 보며 누워 있었다. 앞으로도라고 생각하면 아무 슬플 일도 없는데 언제까지 이 보고 싶은 마음이 이어질까. 그러면 안 되는 거 같은데 하면서도 보고 싶었다. 처음부터 이런 건 아니었고 누구를 받아들이기까지 적지 않은 시간과 다툼과 저항이 분명 있었는데. 어제는 볼끼 이야기하다가 그랬다. 점점 좋아져요. 왜냐면 볼끼는 앞으로도 죽을 때까지 나에게 이런 태도로 대하리라는 확신이 생겼거든요. 그러니까 하는 대답, 그거 중요하죠. 나는 그런 태도로 누구를 대하고 싶었을까요? 그랬다면 실패했다. 그것은 상상 속에서 내 모습을 그려볼 때만 할 수 있는 일이다. 매일 만나는 게 아니라 일 년에 잠깐씩 마주칠 때만 가능한 태도다.

그래서! 누구를 좋아할 수 있을까요? 제가요? 이전에는 아무도 마음에 없어서 누구를 받아들이기만 하면 됐는데 지금은 시간이 더 있어야 한다고만 느끼네. 문득 주주클럽 주다인 씨 근황이 궁금해 찾아보니 작년인가 재작년에 슈가맨에 출연해 노래를 불렀다. 그의 노래를 듣는다. "왜 내가 아는 저 많은 사람은 사랑의 과걸 잊는 걸까." 이걸 가지고 있으면 안 되는 걸까요. 가수는 그래도 된다고 한참 지나도 다시 노래하는데.
2018. 07.

기도 모임

 어떤 선택을 해야 하는지 망설여지는 이유는 안다. 답은 정해져 있다. 내 원칙대로면, 어찌되었건 올해는 여기에서 일한다. 어떤 상황이 닥치든 강제로 그만두어야 하는 게 아니라면. 하지만 이렇게 버티거나 견디는 선택을 하는 것이 이로울까? 무엇을 힘있게 주장해야 하나? 어떤 선택을 해야 하는가요? 여기서 버티지 못하면 누가 이 일을 할까? 내가 대단하다는 의미가 아니라 팀원이나 다른 누군가가 새롭게 일을 시작하려고 하여도 똑같은 어려움을 겪을 거라 생각해서다. 하나 위안이 되는 것은 작년에 이어 올해에도 비슷한 일을 겪는다는 사실이다. 이전에는 일을 하는 강도와 그 보상에 대한 문제의식은 있었어도 월급이 안 나온다거나 늦게 나오는 일은 겪어보지 못했다. 누군가에게서 부당한 이야기를 들으면 사업을 왜 계속하는 거야, 그런 곳은 망해야 한다고, 했다. 여기에서 일하는 동안 이 회사에 밀려 있는 지불 건들과 그 일을 개인이 감당하다 못 버티고 떠나면 새로운 사람이 그 자리를 채워 당분간 그 일처리를 유예받고…… 괜찮은가? 싫을 때쯤 고통이 시작되는데 요즘은 견딜 수 있으니 더 견뎌보라고 괴로움을 주나 싶다. 어떤 역할을 해야 한다면 그 역할을 할 것이다, 하는 마음으로 일하고 있고…… 방패막이가 없어서 힘이 든다는 말에 누군가가 그럼 팀장님이 방패막이가 되어줄 때인가보죠, 하고 그럼 나도 모르게 그래, 내가 아니면 누가 하리? 하는 마음이 된다. 한 달도 길고 하루하루만을 보면서 일 외적인 부담에 짓눌리지 말고 원고에 집중해야지, 이 원고를 보는 동안은 다른 부담을 핑계삼아 소홀해지지 말고 애정을 갖고 들여다봐야지 결심한다. 할 수 없는 일은 할 수 없지만 이 와중에도 할 수 있는 일은 있다. 하지만 요즘은 정말 모르겠다. 이렇게 생각하는 게 맞아? 아니면 그만두는 게 맞아? 함께 일하던 친구들은 회사를 떠났고 상사들도 일찌감치 발을 빼고 떠났다. 오늘은 낮에 기도 모임을 했는데 목사님이 퀴퍼에 대해 뭐라고 말하진 않을지 긴장하고 있었다. 그런 얘기는 하나도 없이 요한복음 4장 사마리아 여인이 나오는 부분을 읽었다. 그러다 모임 끝 무렵에 목사님이 시편인가에 자기가 좋아하는 구절이 있다며 말하길, 하나님이 나를 아주 무너뜨리지는 않으시리라, 했다. 여기서는 그런 걸 배운다. 하지만 정말 나를 아주 무너뜨리지는 않으시는 것이 맞겠죠? 그렇다고 하여도 가볍게 무릎이 꺾이기만 해도 두렵고 무서운 것이 사람일진데. 2018. 07.

저기 희미한

 괜찮아진 것 같다 싶을 때는 지금 상태에서 몇 발씩 더 나아가보려 하게 되는데(사람들과 어울리기, 말하기) 잘 조절해야지 싶으면서도 못 견딜 때가 있다. 목요일과 금요일이 그랬다. 켐섹스 가이드북에는 약물을 사용하고 싶지 않다면 가족이나 친구와 시간을 보내라는 방법도 추천하던데 애초에 그런 게 가능하다면, 그것에 스트레스를 받지 않는 사람이라면 여기 접근할 이유도 없겠지, 생각하면서도 그렇게 말하는 사정은 알 것 같았다. 길을 가다가 목적과 방향이 사라지면 지금껏 살아온 삶에 의문이 생기고, 걸어온 길, 나아갈 길이 통째로 지워져버린 듯 느껴져 어디로 가야 하는지도 물을 수 없을 것이다. 요즘은 한 치 앞만 보고 있어요, 했지만 그것은 어떤 사람이 되고 싶은가라는 질문이 있어 가능한 말이기도 했다. 내가 나라면 나는 나로밖에 살 수 없고 하루아침에 다른 사람이 될 수도 없고 어떤 조건은 바뀌지 않는다. 어떤 것들은 죽을 때까지. 일어난 일은 지워지지 않는다. 그것을 어떻게 바라볼지 공부하고 노력하면서 시각을 바꾸는 훈련을 할 순 있지만 가끔 그 시간이 제삼자의 것처럼 멀어 보일 때가 있다. 그 과정이나 노력이 고통스럽게 느껴져서 익숙한 삶으로, 방식으로 이 문제나 감정을 해결하려고 되돌아갈 테지만 어떻게 살아야 하는가?라는 질문만은 쥐고 있어야 한다. 그것이 되고 싶은 모습에 도달하지 못할 것 같은 나를 비난하며 그 자리에 머물도록 허락하는 핑계가 아니라 어둡고 혼자일 때 저 멀리 보이는 희미한 빛으로 상상하면서. 2018. 07.

운 좋은 사람

 어제도 회사에서 잠들었고 오늘도 그래야 했는데 자정쯤 회사를 나와 집까지 걸었다. 한 시간 정도 걸린다. 음악 들으며 걷고 있지만 공허하다. 다 잘되고 있고 견딜 만하다. 오늘 점심은 사장님이 사주었고 다같이 황태해장국 먹었다. 점심에는 커피 마시면서 웃었다. 교정지는 오늘까지 칠백 쪽을 봐야 했는데 백 쪽도 못 봤다. 들어온 추천사도 수정해서 메일 보내려 했는데 못했다. 오늘 못하면 내일 하면 된다. 퀴퍼 이후로 성소수자 뉴스에 댓글을 달기 시작했는데 재미있었다. 사람들이 함부로 말해도 된다고 생각할 때 나는 이 말이 어디로 향해야 하는지, 말하는 사람의 목적이 어디 있는지 드러내면 된다고 여겼다. 그런데 사람 없는 밤길 걷는 지금은 지쳤다는 생각이 든다. 오버워치 해야 하는데 못해서? 아니면 ㅈ한테 연락하고 싶은 충동을 느꼈지만 그러길 원하지 않는다고 깨달아서? 사랑받는 사람이 되고 싶어하고 사랑받으려 의도하는 모습을 보면 공허해진다. 원하지 않는 약속을 잡았다. 사람을 보는 것이 가끔은 무서운데. 나는 아무리 해도 나이고 나인 상태에서 변화할 수 있을 뿐이다. 원하지 않아서 공허하다고 느낀다. 원한다고 믿을 수 있으면 되는데.

 할 수 있는 일을 하자. 하지 못하는 일 생각에 괴로워할 필요는 없다. 부족함이 있으면 그 부족함 안에서 할일을 하면 된다. 다른 걱정은 결국 내가 아니고 싶은 불가능한 마음일 뿐이고 현실을 상대해주지 않는다. 커다란 할 수 없음을 쪼개 그 안에서 할 수 있음을 찾으면 된다. 그때도 못한다면 포기하면 되고.

  금요일 출근해서는 분위기가 뒤숭숭했다. 얼마 전 입사한 신입직원은 월요일이 카드 값 나가는 날인데 아직 월급이 안 들어왔다고 월요일에도 안 들어오면 적금이라도 깨야죠, 했다. 적금을 깨면 어떡하느냐고 했지만 나라고 모아둔 돈이 있는 것도 아니었다. 쿼퍼 다녀온 이후로 나는 죽지 않을 거고 살아갈 거고 그러니까 절약하고 적금도 들어야지 했는데…… 한 직원은 돈도 받지 못하는데 일을 해서 무엇 하느냐고, 자원봉사하러 온 것이 아닌데 일하지 맙시다, 이랬지만 말뿐인 걸 안다. 나는 신간을 매달 두 권씩 내는 일정을 맞추려고 노력하고 있었다. 하지만 업무 틈틈이 미지급된 번역료, 저자 인세, 외주비 독촉이 온다. 언제 지불하겠다는 약속을 사장님이 하면 나는 그것을 전달한다. 그런데 막상 약속한 날이 되면 회사에 돈이 없다고 하고 그러면 죄송하다며 지불을 미루는 연락을 해야 하는데 그럴 때마다 심란해서 잠이 안 온다. 지불일이 되면 신간이 안 나와서 회사에 현금이 없다고 하니까 그 말이 듣기 싫어서 어찌되었든 할 수 있는 이상으로 나를 몰아가면서 할게요, 그러니 약속을 지키셔야 해요, 하는 마음으로 일하지만 이것이 해결되지 않으면 어떻게 해야 할까? 나야 관두고 나가면 그만이고 어디 가서든 벌어먹고 살겠지만 함께 일하자고 새로 뽑은 직원들은 어쩔 것이며 지불 계획을 잡아 알려드린 사람들은 당장 실무자가 빠지면 낯선 사람에게 난처한 소리를 해야 하는데 답답하다. 어떻게 행동해야 맞는지 모르겠다. 주어진 상황 안에서 최선을 다해야 할까? 문제는 이것이 견딜 만하다는 데 있다. 나는 견딜 만해. 그런데 이런 걸 견디면 안 되는 것 아닐까? 무엇이 책임감일까요? 나는 여기를 박차고 못 나간다. 그러면 할일을 죽어라 하는 수밖에 없겠죠. 그렇게 하지 않으면 조금씩이라도 해결해나가던 지불건들이 그대로 멈출 테니까, 하는 생각으로. 그만두려 마음먹은 지는 한참 되었고 다만 일 년만 도와달라는 말에 그 말을 들은 때로부터 일 년까지는 참아보자 하고 있는데 어떻게 행동해야 하는지 어디에든 묻고 싶다. 월급날, 지불이 어렵다고 회사 단톡방에 메시지가 온 날에 같은 팀 직원이 야근을 하려고 했다. 아니 월급도 안 나오는데 무슨 야근이에요. 최저임금 간당간당한 월급 받으면서 야근까지 할 필요 없어요, 그래서 집에 가시라고 하면서 나는 밥 먹으러, 그분은 집에 가는데 걸으면서 말했다. 제가 먼저 그만둘 수 없으니 알바를 알아보든 다른 자리를 알아보든 해서 살아볼 방법을 궁리해보세요. 두 분이 먼저 나가면 저도 나갈 수 있어요, 하고 진담 반 농담 반 이야기했는데 그렇게 집에 보내고서 괜한 말을 했다는 후회가 들었다. 그래도 금요일에는 돈이 들어올 줄 알았는데 오늘도 어렵고 다음주도 힘들 것 같다는 얘기를 들으니 이럴 거면 사람을 해고하든지 해서 실업수당이라도 받게 해야 하는 거 아닌가? 싶었다. 매출은 떨어졌다지만 이 인원에 이 정도 해내면 밥값은 하는 것 같은데 이 밥값은 어디로 갔을까? 마음의 빚으로 안고 있던 원고들, 진행시켜야 하는 건들에 대해 얼마든지 태연하게, 벌어질 일이 있다면 더 벌어지세요, 할 수 있는데 당장 같이 일하는 사람 월급이 안 나오는 문제는 힘이 든다. 이 회사에서 일하면서 속상하고 배우게 되는 것은 우리가 기분 좋고 고통이 없을 때 남에게 친절하기가 얼마나 쉬운가다. 이 안에서의 사정이 있어요, 하고 어디다 말할 수도 없고 호소할 수도 없는 상황에서 타인에게 판단당한다는 생각이 들 때 아니 어떻게 저렇게 비상식적으로 일처리를 할 수 있지? 하는 비난의 대상이 되고 그것을 유지시키는 것이 나라는 생각이 들면 미칠 것 같다. 어떻게 행동해야 하는지 모르겠다고요. 문제 제기가 있을 때 거기에 모든 책임을 지고 사퇴합니다, 하는 건 무엇도 책임지는 게 아니잖아요. 책임은 버티는 거 아닌가? 해결하려고 그 과정에서 갈려나가면서? 그저 운이 좋았던 순간, 운이 좋아서 타인이나 어떤 상황을 평가하는 위치에 서는 일에 민감해졌다. 그런 말을 할 수 있는 것은 네가 운이 좋아서야. 그 운이 만들어진 데에는 경영인의 가치관, 그간 사람을 대해온 태도들이 쌓여 있었겠지만. 나는 어떤 역할을 해야 하기에 여기 있게 된 걸까? 운 좋은 사람이 나는 운이 좋다 말하기는 얼마나 쉽냐고요. 나는 그것이 밉다. 2018. 07.

요구들

 타인을 대하는 건 쉽다. 내가 아니니 무시해도 되고 상관없는데 나를 대하는 것이 어렵다. 내가 나에게 하는 요구들(나를 위험하게 하지 마라, 슬프게 하지 마라, 외롭게 두지 마라, 나를 십 년 뒤에도 살아 있게 해라)의 방향이 사실 괄호 안에 열거한 내용과 대립하는 경우가 있어서다. 내가 나일 수밖에 없다는 사실을 달달 외워서 누군가가 나에게 당신은 이러한 이유로 사랑받을 만합니다 하며 다가오더라도, 심지어 그것이 내가 그렇게 보여지고 싶었던 모습이더라도 사랑은, 존재는 자격의 문제가 아님을 잊지 말아야 한다. 내가 어쩔 수 없다는 사실을 받아들이고 하루하루 살다가 어느 날 정말 더 못하겠네 싶으면 거기까지 하면 된다.

 그러니 사람들이여 판단하지 말라. 벌어진 일에 대하여서요. 그것은 슬퍼할 무엇은 될 수 있어도 그 이상은 아닌 것 같네요. 2018. 07.

한 명

사랑받는 데 이유가 필요하다고 생각하는 사람은 자신이 사랑받고 있지 못하다고 느끼는 이뿐이다.

사람들하고 이야기하는 것은 괜찮은데 말은 하고 나면 괴롭다. 헛헛하고……

몸이 아프면 당연히 상태가 안 좋을 수 있다. 그것을 자책하거나 수치스럽다고 느끼지 말자. 다음엔 미리 그런 신호를 느끼고 주의하면 된다. 나를 이해하지 못하는 사람 천 명이 아니라 이해하는 한 명을 발견하려고 침묵하지 않아야 한다. 죽을 것이 아니라면 떠들 수밖에 없겠죠. 살아 있는 동안 나는 1. 없는 척을 하거나 2. 나일 수밖에 없으니까요.

세상이 나빠진다고 말하고 싶지 않다. 그 의미가 아니더라도.

열심히 살아보려고는 했지만 그것과 상관없이 죽을 수도 있다는 사실이 부당하게 느껴지지 않는다는 점이 위험한 거겠죠. 나는 사람을 좋아하지만 그렇다고 내가 원하는 형태로 어울릴 방법이 있는 건 아니다. 2018. 07.

허전한 손

 방금은 사천오백 원 하는 토마토주스를 시켰고 그전에는 산동에서 칠천 원 하는 삼선짜장을 먹고 양파랑 면을 남겼다. 중국집에 들어가자마자 카운터와 에어컨 사이에 끼어 있어 다른 사람은 고르지 않을 구석진 테이블에 앉았다. 산동 오기 전에는 광화문참순대 가서 내장탕 먹으려고 했다. 이문설농탕까지는 너무 멀고 밥알이 들어간 매콤한 음식이 먹고 싶었다. 광화문참순대는 문을 닫았고 그 근처 골목에 있는 제육볶음이랑 김치찌개 하는 집에서 맛있는 냄새가 났는데 지나치며 안을 들여다보니 테이블마다 서너 명씩 모여 식사하고 있길래 안 들어갔다. 언젠가 보았던 길가 라멘집 가야지, 하고서 걸었는데 거기도 문을 닫았다. 그 옆 케이에프씨에 어쩔 생각도 없이 들어갔다. 들어가기 전엔 유리벽에 붙은 광고를 보고 있었다.

 텐더 여섯 조각 삼천삼백 원. 치즈징거버거 사시면 징거버거를 하나 더 드려요.

 키오스크에서 사천구백 원 결제하고 치즈징거버거에 징거버거를 주문해 먹었다. 처음 먹은 치즈징거버거는 빵을 삼 분의 이쯤 먹고 나머지는 버렸다. 징거버거 먹을 때는 빵을 한입만 베어물었고 아예 패티만 빼서 야채랑 먹고 빵은 다 버렸다. 가방 안에 어제 원 플러스 원으로 산 이온 음료가 있어서 그걸 꺼내 마셨다. 쓰레기를 내가 버리고 싶어서(매장에서 팔지 않는 이온 음료도 먹었고 먹다 남긴 빵이 지저분해서) 쓰레기를 정리하던 직원이 사라진 뒤에 갔는데 그분이 바로 나타나 자기한테 달라고 했다. 직원은 음료 캔을 보고 멈칫하더니 쓰레기통에 버렸다. 고맙습니다, 하고 밖으로 나왔는데 일회용 우산을 테이블 밑에 두고 온 것이 생각나서 들어가 가지고 나왔다. 햄버거 두 개 먹기까지 오 분도 안 걸렸다.

그전에는, 광화문으로 걸어오기 전에는 종로 미니스톱에 들러 일회용 우산을 삼천오백 원 주고 샀다. 비가 조금씩 오고 있었고 그전에는 모텔에서 세 시간 대실하고 일회용품 하나를 산 값으로 삼만천 원을 냈다. 그전에는 피카디리에 있었다. 영화를 보려고 했는데 보고 싶은 게 없었다. 〈톰 오브 핀란드〉를 보고 싶었는데 이대에서 여덟시 반 상영 예정이었고 거기까지 걸어갈 힘이 없었다. 그전에는 카페에서 나와 걸었다. 내가 오라고 했고 거기 응한 호모와 카페를 나와 걷는데 어디로 가야 할지 어떻게 해야 할지 모른 채 전철을 타서 헤어지자고 하려 했다. 각자 집으로 갑시다, 하려다가 한 정거장 이동해 종로3가에 내린 거였다. 그전에는 청계2가 커피빈에서 음료 두 잔을 만이천삼백 원 주고 샀다. 호모와 얘기를 했고 그전에는 혼자 오천오백 원 내고 콜드브루 한잔 시켜 마시면서 휴대폰 게임을 하고 있었다. 지금 올 수 있나요? 오늘 볼 수 있나요? 답장이 왔고 온다고 한 뒤부터 그를 부른 것을 후회하기 시작했다. 그전에는 맥도날드에 들어가 더블 1955버거 세트 주세요,

했다. 팔천 원 내고 계산했는데 노인들이 많았다. 여자 직원이 인내심 있게 친절하게 설명하고 있었는데 그의 분홍 면 유니폼은 구겨져 있었다.

 직원이 더블 1955버거 세트 나왔습니다, 하는데 앞에서 기다리던 노인이 받아 들고 간다. 내 생각에 저건 메뉴판에 있는 것도 아니고 저 노인이 주문했을 리는 없는 거 같은데 나보다 먼저 주문했던 거라면 괜히 남에게 시비 거는 것처럼 보일 테니까 내 것 나오겠지? 하고 기다렸다. 그런데 안 나왔고 혹시나 싶어 직원에게 "저 더블 1955……" 하고 말하니까 직원이 "금방 나와요" 했다. 그래서 기다렸는데 더블 불고기버거 세트를 나에게 주는 것이었다. "저 더블 1955버거 세트 주문했는데요. 앞에서 누가 가져가셨어요. 잘못 가져가셨나봐요." 직원은 무전으로 주방에 하나 더 만들어달라고 설명하고 다른 직원은 더블 불고기버거를 손에 든 채 홀로 나가서 사람을 찾았다. 직원은 더블 1955버거 세트 들고 갔던 노인이 먹었을, 반조각 남은 햄버거를 들고 왔다. 더블 불고기버거는 그에게 주고 온 거 같았다. 나는 속으로, 그래 저거는 사천구백 원짜리인데 팔천 원짜리 먹으면서 얼마나 먹을 만하다고 생각했을까? 이제는 진짜 사천구백 원짜리 버거를 맛보겠지, 크기도 훨씬 작고 내용도 부실한, 하고 생각하면서 카운터 앞 기다리는 줄에 서 있었다. 내 것이 나와서 받았고 먹다가 이층으로 올라가 화장실에서 똥을 쌌다. 화장실을 나와서는 거의 손대지 않은 감자튀김과 반 넘게 남은 콜라를 쓰레기통에 버리며 이상한

쾌감을 느꼈다. 누군가는 이것을 먹고 싶어하며 아까워할 것이다.

　맥도날드 뒷문을 밀고 들어가기 전에는 사우나에서 막 37번 키를 신발장에 꽂고 나오고 있었다. 그전에는 칠천 원을 내고 입장했고 대충 씻은 뒤 이층으로 올라갔다. 이전과 다른 풍경이었다. 검은 커튼이 곳곳에 쳐져 공간을 나누고 있었고 거기 있는 누구와도 하고 싶지 않았다. 그전에 씻으러 목욕탕 문을 열고 들어갔을 때는 육십대쯤 된 아저씨가 팔순쯤 되어 보이는 백발의 조그만 노인을 비누칠해주면서 아버지, 여기 좀 들어봐, 하고 있었다. 멀리 온탕에서는 두세 명 정도가 입장하는 나를 쳐다보았고 샤워하고 있던 다른 남자들도 내 편을 힐끔거렸다. 다시 이층 이야기를 하면, 이층 가장 안쪽에 중년 남자 두 명이 69 자세로 누워 서로 빨고 있고 묘사하고 싶지 않은 비슷한 장면들이 반복됐다. 벽에는 백인 남성이 등을 기대고 앉아 있고 어떤 노인인지 아저씨인지가 그의 입에 고추를 물리고 서 있었다. 그는 잘 빨았다.

　나중에 홀을 한번 돌고 왔는데 빨리던 사람은 사라졌고 누가 손목을 잡아끈다. 아까 백인처럼 벽에 등을 기대고 섰더니 그는 무릎 꿇고 앉아 고추를 빨기 시작한다. 밝은 방 창가에는 엉덩이가 작고 단단한 노인이 바닥에 엎드린 중년 남자 허벅지 사이에 고추를 끼우고 부비고 있는데 모로 누워 상반신을 비스듬히 틀어 그 장면을 건너다보는 남자가 있다. 나중에 그에게도 어떤 노인이 다가간다. 비스듬맨은 그의 고추를 열심히 빨아준다. 나는 그때 이 비스듬맨의 하반신을 어둠 속에서 흐릿하게 보게 되는데 화상으로 벌겋게 익은 엉덩이 피부가 켈로이드 흉터로 울퉁불퉁하다. 직원이 올라와 바닥에 흩어진 젖은 수건들을 발로 손으로 아무렇게나 모아 포대에 담으며 사람들 사이를 오가지만 아무도 신경쓰지 않는다. 이제 씻고 나가려고 아예 옷을 입으려 37번 옷장에 키를 꽂는데 한 남자가 아, 죄송합니다, 제 옷장이 여기라서, 하고는 37번 아래 옷장을 연다. 그가 안에서 뭘 뒤적이며 찾는 동안 티를 꺼내 입고 바지를 발에 끼우는데 그는 잔뜩 구겨진 비닐 안에서 먹다 만 과자를 하나 꺼내더니 죄송합니다, 하고 옷장을 닫았다. 옷을 다 입고 밖으로 나갔다. 그전에는 휴게텔에 있었다. 오전에 거기를 나와 길을 걸을 때 거리 살롱은 음악을 크게 틀어놓았다. 뒤에서 누군가 달려오는 소리가 나길래, 나오려 옷 갈아입을 때 나를 쳐다보던 아저씨인가? 했는데 반바지 반팔 입고 달리기하는 자그마한 체구의 남자였다.

안에서 어쩌구 하는 일들이 있기 전 밤 열두시인가 열두시 반쯤인가 휴게텔에 만 원을 내고 들어갔고 그전에는 세븐일레븐에서 이온 음료 두 캔을 천 원 주고 샀다. 그전에는 건대에서 종로 가는 721 버스에서 내리고 있었다. 내려서 댓글을 썼다. 에이즈가 어쩌구 HIV가 어쩌구. "HIV는 동성 항문섹스를 한다고 자연발생하는 바이러스가 아니고 감염인과의 접촉을 통해 감염되는데요. 자신의 감염 사실을 확인하고 육 개월 정도 꾸준히 치료를 받으면 혈내 바이러스 수치가 미검출 상태가 되어 타인에게 전파할 수 없는 상태가 됩니다. 오히려 전파 가능성이 있는 것은 감염인이 아니라 자기 감염 사실을 모르는 사람이고요……" 그전에 버스에서도 쓰고 있었다. 흔들리는 버스에서 나는 왼손으로 천장 손잡이를 붙잡고 있었다. 휴대폰으로 댓글을 달 때는 쥐고 있던 손잡이를 잠깐씩 놓아야 해서 몇 번 넘어질 뻔했다. 그전에는요. 제가 페북을 보기 전에는요. 건대 피시방에 있었다. 혼자 가장자리석에서 오버워치 아케이드랑 빠른대전과 경쟁전, 이것저것 하다가 이기기도 하고 지기도 했다. 천칠백 원 주고 큰 탄산음료를 먹었다. 자정 무렵까지 거기 있었다.

그전에는 건대입구역에 있었는데 동서울터미널로 갈까, 고속터미널을 갈까, 서울역을 갈까, 대구를 갈까, 부산을 갈까, 대전을 갈까, 인천을 갈까, 수원을 갈까, 성남을 갈까, 어디로든 가야 하겠는데 어떻게 해야 할지 모르겠어서 한참을 지하철역에서 지하철 어플도 켜보고 버스 앱도 켜보며 있었다. ㅈ이 피시방에서 이제 피곤하다고 그만하자고 했을 때 어 그래 알았어, 서둘러 답한다. 나보고 파주 가는 광역버스 있는 시청으로 가느냐고 역까지 바래다주겠다고 했는데 아니라고 알아서 간다고 하고 내가 ㅈ을 집에 바래다주려고 한다. 편의점 있는 골목으로 와서 집에 물 있어? 휴지 있어? 물어보고 어 있어 이제 갈게, 할 때 나도 어 그래 잘 가, 하고 돌아서서 걷는다. 어디로 가야 하는지 나는 알지 못하는데 여기 있을 수는 없으니까 우선 걷기로 하고 걸었다. 전철역까지 어떻게 갔는지 기억 안 난다. 개찰구에서 카드를 찍고 들어갔는데 그 안에서 뭘 해야 할지 몰라 화장실에 갔다가 양치질을 했던가? 오줌을 쌌나? 손을 씻었나? 교통카드 찍고 개찰구를 나와서 어떡하지 겨우 아홉시 반인데…… 헤매다가 그래 피시방 가야지 하고 삼십 분쯤 고민하다 결론 내린 거였는데 전철역 계단을 내려오니 브이알 게임방이 보였다. 이런 데를 왔어야 했을까? 오늘 오버워치하게 될 수도 있다고 생각했었어, 하는 ㅈ의 음성이 실망은 아니었는지 귀에 울리는 듯하고 아래에서 올려다본 이층 게임장은 재밌어 보였다. 길을 건너려는 사람들이 거리에 많았고 다들 신호를 기다리고 있었다. 건대에서 조금만 더 가면 동서울터미널이고 대전 가서 휴게텔에서 하룻밤 자고 일요일엔 HIV 전시를 봐도 되는데 잠깐 고민해보다 안 그러기로 한다. 그렇게 피시방까지 걸어갔다. 그전에는 둘이 같이 있었고 나는 ㅈ의 시간을 이만 원어치 충전해주었다. 형이 충전했지? 잘 쓸게. 그전 초밥집에서는 서로 계산하겠다고 했는데 결국은 ㅈ이 계산했다. 팔만구천 원인가 나왔다. 나는 어차피 ㅈ을 몇 달 동안 못 봤고 이 돈을 내가 내야 마음이 편하다는 사실을 알고 있었다. 팔만구천 원을 내지 못했다면 이 돈을 어떻게든 쓰게 되리라는 걸 알고 있었다.

   그전에는요. 대구머리찜이에요, 아구간입니다, 서비스예요, 낙지가 나오고 참치가 나오고 광어랑 연어가 나오고 초밥이 나오고 샐러드가 나오고 새우머리튀김이 나오고 매운탕이 나왔고 연어머리구이가 나왔고 오징어숙회가 나왔고 먹을 것이 끝없이 나왔다. 형 이거 좋아한다며, 하고 화요 레몬 세트도 시켰고 얼음도 나온다. 주문판을 볼 때 원래는 특초밥 정도만 먹으면 됐는데 광어 연어 세트가 이만구천 원인 걸 봤고 참치까지 하면 사만 얼마였다. 모듬으로 먹을까? 하는데 좋다고 한다. 그래서 돈이 많이 나왔다.

어디야? 나 건대 왔는데. 밑에 노래 부르는 데 있어. 거기로 와.

해가 저물어 어두워지고 있는 광장에 갔는데 내게 정말 예쁜 사람이 서 있었다. 소중해서 걷다가도 자꾸 얼굴을 들여다봐야 했다. 손을 잡고 싶었는데 참았다. 안고 싶어도 안 그랬고 뽀뽀도 안 하고 잘 참았다.

저기는 뭐 하나봐. 길 건너 건대 쪽에 하나둘 불 켜진 노점들이 보였다. ㅈ은 플리마켓이라고 한다. 계산할 때 내가 내민 카드를 ㅈ은 빼앗고 내 팔을 눌러 계산을 못하게 한다. 나와서는, 나 힘세지? 하고 전봇대 옆에서 담배 피우는데 뭐라고 말하기 힘든 기분이 되어 이제 그만 서로 집에 가자고 해도 할말이 없겠구나 했는데 운 좋게 피시방에 한번 더 갈 수 있었다. 그 이후에 있었던 일들은 팔만구천 원을 어떻게든 써보려는 생각 때문이었던 것 같다. 그래서 속상했다. 뭔가를 하고 싶지 않다고 생각했는데 하고 있었고 기분이 좋지 않았다. 나는 뭔가 해야 한다고 생각하면 그러지 않을 방법을 찾지 못한다. 해야 한다고 느끼지 않는 게 중요했다. 밥을 안 먹고 싶었는데 밥을 나에게 먹어라 하니까 내가 먹어야 했다.

ㅈ은 말한다.

잘 지내고 있지. 회사 사람들이 나를 좋아해.

(너라면 누구라도 좋아할 수밖에 없겠죠.)

밥 먹고 얘기하는 동안 우리가 함께 있다고 사진 찍을 수도 있었는데 안 그랬다. 아홉시 반에 혼자가 되어 깨달았다. 이제 진짜 어쩔 수 있는 게 없구나! 슬프다, 아쉽다 같은 감정이 아니었다. 얼빠지는 이상한 충격에 볼을 한 대 얻어맞은 듯해서 어떻게 행동해야 하는지 판단하지 못했다. 나에게 아무 힘이 없으면 좋을 텐데 할 수 있는 일이 있어서 괴로웠다. 2018. 09.

예술가

　금요일은 추석 연휴라서 업무 끝난 사람은 일찍 퇴근하라고 했는데 그전 새벽에는 메일이 도착했다. 팀장님 백오십만 원은 입금되었어요. 나머지도 말일까지 꼭 부탁드립니다. 토요일 오후에는 전철 타고 청담에 일곱시까지 가야 했는데 세 시간 정도 시간이 남아 사우나 가야지 했다. 가본 곳은 가고 싶지 않아서 B에 가려고 했다. 나는 그게 고속터미널에 있는 줄 알았다. 파주에서 합정으로 가 9호선을 갈아타고 고속터미널에 도착했는데 뒤늦게 B을 검색하니 나오지 않았다. 고속터미널이 아니었나? 찾아보니 신사역이라고 했다. 신사역으로 가야 하나? 하다가 여기 터미널 지하에도 사우나 있는데 거기 갈까 싶었다. 그래도 B에 가봐야지 해서 신사역으로 간다. 사우나를 못 찾고 헤맸다. 1번 출구로 나오면 있다는데 안 보이고 휴대폰으로 찾아보니 증권빌딩 지하라고 한다. 지하 계단 위에 사우나 문구가 보였지만 네온사인은 망가진 지 오래였다. 발길이 끊긴 상가 같았고 철문으로 입구가 닫혀 있었다. 검색해보니 문 닫은 지 이삼 년이 되었다고 했다. 안 가본 곳을 가려고 하니 이렇게 되는구나. 어찌되었건 씻고 가야지 싶어 고터라도 가자, 고터는 7호선이니까 들렀다 청담 가면 된다, 해서 돌아갔다. 개찰구를 나갔는데 아무리 헤매도 전에 본 사우나가 없다. 터미널 지하에 있었는데. 검색해보니 여기도 폐업한 모양이었다. 화가 났다. 이럴 거였으면 카페 들어가 음료 마시면서 휴대폰 게임했으면 됐을 텐데. 기운이 없어 청담에는 갈 수 없다고 생각하면서 대화행이 출발하는 3호선 플랫폼 의자에 앉아 있었다. 더는 못한다. 이게 정상은 아니다. 지하철로 오가는 데 두 시간을 넘게 썼다. 판단력이 마비된 거 같았다. 가지 말아야지. 해야 한다고 생각했던 걸 안 하기로 결심하니까 기분이 나아졌다. 그러고는 안국에 내려 사우나에 갔다. 씻고 자야지. 갈 곳도 없고 어차피 오늘은 밖에서 자려고 나왔으니까. 가방에 옷도 있었고 여분의 양말도 있었다. 중간에는 톡이 왔다. ㅎㅎ 넹/넹……/어떡해요……로 간단히 대꾸했다. 난 정말 어떻게 살아야 하는가? 1. 거짓말하지 않을 수 있는가 2. 어떻게 살아 있는 상태를 유지하기로 선택하는가? 사우나 일층 침대방에 누워 있으면 직원이 청소를 한다. 실내등을 켜고 바닥에 널브러진 수건을, 몸 닦은 수건, 땀 닦은 수건, 정액 닦았고 항문 닦았을 수건 그런 것들을 모아가지고 짜증을 내면서 이렇게 냄새가 나는데 바닥이라도 닦아야지 이런 데 누워 있으면 좋으냐고 그런다. 나는 못 들은 척 가만히 눈감고 있다가 바깥으로 나갔다. 이층 수면실에 올라갔더니 멀찍이 엎드려 있던 마른 호모 한 명이 다가와 내게 팔을 올려 허벅지를 만지고 고추를 만지고 가슴을 만지고 그러다가 고추를 빨기 시작했다. 나중에는 자기 몸을 옆으로 돌려 엉덩이를 내밀었다. 그의 항문에 침을 바르고 고추를 넣은 뒤 안에 쌌다. 그가 자위해서 사정할 수 있도록 도와주었다. 싸고 그는 엉거주춤 일어나 정액이 튄 배랑 엉덩이를 수건으로 닦고 내려갔다.

나중에 사우나 밖으로 나왔는데 들어오기 전에도 그랬지만 밖에는 사람이 엄청 많았다.

혼자 있는 사람은 예술가뿐이었다. 그림을 그려 오천 원에 파는 나이든 외국 남자가 있었다. 아름다웠다. 나는 혼자일 때 고추 빨고 항문섹스 하러 가는데 저렇게 혼자인 시간을 그림 그리면서 보낼 수 있다니 대단하다고 생각했다.

긴 여행을 마치고 그후에도 있었을 여러 선택과 어쩌구들을 하면서 파주로 밤 열시 반쯤에 돌아오는데 아파트 단지 입구 빨래방을 보았다. 빨래가 돌아가는 건조기 앞에 한 남자가 서서 그 통이 회전하는 모습을 바라보고 있었다.

그렇게 살아야지, 했다.

건조 시간이 한참 남았어도 회전하는 빨래들을 바라보고 선 남자처럼. 2018. 09.

지불일

 어떻게 살아야 하는지 모르니까 할 수 있는 걸 오늘 하면서 산다. 이를테면 고추 오십 개 빨기. 정액 받아먹기. 노콘으로 항문섹스하기. 하고 싶지 않은데 할 수 있어서 해야 한다고 느낀다. 아무도 나처럼 이렇게는 하지 않을 테니까 이렇게 내가 할 수 있다면 그렇게 해야 하는 거 아닐까? 내 감정은 없는 것처럼 나는 판단하지 않는 것처럼 두려움이 없는 것처럼.

 나는 안 건강한데 달리 방법이 없으니 안 건강하다는 사실을 최선을 다해 잊어버리거나 아파가지고 팔짝 뛰고 하는 수밖에 없다. 할 수 있을 때 안 하기가 정말 어렵다. 쓰레기를 버려도 되고 욕해도 되고 죽여도 되고 때려도 될 때 안 그러기가 안 쉽다.

 열한시쯤 마트 가서 먹고 싶었던 과일을 사왔다. 포도는 할인중이었는데 통을 들어 바닥을 확인하니 곰팡이가 피어 있어 안 샀다. 집에 와서는 세탁기 돌리고 지저분한 책상을 정리했다. 며칠째 펼쳐두었던 이불을 개서 책상에 올려두고 볼끼 화장실 모래 정리하고 현관과 방바닥 쓸었다. 음식물쓰레기랑 곳곳에 흩어진 일반쓰레기 모아 묶어서 버리고 쌓아두었던 설거지 하고 개수대 거름망을 꺼내 칫솔로 닦고 배수구 플라스틱 날개도 닦았다. 화장실 세면대도 수세미로 닦고 변기도 칫솔이랑 솔, 천수세미로 깨끗하게 만들었다. 오늘은 너무나 무서운 날이어서 아침부터 용기 잃고 있었는데 개수대 플라스틱 날개에 낀 음식 찌꺼기들을 칫솔로 닦으면서 편안해졌다. 마음이 어지럽고 정리가 안 될 때는 간단한 일조차 할 수 없기도 하지만 그 와중에도 가끔 의욕이 생긴다. 생각하기 나름인 일들의 연속이고 감사하는 법을 잊고 지낸다. 스트레스와 별개로 감사할 수 있다. 나를 사랑하고 삶을 긍정하더라도 판단할 때 실수할 수 있다고 생각하는 것처럼. 바라지 않음이 그런 일이 일어나지 않는다, 그런 일이 일어나는 상황에 놓이게 된다와 동의어가 아님을 알고 있더라도. 몰랐다면 그러지 못했을 텐데 내가 어떤 행동을 할 수 있는지 알고 있어서 그 일들을 해야만 했다. 2018. 09.

궤도 위에서

언젠가는 폭식하지 않아도 될 만큼 건강해지겠죠. 지금은 방법이 없다고 느끼지만요. 다른 행동을 안 하려면 이걸 택해야 한다고 느끼는 상황을 어떻게 수정할까? 도와주는 사람 없이 스스로 통제하려는 노력은 그 시도만으로도 나를 곤경에 빠뜨린다. 그간의 경험으로 나는 뭘 해야 한다(하고 싶다가 아니라) 느낀다면 그걸 하지 않을 방법이 혼자서는 없고 (나에게 폭력적이지 않은 방식으로) 혼자가 아닐 방법이 없어서 결국 해야 한다고 느끼는 일들을 하게 된다. 이것을 혼자 막아보려고 하거나 스스로 속이려 하면(한 시간만 참으면 괜찮아질 거야) 반드시 보복당했다. 뭘 해야 한다고 느끼면 해야 한다. 그후에도 진정 안 되면 빨리 뭘 먹어서 몸을 마비시킬 필요가 있다. 외로움보다는 폭식 후 겪는 불쾌감과 깨달음(나는 폭식했구나!)이 좀더 견딜 만해서?

주의한다. 충동을 느끼면 겪어버리려고. 이것이 해소되지 않거나 원한처럼 남아 있다 폭발해서 돌이킬 수 없는 일들, 후회하는 일들, 혼자서는 해결할 수 없다는 걸 일부러 잊고 나를 사람들로부터 더 고립시키려는 시도들(사람을 만나지 않기, 회사를 그만두기, 모임을 그만 나가기)로 이어지지 않게 주의한다. 그렇게 되면 정말 그 상황에서 기어나오는 것은 운이고 힘이 든다. 한 번은 성공했더라도 두 번 바랄 순 없다.

  나를 파주로 가는 마지막 버스에 승차시켰다는 사실에 안심한다. 이 버스에 탄 채 한 시간 정도를 보내면 파주 집에 도착한다. 그걸 생각하면 오늘 내가 어떤 일을 겪었고 어떤 행동을 했건 다 괜찮고 이 정도면 살 만하다고 느껴지기까지 한다. 선을 정해두면 된다. 그 선은 타인이 아니라 내가 경험으로 정한다. 나는 이 선을 넘지 못해서 죽을 수도 있다. 안 넘는 걸 더 위험하다 느끼니까. 남들이 보기에 내가 위험하다고 생각되어도 사실이 아니다. 어떤 선택을 하든 그것은 당시 내가 할 수 있는 최선의 결정이었다. 주어진 조건 안에서요. 그 조건을 누가 바꿔줄 수 있는 게 아니었으니까. 아무도 그 조건을 만지거나 궤도를 이렇게, 길을 바꿔 여기로 가봅시다 할 수 없었고 그것이 각자의 삶이었으니까요. 2018. 09.

당신은 오늘 행운이 가득하네요

　9월에서 10월 넘어가는 날만 간절히 기다렸다. 무료 월간종합운세를 보려고. 10월이 되어야만 그다음 달인 11월 운세가 보여서.
　운세 풀이에 좋은 일이 생긴다, 이렇게 나오면 그것이 행복하게 살았답니다가 아니라는 사실을 안다. 좋은 일이 있으면 안 좋은 일이 있고 유리한 상황이 계속될 수도 없다. 재물이 들어온다는 얘기를 들으면 그전에는 로또가 된다거나 연봉이 오른다거나 가욋돈이 생기는 기대를 했는데 요즘엔 비용이 발생하지 않는 것도 재물운 아닐까 생각한다. 합의금이든지 병원비든지 일을 못해서 월급을 못 받는다든지. 어떤 돈이 나갈 거였는데 그런 일이 일어나지 않는 것도 재물운 같다.
　당신은 오늘 행운이 가득하네요 한 날, 아무 좋은 일이 생기지 않았지만 원래는 평소 좋아하던 버스 앞좌석에 앉았다가 교통사고로 유리창이 깨지며 얼굴을 다쳤을지도 모른다. 그런 일이 일어나지 않았다, 모든 행운이 최대로 발휘되어서. 하지만 기대했던 좋은 일이 없었으니까 오늘은 행운이 가득하다더니 별로네 할 수도 있는 것이다.
　좋은 일이 있었고 어떠한 나쁜 일이 올 것이다, 상황이 안 좋았으면 좋아질 것이다, 생각하면서도 당장 그 실마리가 되어

줄 문장을, 전혀 생각 못했던 깨달음을 줄 한 문장을 찾아 헤맨 것이다. 이것을 어떻게 해석해야 할지 찾아내려고.

　할 만큼 했어요라고도 썼다가 그래, 역시 자기 앞가림이 우선이지. 앞가림을 해야 그다음도 있지, 생각한다.

　아침에는 사직서를 출력해서 지니고 있었다. 할 만큼 했다. 겁나는 것도 염려되는 것도 없다. 나는 내가 어떤 사람인지 알고 있다. 생각을 더 해보라길래 많이 했어요, 했다. 일주일만 더 생각하라 해서 알겠다고 한 뒤 올라와 책을 포장했다. 집에 보내려고. 서랍에 잡동사니가 있었다. 정리를 안 해서 엉망이었다. 쓰잘데없는 것들인데 보물인 양 지니고 있었던 것들. 내가 뭘 할 수 있는지는 모르겠는데 뭔가를 할 수 있다는 사실은 안다. 남들한테 기대하는 건 없다. 이렇게 될 거야, 하고 내게 소망하는 것도 없다. 나만 내가 어떻게 될지 알고 있다. 이럴 거예요, 저럴 거예요, 해도 흐르는 시간과의 싸움이다. 혼자의 운명만 있는 게 아니고 관계가 있고 사람들이 있다. 내 운명만 있는 게 아니고 남들의 운명과 의지도 있다. 정해지지 않은 것은 생각하지 않아도 되니까 편하다. 이렇게 할 거다, 정해버리면 힘들고 그렇게 하려 애쓰게 된다. 억지힘을 쓰게 된다. 억지힘은 안 써도 된다. 하고 싶지 않으면 안 해도 된다. 2018. 10.

예고편을 보듯이

 명심해야 된다. 다들 노력하고 있다. 화가 난다. 남의 떡은 커 보인다. 내 손에 쥔 것은 보잘것없어 보인다. 남의 떡이 클 수도 있다. 그래도 신우회 예배는 드리고 가세요. 그동안 잘해주셔서, 그런데 힘이 들어가지고. 그것을 쥐어보면 떡이 문제가 아님을 알게 된다. 떡이 문제가 아님을 알고 있다. 기도해보세요. 기도는 질문이에요. 하나님이라면 어떻게 하실 거예요, 물어보는 거예요. 소리 내서 해보세요. 소리 내서 물어보세요. 어떻게 살아야 하지? 그럼 뭘 걱정하시는 거예요? 소중이와 아무리 행복하게 헤어진 것처럼 보여도 헤어진 것은 헤어진 것이겠죠. 우리는 마치 친구처럼도 되고 앞으로도 보려면 볼 수 있지만 헤어진 것은 헤어진 것이죠. 팀장님 잠깐 얘기 좀 해요. 도망가고 싶죠? 그치? 책임이 있으니까요. 책임지는 자리에 있으니까요. 이제 어떡해요? 회사는 더 힘들어지겠네요. 앞가림이 중요하죠. 자기 앞가림이 우선이죠. 제 그릇은 작아가지고요. 나는 나라는 사람을 어떻게 생각해야 할까요? 내가 내가 아니라면 나를 무엇으로 생각해도 그게 무엇이 아닐 텐데. 살아 있으면 무엇하지. 살아서 뭐하지? 뭐가 변화한다. 그걸 본다. 보잘것없음을 견디면서. 갈등이 있다. 그 갈등을 설명할 필요는 없다. 무엇이 더 이득일지 생각하고 정할 뿐이다. 생각과 다를 수 있고 그랬으면 하는 일이 일어나지 않을 수 있나. 여기로 가기 싫은데 가야 할 수도 있다. 오랜만에 왔네? 아뇨, 자주 와요. 그래? 내가 못 봤나보다. 남 인생이 더 좋아 보이나? 각자 숙제를 안고 산다. 나름 잘 풀어내고 있다. 행복하기도 하다. 너는 식이 되네. 어쩌려는 것은 아니지만요. 예스야, 노야? 벙어리인가? 왜 대답을 안 해. 공원의 정장 입은 할아버지가 그렇게 내 고추를 옷 위로 쥐어보고, 커피 마실까? 밥 먹었어? 모텔 갈까? 그러는데 나는 아무것도 못 정해서 답을 못 한다. 추석 연휴 화요일인가 수요일 아침에는 휴게텔 사장님이 황도를 먹으라고 복숭아를 까놨다고 한다. 괜찮아요, 했는데 먹으라 그랬다. 어디를 가야 하지? 이번주는 아들이랑 사촌와 있어. 다음주에 와. 그렇죠. 시련을 겪으셔야겠죠. 작은 원형 테이블에 복숭아가 있다. 노란색이고 껍질째 조각 내두었다. 엄마가 컵을 만들고 있어. 세상에 하나밖에 없는 컵이야. 아들 주려고 그림을 오리고 있어. 이 기획안을 누가 쓰실 거예요. 1안이 있고 2안이 있어요. 그때 울고 있었다. 그후에도. 병원에 갔어요. 약도 탔고요. 꼬박꼬박 먹고 있어요. 김완선 좋아해요. 예지원도. 장선우 감독이 〈귀여워〉를 만들었는데 거기서 예지원이 김석훈이 모는 오토바이 뒤에 타서 지금 철거된 청계고가를 달리거든요. 뒷좌석에서 몸을 뒤로 젖히면서 환하게 웃는 장면이 있는데요. 어떻게 살아야 하지? 정말 이것은 시간여행이었습니다. 그러면 형이 거실 쪽 소파에 드러눕는다. 저 형을 좋아하는데 아무 말도 못 붙여본다. 다들 잘사는 거 같네. 위축되게. 영화 예고편 보듯이, 사람이 헤매는 걸 꼼짝없이 봐야 하듯이. 왜 그걸 여태 안 넣어줬어, 오늘 월급 바로 넣으라 그렇게. 다른 데 나갈 돈이었는데 여기 먼저 챙겨왔어. 감사합니다. 어떻게 살아야 해 정말. 어떤 방법을 써야 살아 있을 수 있는 거야, 제발. 왜 이리 무서운 게 없을까. 왜 이렇게 겁이 없을까. 내가 겁이 없다는 사실이 무섭다. 겁이 없어가지고 나를 죽게 할까봐. 그래서 어디로 가실 건데요. 좋죠. 전화 주세요. 선생님. 수정할게요. 그렇게 할게요. 아니에요. 저는 달라요. 다른 사람이잖아요. 어떤 것이든지 앞이 보이지 않으면 보려고 할 필요가 없겠죠. 한 달을 생각하면 좋다 나쁘다가 있는데 이 나빴던 일도 좀 길게 보면요. 인생을 이렇게 길게 보면은 좋은 일 나쁜 일은 없는 거 같아요. 지금 말고 나중에는 아쉬워지겠지. 여기까지였는데 왜 그렇게 조바심냈을까 하고. 2018. 10.

한 달이면

퇴근하면서 ㅎ에게 연락했는데 답장이 없었다. ㅎ에게 연락하려고 할 때 누가 생각나기도 했다. 먹고 싶지는 않지만 습관처럼 뭘 사거나 냉장고에 채워넣어야 한다고 느낄 때처럼. 일산에 가려다가 안 갔다. 화요일에 해야 하는 일들로 머리가 꽉 차 있었다. 화요일이 휴일이어서 주말에 아무것도 안 할 수 있었다. 화요일을 믿었다. 집에 가면 청소해야지 생각하면서 아웃렛에 갔다. 어디 가야 할지 모르는 채로. 새로운 돈가츠 집에 들어갔는데 낯익은 얼굴이 둘 있었다. 떨어져 앉았는데 알아보고 부른다. 이리로 와, 같이 먹어. 자리를 옮기고 가방을 의자 등받이에 걸친다. 우리는 샌드위치 휴일이잖아. 이거 먹어. 요리도 나올 거야. 등단은 포기했어? 뭐 쓰는데? 소설? 아뇨. 기고요. 에이즈 얘기요. 실명으로 썼어? 활동가야 그럼? 미안. 내가 너무 물어본다. 먹어. 그래. 성원씨 내려와. 어쩌구저쩌구. 여기는 2016년에 계약했는데요. 그래, 내가 사장님께 전화드릴게. 이 건은 연락드려서 직접 얘기할게. 그래도 자기는 다 챙겨주고 있네. 내가 더 심각해요. 그래서? 결정했어요? 네. 이달 말까지. 12월까진 지불이 힘들어. 이번은 힘들 거 같아. 내가 전화를 할게. 번호 불러줘. 하고 싶고 진짜 하고 싶다. 너무나 해야지. 정말 해야지. 완전히 하는 사람이 되어야지. 나는 내 맘대로 사는 사람을 해야지. 내 맘대로 할 때도 내 맘대로 한다고 한번 더 다짐해야지. 블로그를 읽고 있었다. 단편 리뷰, 장편 리뷰, 한국소설, 미국소설, 프랑스소설. 성실하구나. 열심히 읽는 사람의 블로그를 보면서. 공모전 일정을 본다. 무슨 이야기를 해야 할까. 11월, 12월 초까지 한 달하고 보름 동안. 훌륭하죠? 저도 연말에 보고 와 훌륭하네, 했다니까요. 어떻게 살아야 하지? 어려운 일은 없다. 전부 감당할 만하다. 감당 안 해야지, 정했을 뿐이다. 새로운 일이 일어난다. 새로운 사람을 만나고 새로운 장소에 가고. 요즘은 하루하루 행복하다. 끝이 있다는 생각만으로도. 똘똘한 막내는 잘 지내? 네. 요즘 많이 혼나고 있어요. 누가? 아, 자기가? 네. 2018. 10.

안 불편한 이야기

 아침 여덟시쯤 눈이 부셔서 깼다. 베란다에서 들이친 햇빛이 얼굴에 내리꽂혔는데 움직이고 싶지 않았다. 눈을 찡그려 감아보고 팔을 들어 가리고 이불을 뒤집어썼다가 답답해서 젖혔다. 목과 어깨를 틀어 빛을 피해 잠들었다가 열두시쯤 일어났다. 외출했다. 도착해서 씻는데 누가 쳐다본다. 거울 앞에서 면봉으로 귀 후비는데 한 노인이 옆으로 다가와 고추를 만졌다. 이 사람은 엉덩이가 찹쌀떡같이 탱탱하고 하얬다. 수면실에 들어가 누우니까 한 명은 열심히 내 고추를 빨고 다른 사람은 내 가슴을 빨았다. 그러다 키스를 하길래 숙제하듯이 했다. 사람들이 늘어나 이 사람이랑도 하고 저 사람이랑도 했다. 저 사람 혀를 빨다가 이 사람 고추를 빨고 이 고추를 저 사람도 빨고 그가 내 고추를 빨다가 다른 사람이 내 고추를 빨았다. 그러다가 전에도 본 적 있는 '마사지' 해준다는 어떤 아저씨가 성질내듯이 다른 사람들을 손으로 후려치면서 내쫓고 나를 몸으로 깔아뭉갰다. 가만히 있었다. 저항하면 좋아하는 거 같아서. 하지 말라고 손이랑 다리로 아주 저항하는 것은 아니었지만 꽤 힘주어 밀어냈는데 그보다 세게, 여차하면 한 대 치겠네? 싶은 힘으로 나를 꽉 눌러 움직이지 못하게 했다. 그는 나중에 내게 싸고는 수건으로 항문에 묻은 정액을 닦아주었다. 나는 자리에 가만히 엎드려 있었다. 옆에서 차례를 기다리던 사람이 내 몸에 올라타 움직였다. 얼마 되지 않아서 그 사람도 싸고 갔다. 나는 졸려서 그대로 잠이 들었는데 또 누가 만져서 했다. 태닝한 몸이 예뻤다. 얼굴을 마주보면 나를 관찰하듯 빤히 쳐다봤다. 눈뜬 채로 키스하려니 내가 넋 나간 사람처럼 느껴져 눈을 감았다. 옆에서는 한 아저씨가 벽에 등을 기대고 앉아 있었고 그 앞에 누가 엎드려 고추를 빨고 있었다. 그도 엉덩이가 탱탱하고 허벅지가 두툼했다. 저렇게 빨고 있을 때 박고 싶었는데 나랑 뽀뽀하던 사람이 고추를 잘 빨아주었다. 나중에 엎드려 빨던 고추맨이 일어났는데 온몸이 근육질이었고 보기 좋았다. 나는 그런 몸을 목격당한 것만으로 위축되었다. 어제 그가 '사람들이 안 불편한 이야기가 늘어나면 좋지' 하는 말에 그런 걸 쓰고 싶다고 잠시나마 생각했던 게 부끄러웠다. 나쁜 생각이 아니다. 더 많은 사람이 읽는다면 좋겠죠. 훨씬 어려운 일이니까. 하지만 나는 나를 위해서만 쓴다. 누구에게 이걸 봐! 하는 게 아니고 내게 보여주는 것이 첫째 목적이다. 그것을 잊으면 안 된다. 다른 사람들을 위한 글은 이미 많다. 그들은 그걸 보면 된다. 나는 나를 위하여 써야 한다. 인생 어떻게 살아야 하지? 고추 빨고 정액 먹고 싶은 마음과 여러 남자와 노콘으로 항문섹스하고 싶은 마음만큼은 포기할 수 없는 걸까요? 그렇다면 그렇게 살아야겠죠. 그것이 저에겐 행복이니까요. 2018. 10.

길어깨 없음

사람이 살려고 했어도 죽게 되는 거 보면 눈물이 나네. 혼자 있는 시간을 보내는 법을 알아내야 할 텐데. 사람들이 나를 함부로 하고 싶어할 때 그것을 거절하거나 그렇게 하지 않을 명분이 자신을 염려해서만으로는 충분하지 않은 사람.

책 만드는 일을 계속해야 할까 회의가 들 때는 이런 것을? 하는 판단이 앞설 때다. 작은 것은 작고 큰 것이 크다고 말하고 싶을 때 작은 것이 크고 큰 것이 작다고 말해야 해서. 그것은 취향이고 주관적인 느낌에 지나지 않는다고 할 수 있지만 나는 내 감정에 책임이 있다. 이 주제보다는 저 주제가 더 풍부하고 그려야 하는 이야기가 있다고 느낀다.

눈을 감고 있어야 하면 굳이 뜨진 않는다. 모르면 모르는 채로 있어야지 굳이 이럴까 저럴까 해봤자다. 한 치 앞을 보면 뭘해. 그다음에 무슨 일이 닥칠지 모르는데.

누구를 고려해서 결정한다는 건 거짓말인데 그러려는 척 해봤자 꼴 우스울 뿐이다. 부담되는 결정을 한다는 이유로 남탓하지 말고 솔직해지자. 이득이라고 판단해 회사를 그만두는 거지, 다른 염려로 못 그만두겠다는 듯 구는 일도 웃기다. 모든 것이 적당한 때에 가라앉고 있다.

어떻게 해야 될지 모를수록 입장을 확실히 해야 상대도 결정할 수 있다. 변명이 아니라 상황을 설명하고 이야기한다는 사실을 이해하면 된다.

좌우명: 나까지 그럴 필요는 없다!

요즘은 꿈을 꾼다. 안 꾸는 날 없이 월요일부터 목요일까지. 꿈속에서 나는 무언가에 쫓기거나 걱정하거나 염려당하고 있었다.

무엇에서 삶의 동력 찾아야 할지 모르겠다. 저번에는 어떻게 이거 계속하셨어요? 물어보고 싶었는데 답은 그럼 죽을까? 여서 속으로 삼켰다. 2018. 10.

서울역은 보인다

끝나고 나오니 저녁이었다. 나는 어떻게 살아야 하는지 모르는데(제발 내가 어떻게 살아야 하는지 모른다는 사실에 대해 절대로 누구도 입이 있어도 할말이 없다) 저녁이 되었구나 싶어서. 점심에 회사를 나오며 망설였다. 토론회에 가지 말까. 점심이니까 사우나 갈까? 사우나 가는 것은 좋은 방법이었다. 그런데 카톡으로 갈 거라고 발표 듣겠다고 말해놔서 신경쓰였다. 서울역으로 걸어갈 때 가야 할 서울역은 보이지 않아도 도착해야 할 서울역은 보이는 것처럼(도착하는 것과는 별개로). 어째야 할지 모르는 채 지하철을 탔고 신도림 방향과 시청 방향 중 나는 을지로로 간다. 생각보다 빨리 도착해서 다행이었다. 가는 길이 멀다면 혹은 내릴 곳을 놓쳤다면 다른 선택을 했을 수도 있으니까.

탈시설 운동을 잘 몰랐는데 오늘 들은 발표와 토론들은 훨씬 다양한 질문을 담고 있었다. 시설화와 탈시설화, 이것은 물리적인 시설만을 말하는 것이 아니다. 어떤 사람이 그의 존엄과 주체성을 삭제하는 조건하에 놓이게 되는 것, 시설이 존재한다는 사실과 그곳에 들어가야 한다고 분류되는 어떤 이의 속성은 시설 바깥에 있는 동일한 조건의 사람에게도 영향을 준다.

'주거권은 자신의 사적 공간을 단순히 소유하는 것을 넘어 자기 공간에 타인을 초대할 수 있는 관계성을 의미한다. 내 공간에 남을 초대할 수 있는가? 고시원에 산다면 그것이 가능한가? 섹스가 가능할까?'

'시설을 벗어나야 한다는 고민에는 갈 곳이 없는 에이즈 환자도 있다. 어디로 갈 것이냐. 일단 들어가면 나올 수 없는 삶이 있다면 그것이 옳은가?'

'자기 욕구를 표현하기 어려운 사람의 경우는 어떤가. 그의 욕구를 어떻게 들어야 하나? 자신의 욕구와 다르게 가족을 생각해서, 처지와 상황을 고려해 여기 있는 것이 좋아요 말해야 하는 사람은?'

'누가 시민을 규정하고 가족을 구성할 권리를 주는가. 성소수자 혹은 장애인에게는 가족을 구성할 권리가 없다고 말하면서 이성애자들에게는 결혼하라고 아이를 낳으라고 권하는 정부.'

'이 공간에 입장해도 되는 사람과 안 되는 사람을 규정하는 시민권이 확장되는 과정.'

'관계가 평등하려면 언제든지 그 관계를 떠날 수 있어야 한다. 의존하고 있어야 하고 떠날 수 없다면 그 관계는 당연히 평등하지 않다.'

'깃발이 펄럭일 때 그 아래 모이는 사람은 누구일까. 특정한 정체성이나 특징을 발견하는 게 아니라 그가 처한 조건을 발견하는 거, 비슷한 문제를 가지고 있는, 상황에 처한 집단을 발

견하는 것. 보이지 않는 사람들을 찾아내고 가시화하고 의제화하는 것.'

나는 누구이고 무엇일까?

성원씨는 이제 뭐하세요? 질문은 받는데 안 정해져서 좋지요, 하면서도 정해졌으면 좋겠다고 생각한다. 나는 내가 누구라고 생각하지? 어떤 사람이 될지, 어떤 역할을 할지, 의 문제일 뿐이다. 불안함은 잊어버리려고 노력했다. 감정은 사실이 아니고 사실이라 한들 손쓸 수 없어서.

법에는 이미 있어요. 에이즈예방법에 노동권이 보장되어 있고 차별하면 안 된다, 검진 결과를 발설하면 안 된다, 해고하면 안 된다, 다 있는데 이게 현장에서 무용하고 차별을 구제하는 데 도움을 줄 수 없는 거잖아요. 법에 명시된 권리를 현장에서 보장받지 못하며 대응조차 할 수 없이 혼자 감내하는 쪽을 택해야 한다면 이 상황을 개선하는 데 무엇이 필요하며 어떤 일을 해야 할까? 나는 누구이며 무엇을 해야 할까? 누구도 나에게 시키거나 해달라고 한 적이 없었는데 나는 무엇을 하고 있나?

그날은 서울역까지 걸어가려 했다. 형은 열한시쯤 도착한다고 했고 걷는 동안 무언가 말하고 싶었다. 사람들에게 실수한 것 같고 잘못 말한 듯한 초조함 속에서 뒤풀이를 가지 않을까, 잠깐이라도 어울리는 기분을 느끼면 좋겠다고 생각하면서 건물 앞에 서 있었다. 나는 여기를 알고 있다. 이곳 지리를 잘 알고 있었다. 어디에 가면 아저씨들이 있고 어디에 가면 누가 나의 고추를 빨아주려고 기다리는지 누가 남자의 몸을 만지고 싶어하는 남자들인지 알고 있었다.

'우리가 신체적 장애만을 장애로 생각할 수도 있는데 이러한 경험을 공유하는 사람들을 발견할 수 있지 않겠느냐.'

'고민을 좁게 가져가고 싶었다. 대책이 없이 오 년을. 힘들었기 때문에 타협하고 싶었던 마음이 들었는데 오늘 발표를 들어 다행이었다. 들어가면 나올 수 없는 사람이 되는 의미가 무엇인지 다시 생각했다.'

나는 무엇을 위해 살아가나? 어떻게 살아야 하는지 모르는데 저녁이 되었듯이 뭘 해야 하는지 모르는 채로 살아가게 될 것이며 그것은 앞으로 어떤 글을 쓰게 될지 뭘 하게 될지 모른다는 뜻이었다. 많은 걸 배웠다는 말은 아직도 너무나 얇은 막 같은 벽을 마주하고 있으며 이 벽을 더 탄탄하게 만드는 데 시간과 노력이 필요하다는 고백이다. 나는 이 얇은 막을 긁거나 두들길 순 있는데 이게 예술이 되거나 가치 있는 뭔가가 될까?

운세를 풀어주는 이가 이런 말을 한다. '삼사십대에 큰 성공을 한 번쯤 하기는 합니다.' 나는 저 '하기는 합니다'가 마음에 들었다. 성공이라면 무엇이고 실패라면 무엇이랴. 무엇이 성공이고 실패일까? 선생 말대로 저마다 할일을 했고 제 몫을 했다. 누구는 죽어서, 어떤 나라는 망해서 실패한 것이 아니고 그게 그들의 몫이었다.

나의 몫은 뭘까? 내 그릇은 무어여서 그걸 알려고 이렇게 휘젓고 있을까?

월요일엔 기도도 한다. 목사님이 그만두고 어디로 가는지 자리는 정했는지 물어본다. 그러고는 성경을 읽는다. 요한복음 차례인데 잠언을 읽는다. "사람이 마음으로 자기의 길을 계획할지라도 그 걸음을 인도하는 자는 여호와시니라."

어디에 물어봐야 하는가요. 누구라도. 그가 누구여도. 어디에 물어봐야 하는지.

퀴어축제가 열리는 광주에서는 저녁 무대를 준비하는 동안 자유 발언 할 사람 나오라 해서 차례 기다리며 서 있는데 사람이 많다. 다들 하고 싶은 말도 많고 앞에 나가고 싶어한다. 여기까지만 할게요. 시간이 없어요. 다섯시 십분에는 끝내야 해요. 여기까지만 듣겠습니다, 하는데 나는 이 말을 해야지, 준비하고 있었다. 이런 말을 하면 사람들이 감동하거나 호응하거나 이름을 기억해주거나 얼굴을 알아주겠지. 여유 없이 쫓기는 상황에 스스로 그런 욕심을 가지고 있다고 생각하니까 갑자기 아무 말도 할 필요가 없어졌다.

이럴 수도 있고 저럴 수도 있을 때 힘이 든다. 왜 어떤 사람들은 이런 감정이나 충동을 느끼지 않아도 되는데 누군가는 그러한 감정이나 충동에 시달려야 할까. 나는 어떤 사람이 되는가요. 처지를 호소하지 않고 상황을 설명하지 않으려는 자존심 속에서 어떤 패를 까야 원하는 결과를 얻을까? 원하는 것을 먼저 이야기해야 할까? 나의 소망은 이것입니다, 바람은 이것이에요, 해야 할까.

어떻게 이거 계속 하셨느냐고요. 다른 일도 하신 거죠? 아니면 하다보니까? 그만둘 수 없어져서?

이런 일도 저런 일도 겪어야 한다. 그러지 않을 방법은 없다.

유튜브로 제임스 카메론이 마리아나 해구 밑바닥을 탐사하려고 일인용 잠수정을 만들었던 이야기를 본다. 아주 조그만 공 형태로 만든 잠수정에 혼자 들어가 몸을 웅크리고 열몇 시간을 있어야 한다고 했다. 원형이어야 압력을 견딜 수 있다고. 그 잠수정은 강철로 만든 공기 방울이라고 했다. 그렇게 몸을 좁은 데 넣어가지고 바다 밑바닥으로 내려갔다고 했다. 그랬구나. 2018. 10.

4부

오뚜기공장에서의 행복

 인생 어떻게 살아야 하지? 알고 있는 것을 실천하면서 그에 도달하지 못하리라는 사실을 견디면서. 사랑받지 못할 이유를 발견하기는 쉬운 일이겠죠. 오늘은 칠오 토끼띠 남자와 동성애했다. 고추가 단단하고 크고 위로 휘어 있었다. 탄탄한 배에 가슴근육이 멋졌다. 내 목구멍 깊숙이 쑤셔넣으면서 참으라고 잘한다고 이쁘다고 나를 달랬다. 깊게 삼키다가 눈물을 찔끔 흘리면 다정하게 안아주었다. 그는 턱이 매우 잘생긴 중년이었는데 ㅅ을 닮은 남자는 이 잘생긴 고추 미남을 형이라고 부르면서 셋이 하자고 했다. 중년남 자지는 위로 잘 휘어 목구멍 깊이 들어와도 안 아프고 딱 맞았는데 그 속에서 내 목을 잡고 마구 휘저어서 목안이 아팠지만 좋았다. 아파한다면 다정한 말과 애무로 달래줄 거라는 믿음이 있어서 흥분한 채였다.

 무서운 이야기: 옛날에 어떤 사람은 자신이 원하는 걸 다 할 수 있었다. 그래서 그 사람은 원하는 대로 했다. 그는 자신이 뭘 원하면 그걸 자기가 한다는 사실이 무서웠다.

 삶은 계란 세 개 천 원. 이런 문구 읽으면 차분해진다. 정액을 입에 받더라도 삼킬 필요까진 없는 것처럼. 어떤 사람은 할 생각을 안 하거나 안 하기로 선택할 일들을 나는 하기로 선택할 수 있구나. 일어나는 일들을 거부하지 않고 받아들이고 겪어야 할까? 그것을 통과하는 일이 선택처럼 보일 때에도? 무슨 일을 하기로 결심해야 하고 어떤 일을 해서 먹고살아야 할까? 자기를 사랑하기 위하여 문장을 공들여 쓰지 말자. 자기를 '정확히' 사랑받기 위하여 어떤 단어들을 선택되지 말자.

  인생을 어떻게 살아야 할지는 누구도 모르는데 왜 누군가는 알고 있는 것처럼 느껴질까. 아는 사람은 아무도 없는데. 인생 어떻게 살아야 하는지 누군가가 꼭 알려주었으면 좋겠다. 그래도 된다고 살아왔던 대로 이렇게 살아도 된다고 권장하는 거 말고. 그러면서 아무 책임지지 않는 거 말고. 외부에서부터 거부할 수 없는 강력한 힘으로 나를 압도해가지고 인생을 보는 시각과 태도와 입장을 확 틀어서 자기가 스스로를 어쩔 줄 몰라서 호소하거나 떼쓰는 변덕 말고 나를 압도하는 경험과 지식으로 삶의 방향을 멀리서부터 보고 나를 미래로 데려다놓았으면 좋겠네. 나의 할 수 있음이 그 쓰임을 만나기까지 감당되어야 하는 과정이 때때로 참기 어려울 만큼 괴로우니까. 소중씨가 너무나 그립네! 소중친구가 있으면 한방에 해결당할 문제를 나는 그 비어 있음을 메우려고 대가를 치러야 하는구나! 비어 있음을 깨닫게 하기 위해서요! 죽기 전에 내가 정말 죽어야 하는지 전혀 모르는 제삼자에게 물어볼 수 있다면 좋겠다. 어떤 생각을 하든 나는 과거로 돌아가도 동일한 선택을 했을 것이다. 2018. 11.

왜냐면 내가 몇 년 전에

　저녁은 집앞 스시집에서 먹었다. 된장국, 버섯과 마늘, 새우를 넣은 계란찜과 굴 카나페가 나왔고 새끼참치 뱃살과 방어, 연어, 광어 등의 사시미와 모듬초밥, 서더리탕이 나왔고 새우와 고구마튀김이 나왔다. 굴튀김도 먹었고 맥주 한 병을 시켜서 형이 반잔, 나머지는 내가 마셨다. 여기는 전날 밤에 술 마시러 들렀는데 마감이라 해서 돌아섰다. 일하시는 분이 문을 열고 따라 나와서는 후토마키가 남았다며 두 개 챙겨주었다. 감사합니다, 인사하고 그것을 가방에 넣은 채 족발집에 갔었다. 거기서 족발 중자와 소주 세 병을 마셨다. 나중에 계란찜도 시켰다. 추워서 몸이 벌벌 떨린다고 그래서. 형이 미안하다고 하면서 자꾸 휴대폰을 보았다. 곧 기일이어서 톡방이 시끄러워. 얘기를 시작했다. 그래서 그날은 사흘째 밥도 안 먹고 울기만 했어. 장지에서는 날이 미친듯이 더워서 슬픈 중에도 짜증이 났다······

　계산하고 나와 편의점 들러 숙취해소제를 사서 아파트로 들어갔다. 마트에서 산 와인을 차에서 꺼내려 하길래 와인 먹지 말고 소주나 맥주 먹자고 했는데 자꾸 고집 부린다. 비싼 거 말고 싼 걸 꺼내라고 해서 챙겨 집으로 갔다. 집에서 부모모임 머그컵(괜찮지 않아도 괜찮다)에 와인을 부어서 먹고 후토마키를 안주로 집어먹었다. 자려고 누웠는데 형이 안 잔다. 약을 집에 두고 왔어. 진정제랑 수면제를 먹어야 하는데 약이 없어 술을 더 마셔야 잘 수 있다고 했다. 그래서 와인을 의무감 가지고 마셨다. 술을 홀짝이는 동안 나는 휴대폰 게임을 하는데 형은 책 구경을 한다. 책이 많아서 좋아. 아늑해서 좋아. 소설이 있어서 좋아. 사람이 삭막하지 않잖아. 그러다 야생화 도감을 하나 펼쳐서 보기 시작한다. 요즘 식물에 관심이 많아. 이제는 자려고 이불 깔고 잠옷 주고 누웠을 때가 새벽 두시쯤이었나 그랬는데 계속 떠든다. 그의 큰 목소리가 신경쓰여 조금만 작게 말하라고 했는데 술에 취해서 알겠다고 하고서도 금방 까먹고 크게 떠들었다. 나는 형이 내 품에 안겨서 잤으면 좋겠는데 그러려면 몸을 내게 기울이며 한쪽 팔이 바닥에 깔려야 했다. 형은 안겨 있다가 몸을 뺀다. 나는 이 팔이 아파, 그런데 너는 그걸 생각하지 못하잖아. 졸리고 피곤한데 형은 자지 않는다. 나는 새벽에 사라질 수도 있어. 네. 내가 싫어? 나갈까? 집에 갈까? 형이 불 켜고 일어나길래 베란다로 나가 옷걸이에 걸어둔 옷들을 건네줬다. 셔츠랑 니트, 넥타이, 바지, 재킷. 놓고 가는 거 없는지 라이터랑 담배, 보조 배터리, 휴대폰 등을 확인해서 챙겨줬다. 형은 주섬주섬 옷을 입고 나간다. 문득 새벽에 비 온다던 예보가 생각나 우산 들고 따라갔다. 형은 엘리베이터 타고 내려가 있었는데 일층에서 나가는 길을 찾지 못하고 헤매고 있었다. 거기가 아니라 이쪽이야. 안개비가 내리고 있었다. 우산을 씌워주는데 됐다고 했다. 그래도 씌워줬다. 차에 갔는데 만취해서 걸음걸이도 불안하고 이대로 운전하고 갈까봐 마음이 안 놓였다. 차에 타기 전엔 뒷좌석에서 와인을 꺼내 선물이라고 안긴다. 나는 와인 안 먹고 술을 좋아하지도 않아. 실랑이하다가 형은 차에 탔고 나도 조수석 문을 열고 들어간다. 왜 따라 나왔어. 싫다고 해서 나는 가려고. 형이 하는 말을 그래그래 하면서 듣고 있었다. 혼자 두고 가는 순간부터는 홧김이든 판단력 마비든 운전을 해서 사고가 나 다치거나 죽을 거 같았다. 술이 아니라면 그런 판단을 하지 않았을 텐데 취기가 판단력을 마비시키고 있는 것처럼 보였다. 데리고 집에 들어왔다. 들어오기 전에 약속을 받았다. 말을 잘 들을 것, 시키는 대로 할 것. 다시 옷을 갈아 입히고 아침이 되어서야 잠들었다. 자기 전에는 내일 그 일식집에 가서 점심 먹고 임진각으로 드라이브 가자, 회사에는 여섯시까지만 가면 돼, 했는데 아침에 깼을 때는 숙취와 두통으로 힘들어했다. 나는 형이 먹어야 하는 약이 없어 염려가 됐는데 낮에 먹는 약은 없어도 괜찮다고 했다. 더 자다가 열두시쯤 일어나 밥을 먹었다. 동태탕을 먹고 바람 쐬다가 나는 커피를 형은 차를 마셨다. 술 깨는 약도 샀다. 집에 돌아와서 더 잤다. 이번엔 바닥에 이불을 푹신하게 깔았다. 그 위에 엎드려 게임하려고 했는데 침대 올라와 안아주라고 해서 안은 채 잠들었다. 자다가 일어나 아까 그 식당에서 밥 먹고 헤어진 것이다. 헤어지면서 형은 말했다. 나 어제 너 번호 지워서 없어. 네가 연락해야 해. 다다음주쯤에 보자. 연락을 할 수도 있고 안 할 수도 있었다. 하지만 연락하지 않는 이유를 나와는 다른 뜻으로 추측할지 모르니 연락은 해야지.

어제 형이랑 스타벅스에서 나올 때 맥주 한잔만 마시고 가자고 한다. 롯데백화점에 간단히 식사하고 맥주 마실 곳이 있다고. 나는 서울에 저녁 약속이 있다고 말했는데 그걸 알고도 이 늦은 오후에 밥을 먹자고 하니 일단은 알겠다고 하고 따라간다. 철판요리 하는 곳에서 무알코올 맥주 두 병을 나눠 마신다. 저는 전철 타고 가면 돼요. 차로 데려다줄게. 어디에 내려줘야 가까워? 전철역이면 돼요. 아니다. 파주 데려다줄게. 아니에요. 그럼 제가 파주 갔다가 다시 올게요. 서울에서 봐요. 전날 외박해 볼끼가 혼자 있었고 집 청소를 안 해서 신경쓰였다. 차로 수원에서 파주까진 한 시간 사십 분 넘게 걸렸다. 가는 동안 네가 얘기해주면 되잖아. 집에 들어가지 않을게. 근처에 있을게. 너 나오면 같이 서울 가서 술 마시거나 모텔에서 자면 되니까. 청소도 하고 천천히 씻고 나와. 파주 집에 도착해서는 들어가서 바닥에 늘어놓은 잡동사니들을 큰 종이박스에 다 담고 책도 서가에 대충 쌓아두고 이불을 탈탈 털어 개고 책상 쓰레기를 치웠다. 방바닥과 현관을 쓸었다. 설거지를 했고 볼끼 화장실을 치우고 쓰레기봉투를 베란다로 빼놓았다. 음식물 쓰레기는 욕실에서 묶어 밖에 들고 나가 버렸고 욕실 청소를 하면서 변기에 달라붙은 얼룩과 오물들을 솔로 다 지웠다. 욕실 수납장을 열어 뻣뻣하고 냄새나는 오래된 수건은 치우고 냄새 안 나는 새 수건만 남겨놓았다. 혹시 집에 들어오게 될지도 모르니 최대한 정리하고 나가자. 서울에 가려고 했는데 서울은 너무 머니까 근처에서 먹자 해서 그러한 일이 일어났다.

  그전에는 아주대병원에서 선생님을 보았다. 그가 좋고 그 선생님을 닮은 형을 보게 되어 좋았다. 안고만 있자. 나는 껴안는 걸 좋아해. 나도 좋아해, 나도 뽀뽀하고 껴안는 거 좋아해. ……그래서 나는 그랬어. 얘가 우산 들고 뒤에서 형, 거기 아니에요, 이쪽이에요, 하는 거야. 속으로 그랬어. 얘 뭐지? 대체 뭐지? 보통 게이들은 그렇게 싫다고 가라고 보내면 끝인데. ……그래 솔직히 삐쳤어. 너한테 화가 났어. 나는 너 번호 지울 거야. 카톡도 지울 거야. 이렇게 지울 거야, 하고 카톡에서 나를 찾아서 차단하고 친구 관리에 들어가서 차단 해제한다. 이러면 친구 목록에서 사라져. 아니에요. 연락처를 안 지워서 다시 추가되잖아요. 연락처를 지워야죠. 그래. 나는 이런 거 확실해. 다 지울 거야. 너도 내 연락처 지워. 나는 차에서 잘 거야. 아침에 네가 와서 문 두드려. 운전 안 할게. 그럼 됐지? ……너는 뭘 원하는데? 말 잘 듣는 거요. 제 집에는 규칙이 있다고요. 그걸 잘 따라야 해요. 그런데 너는 자꾸 네 입으로 걸레라고 하고 사람들하고 많이 잤다고 하니까. 그렇게 말한 건 미안해. 그런데 저는 신경 안 써요. 그게 중요한 게 아니잖아요. 그래 일단 넌 집에서 자. 아침에 내가 갈게. 일어나서 아까 그 음식점에 가는 거야. 그래서 밥을 먹고. 임진각에 가자. 평화누리공원에 다시 가보고 싶어. 몇 년 전에 갔었어. 쌈지 때문에? 어떻게 알아? 형이 그 얘기 한 열 번쯤 반복해서 말하고 있거든요. ……여기다가 뽀뽀해주세요. ……그래서 엘리베이터 타고 내려왔는데 뒤에서 우산을 들고 네가 딱. 그래서 내일 임진각 가자. 드라이브 가자. 왜냐면 내가 몇 년 전에…… 2018. 11.

그래도 와 천천히 늦게라도

　싫은 걸 못 견디겠다는 생각을 억눌러야 할까? 저것이 잘못되었다! 소리치고 싶은 마음을 눌러야 할까? 광역버스 두 대를 그냥 보낸 이유는 형의 안 와도 괜찮다는 말, 힘들면 오지 말라는 말 때문인데 나는 그렇게 말하면 정말 안 간다. 가겠다고 약속했다가 못 가겠다고 했고 완곡히 거절했지만 할말 있다는 얘기에 집을 나선다. 천천히 와도 돼, 해서 정말 천천히 나간다. 저한테 천천히 오라고 하면 내일 도착할 수도 있어요. 그래도 천천히 오라고 하네. 감기 기운 있다며. 약국 먼저 들러. 약국을 들르면 아주 늦어진다고 하니 그러면 오지 않아도 돼, 한다. 그래요? 그럴게요. 아니야. 그래도 와. 천천히 와, 늦게라도 와. 마을버스를 타고 전철을 탄다. 거기까지는 괜찮았는데 홍대입구역에 내려서 많은 사람을 본다. 거기까지도 괜찮다. 계단으로 내려가려 하지만 폭이 좁아 사람들이 빽빽하게 몰려 차례를 기다린다. 괜찮다, 이것까지는. 그러고는 9번 출구로 나가려는데 여기는 계단이 더 좁다. 많은 사람이 내려오고 올라가는 중이며 순간 갑갑증을 느낀다. 벽을 부술 수 있다면 부숴서 이 통로를 확 넓히고 싶다. 걸어올라갈 때는 시선을 아래에 두고 걸으니 괜찮았는데 밖으로 나오니 풍경이 넓어졌고 눈에 보이는 사람도 그만큼 늘어났다. 더 많다, 사람들이. 여기부터는 괜찮지 않다. 사람이 많다는 사실은 괜찮지 않다. 멀쩡해 보이는 사람들, 정상인 사람들, 여기까지 말하자, 간단히 말하자, 그만하자, 할 수 있는 사람들. 다른 거 이야기하자, 몰라도 되는 사람들, 알지 않아도 되는 사람들. 신경쓰지 않아도 되고 그것이 지나가는 관심사도 아닌 사람들이 있다. 출구로 나가려고 개찰구를 지날 때 맞은편에서 걸어오는 많은 사람을 본다. 나는 가급적이면 드러나고 싶지 않고(살고 싶지 않고, 살아 있으려면) 방법이 없다. 참아야지. 억눌러야지. 싫은 것을 싫어하지 말고 둔해져야지. 바꿀 수 없을 테니까. 지하 이층으로 갔는데 형은 없다. 전화도 안 받는다. 톡으로 지하 이층이에요, 했는데 답도 없다. 머리엔 열이 나고 갈증이 나 생수 한 병을 사서 조금씩 목으로 넘긴다. 기다리다가 그만 가려고, 공연을 볼 수 없다고 느껴서 공연 볼 거면 집에 갈게요, 할말 있다고 해서 온 거니까, 하고 톡을 보낸 뒤 일어나려는데 형에게서 전화가 온다. 약을 샀고 뛰어가는 중이라고. 형은 나에게 약을 주고 물을 주었다. "새로 산 거야. 그 물 먹지 말고 이거 먹어." 공연은 못 보겠다고 했고 형과 헤어져 카페에 와서 공연이 끝나길 기다린다. 사람이 많이 있는 모습을 보면 왜 힘이 들까? 그들이 여럿이고 나는 혼자라는 사실 때문에? 그들이 멍청해 보인다는 생각은 나만의 것이어서? 그 사람들이 왜 멍청하냐? 어떤 걸 알 필요가 없을 뿐이다. 나도 모르는 게 있으니까 강요할 수도 없다. 오랜만에 젊은이들이 무리지어 있는 모습을 보니까 그 사실이 무섭고 겁이 났고 내가 확실하게 잘못 살고 있다고 깨닫게 되었다. 파주에 산다는 사실이 얼마나 많은 자극으로부터 나를 떨어뜨려두었는지 새삼 느꼈다. 종로는 괜찮은데 영등포는 괜찮은데 홍대는 안 괜찮은 이유가 뭘까요? 이들이 나와 다르다고 느껴서. 이들의 삶과 나의 삶이 그 어느 곳에서도 교차할 일 없이 죽는 날까지 보내지리라고 예감해서. 나는 어떤 것이 싫어서 그게 싫다고 말하고 싶은데 그러지 않아야 돈을 (더 많이) 벌 수 있을 때 돈을 (더 많이) 벌어야 할까? 어떻게 살아야 하고 무얼 직업으로 삼아야 할까? 어떤 관계에 들어가는 것이 끔찍하다고 느끼면서도 한편으론 자신감이 생기고 잘할 수 있다. 하지만 그 기분에서 잠시라도 떨어져나오면 이건 다 거짓말이고 내 판단만이 중요하다고 생각하게 된다. 하지만 느낌에 충실하려면 우울해져야 하고 그걸 감당하기 불편하니까 포기한다. 최대한 피해야 해요. 자극을 상대하거나 맞서면 안 되고 피해야 합니다. 책상에 물건 올려두면 고양이들은 앞발로 밀어서 떨어뜨리잖아요? 그럴 때는 고양이를 혼내는 게 아니라 떨어뜨릴 물건이 없게 책상을 정리해야겠죠. 그래. 피하는 게 답일까? 싫다고 느끼기 시작하면 참을 수 없으니까 그걸 참지 않는 방향으로 아예 보지 않아도 되는 곳으로 이동해야 할까? 이 느낌은 진실하며 다른 사람들도 이 방향으로 가야 한다고 느낄 때에도? 2018. 11.

잘해봅시다

 이 프로그램 알고 있으시죠? 좀 알고 있는 분이 처음 오셔서 다행이에요. 이 프로그램은 길리어드와 한국의료지원재단이 협약을 맺은 거예요. 길리어드가 공익사업으로 약을 제공하고 검사비를 지원합니다. 질병관리본부에서 지원하는 것이 아니고요. 프로그램 신청서와 개인정보동의서가 있어요. 개인정보동의서는 한 번만 작성하면 되고, 나머지 신청서는 매 방문시마다 적어야 합니다.

 이 프로그램은 우선 일 년만 진행하도록 되어 있어요. 일 년 뒤에 어떻게 될지는 모르고요. 마치 줬다 뺏는 기분이 들 수도 있죠. 질병관리본부가 새로 프로그램을 만들지 어떨지는 아직 모릅니다. 대신 장점은 거의 무상이라는 거죠. 추후에 어쩌면 약만 무상으로 제공하고 진찰비는 유료로 하는 절충안이 있을 수도 있고.

 한국에서는 트루바다를 매일 복용하는 것으로 식약처에서 예방 목적의 허가를 받은 상황이에요. 이 프로그램은 참여자의 복약 의지가 아주 중요합니다. 하루 건너 먹고 안 먹고 하는 경우 예방효과가 떨어지고 일부 약에 내성이 생길 수 있어요.

 오늘은 먼저 HIV검사를 하고요. 이건 4세대 검사로 이 주 정도 창문기가 있어요. 음성이라면 다음날 결과가 나오고 양성이라면 좀더 시간이 걸립니다. 양성 판정이 나오면 RNA PCR 검사를 추가로 시행할 거예요. 그리고 B형 C형 간염, 간 수치와 신기능 검사를 하고 성매개질환 검사를 할 거예요.

원래 감염인이 방문해도 성정체성이나 성적 지향에 대한 질문은 잘 하지 않아요. 사생활도. 하지만 이 프로그램의 경우는 진행을 위해 수집해야 하는 항목이 있어요. MSM인지, 고정된 감염인 파트너가 있는지 아니면 캐주얼한 만남을 주로 가지는지, 관계에서 콘돔 사용 비중은 어느 정도인지, 성병에 감염된 적 있는지 등등의 질문이 필요한데 괜찮으세요?

네.

지역이 어디신지. 서울시인가요.

파주시입니다.

거리가 꽤 되네요. 앞으로 병원을 방문해야 할 텐데. 직장인이실 테고. 방문 스케줄이 괜찮은가요?

10월까지 일하고 그만두어서 지금은 괜찮아요.

그전에도 자발적으로 HIV검사를 하셨을 텐데, 최근에 한 검사는 언제쯤이죠?

올해 8월쯤에 보건소에서 신속검사로 했어요.

MSM이시고…… 일 년에 관계하는 파트너 수가 어느 정도이신가요?

한 달에 대략 수십 명 정도요.

포지션은 주로 탑인지 바텀인지요.

주로 탑을 합니다.

관계시에 콘돔 사용 비중은 어떻게 되나요.

거의 사용하지 않는 편요.

오랄섹스도 하죠?

네.

성병에 걸린 적이 있나요?

곤지름 걸린 적이 있고, 임질에 몇 차례 걸렸어요. 요도에 작열감이 있고 분비물이 나오는.

곤지름은 치료를 어떻게 했어요?

요도 부분에 생겼고, 방치 후 자라나서 마취하고 간단한 수술을 했는데요. 재발했을 때는 비뇨기과에 방문해서 레이저로 제거했어요.

매독에 걸린 적은 없나요?

매독이라고 안내받은 기억은 안 나요. 보통 말해주지 않나요?

말해주죠. 매독 주사는 아팠을 텐데. 세 방 맞아야 하고.

주사가 아프긴 아팠어요. 미리 아프다고도 말해줬던 거 같고. 기억이 잘 안 나요.

조회해볼 방법은 없어서 확인은 안 돼요. 당시 따로 진찰서 떼어놓은 것은 있나요?

아뇨.

이성과 성관계 경험은요?

경험은 있지만 동성애자로 정체화한 이후는 만나지 않고 있어요.

급성 HIV증후군 관련한 질문이에요. 몸살 증세나 발진이나 임파선이 붓거나 한 적이 있으신지.

없습니다.

오늘 검사했어도 재방문 때까지 감염될 수 있고, 그때 감염되는 것은 사실 모르니까 권장하기로는 그동안은 금욕을 하거나 콘돔을 사용한 성관계를 해준다면 고맙겠어요. 강제할 수는 없지만.

알겠습니다.

B형 간염 항체를 보유하고 있으세요?

잘 몰라요.

혹시 다른 질병을 갖고 있나요?

특별히 없습니다.

정신과적 질환은 어떤지요.

우울증 상태가 있었는데 병원을 방문하거나 상담을 받진 않았어요.

원래는 요도와 항문, 그리고 입안에까지 감염 관련 노출이 있었을 테니 세 군데에서 검체를 추출해 검사해야 하는데 이곳이 성병 전문 비뇨기과가 아니라 사실 간호사 선생님들 세팅이 딱 되어 있는 게 아니에요. 탑을 주로 한다고 했으니 요도 부분만 검사하려고 합니다. 원래는 면봉을 넣어서 해야 하는데 아플 수 있고 성기를 보여주는 과정이 부담될 수 있어 소변 검사로 대체하려는데 괜찮으세요?

좋아요.

이제 개인정보동의서를 작성해야 해요. 재단에 제공하는 것은 이름과 생년월일, 간단한 주소인데요. 서울이면 서울시 구 정도만 기입하면 되고요. 이름과 생년을 조합해서 이 사람이 누구인지를 찾아내는 것은 개인정보보호법 위반이에요. 이 정도 정보를 수집하는 것이 예방법이나 기타 법령에 저촉되지 않는지 법률 자문을 받은 상황이고요. 재단에는 HIV 상태도 같이 제공합니다. 만약 프로그램 중간에라도 검사 결과가 양성으로 뜬다면 재단에 통보하지 않고 프로그램을 종료합니다. 그것은 프로그램과 달리 치료로 전환되는 문제니까. 종료 사유는 따로 기입하지 않고요. 오늘은 처음이고 병원 첫 사례라 상담간호사 선생님이 원무과와 검사실까지 동행해주실 거예요. 소변검사와 혈액검사를 하고 가시면 됩니다. 신청서에는 이름과 생년월일, 약식 주소만 적어주시면 나머지 부분은 제가 작성할게요.

트루바다 약은 총 열두 통이 제공되고요. 약은 바로 오늘 나오는 게 아니고 검사 후 HIV 음성이 나왔을 때 다음 회차 방문 때부터 제공되고 석 달마다 와서 세 통씩 받아가면 됩니다. 그때는 병원에 오기 이 주 전에 방문해서 HIV검사를 해야 해요. 그래서 총 여섯 번을 방문해야 하는데 거기에 다섯 번이 추가되는 거죠. 이때는 의사를 만나는 것이 아니라 혈액검사만 하고 가면 되어서 토요일 오전에 방문해도 됩니다. 검사 결과가 이 주 뒤에 나오니 보름 후에 예약을 잡으면 되는데 아직은 프로그램 초기라 삐걱대는 게 있을 수 있고 약이 그때 안 나오면 헛걸음해야 할 수도 있으니 우선 삼 주 뒤로 잡아보죠.

그때까지 약이 도착 안 하면 병원에서 따로 연락을 줄 거예요. 지금 의사도 처음, 이 프로그램 접수도 우리나라에선 처음이니까 미비한 점이 있어도 앞으로 좀, 다음 사람들 도와준다고 생각하고 삐걱대는 점이 있어도 화내지 말고 너그럽게, 잘 해봅시다.

길게 더 상담을 하고 싶은데 대학병원 시스템상 그것이 어려워요. 여기 병원에만 감염인이 수백 명 방문해요. 다른 선생님들도 현장에서의 경험이 있고 LGBT 등 소수자를 대할 때 어떻게 해야 하는지 충분히 주의하고 있으니 불편할 일은 없을 거예요.

네. 감사합니다. 2018. 11.

기적을 행하는 자

 월급이 다 안 들어왔고 카드값을 내려 푼돈이던 적금을 깼다. 퇴직금은 사장님이 11월 말, 12월 말 이렇게 나눠서 주겠다고 얘기한 상황인데 지급일이 지켜질지도 모르겠고 안 지켜진다면 어떻게 해야 할지 모르겠다. 노동청 같은 데다가 신고를 해? 아니면 전화를 매일 해서 호소할까? 일할 때와 마찬가지로 알아서 챙겨주시면 제발 고맙겠지만 보장된 게 없으니 벌벌 떨면서 살아야 한다. 당장 가진 게 없으니까요. 일용직을 해도 되는데…… 하고 싶지 않았다. 일은 앞으로도 실컷 언제나 늘 해야 하는 것이니 하고 싶지 않아요. 지금은요.
 나는 다닐 하름스의 「노파」에 나오는 기적을 행하는 자 이야기를 좋아한다. 무엇이든 마음먹은 대로 할 수 있는 남자가 살고 있었다. 자신이 살고 있는 허름한 헛간을 손 하나만 까딱하면 아름다운 벽돌집으로 바꿀 수 있었고 그와 비슷하게 마음만 먹으면 뭐든지 할 수 있었는데 아무 기적도 일으키지 않은 채 살다가 죽었다는 이야기다. 이 짧은 이야기를 매번 명심하면서 제발 명심하면서 살아야 한다.
 하게 될 거라면 하게 되겠죠. 일어날 일은 일어난다. 그렇지 않을 거라면 일어나지 않는다. 살면서 꼭 하나만을 누릴 수 있다고 할 때 안정감과 폭력적인 문란함이 있다면 나는 후자를 택할 것이다. 그 문란함이 나에게는 필요하다. 그런데 이번주엔 안 했다. 어떤 사람이 되어야 하는가. 병원에서 의사가 당부한 말이 마음에 남아 있었다. 어떻게 살아야 하는지 고민하는데 일주일은 줄 수 있지 않나? 나는 그런 사람이 아니야. 나는 변태고 문제가 있고 사랑을 하는 사람들 눈으로 보면 사랑이 아닌 사람. 욕구뿐이고 혐오할 수 있고 자기와 다르다고 말할 수 있는 대상이다. 그런데 다르게 살고 싶다고 생각한다. 속고 있는 거야. 이렇게 살면 안 된다고 혼내는 사람이 없어서 막 사는 거야. 망하고 있는 거야. 완전히 잘못 생각하는 거야. 그러다가도 그것은 생각의 영역. 나는 생각만으로 살 수 없다. 생각 가지고 밥 먹을 수 없고 생각 가지고 행복할 수 없다. 나한테는 몸이 있고 고추가 있고 입이랑 항문이 있고 남자를 껴안고 싶다. 남자 정액을 먹고 싶고 그것이 나인데 내가 아닐 방법이 없다고요. 2018. 11.

호식이두마리치킨

 이게 사는 방법이라면 산 것도 아닌데 단지 죽은 상태가 아니려고 살아 있어야 할까? 내가 누군지 잊어버리지 않는 일이 더 중요하다. 내가 누군지 잊어버릴까봐 무섭다. 내가 어떤 사람인지 삶을 어떻게 인식하고 어떠하다 느끼는지 그 실감을 외부를 통해 설계하거나 상상하고 싶지 않다. 고통을 느끼는 것은 나인데 어째서 그 얼굴을 비출 거울이 필요한가. 누군가가 너 아프구나 말해야만 고통이 승인되는 것도 아니고 외부의 평가나 반영 없이도 그것은 있다. 그렇게 생각하더라도 신체 일부를 어딘가에 부딪혔을 때 듣는 사람이 없어서 신음할 수도 없이 입 다물고 있을 때의 통과가 있다. 반드시.
 다른 사람이 될 수 없고 다른 사람처럼 살 수도 없다. 다른 사람처럼 살 수 있더라도 나는 나처럼 살아야 하고 나로 살아야 한다.
 한참을 떠들었고 만족스럽진 않지만 그래도 말했다는 만족감을 혼자 느꼈다. 후에 녹취록을 읽으며 탈락한 말들 기록되지 않은 말들을 보았다. 온전히 말하고 있다고 믿을 때에도 이것들은 떨어져나가고 있다. 내가 해야 할 말은 나만이 할 수 있고 누가 받아 적어줄 수 없다. 스스로 받아 적어야 하고 부족한 부분을 채워야 한다. 말하고 나면 허전하다. 밑천 없이 떠들었고 가릴 부분도 포장할 것도 없이 허전해서 속은 것 같고 잘못 생각한 것 같다.

그럴 때면 이게 마지막 이야기였다고 생각한다. 그럼 참을 만하다. 누구나 마지막 물을 마시고 마지막으로 버스를 타고 마지막으로 김치찌개를 먹듯이 그런 마지막이었다, 보장된 건 아무것도 없으니까, 생각하면 덜 공허하다. 잘했다, 앞으로도 떠들자, 생각하게 된다. 깨끗하고 싶어도 사람이 깨끗함만으로 구성되지 않는다는 걸 알고 있으니까. 깨끗함만이 남은 풍경을 보면 그 노력이 기괴하게 느껴진다.

감사할 줄 아는 사람이 되어야겠죠. 이렇게 사람들이 많은 곳에 오면 힘이 드네. 그들이 대부분 비장애인 이성애자일 때는요. 왜 이게 나를 자극할까. 사람들을 본다는 게. 누구도 대신 살아줄 수가 없다. 스스로 그 시간을 통과해야만 한다.

모두가 똑똑할 필요는 없겠죠. 일요일에 뒤늦게 문란한 밤을 보내려고 외출하는 대신 집에서 호식이두마리치킨을 시켜 먹을 정도의 판단력만 있으면 되겠죠. 어떻게 살아야 하지? 어떤 것도 답이 아니니까, 답도 답이 아니다. 경험을 최소화하자, 그것밖에는 드릴 말씀이 없습니다. 2018. 11.

진정성

오후 세시 늦게 보기로 했는데 서울 도착한 건 그보다 이른 오전 아홉시쯤이어서 문자 보낸다. 전 서울 왔어요. 기다리는 동안 사우나 가야지. 밤을 새서 졸리니까 가서 자겠다 생각해서 사우나에 갔다. 자고 있으면 누가 와서 고추 빨아준다. 그만 빨릴래요. 하지만 잘 빨아주고 열심히 빨고 제발 빨게 해달라는 식으로 빨고 있어서 놔둔다. 자려면 싸야 한다. 그래서 입에 쌌다. 나중에 자고 있는데 또 빨린다. 입에 싸줘, 맛있어, 또 먹고 싶어. 그만하세요. 저는 고추가 아파요. 하지만 안 듣는다. 나는 이렇게 열심히 살아본 적이 있나? 반성해야 할 정도로 성의 있게 잘 빨아서 입에 또 싼다. 그러고 난 뒤에도 누가 옆에 와서 내 몸을 만지고 자기 걸 들이민다. 나는 정말 잘 거야 두 번이나 쌌으니까, 하고 눕는데 또 누가 빤다. 이젠 그만 하세요. 잘 수가 없어 일어나 큰방에 간다. 거기엔 엎드려 있는 엉덩이가 어김없이 있다. 엉덩이들과 사람들이 하고 있다. 옆에 서 있으면 누가 또 방에 들어와서 내 것을 빨아주고 콘돔을 씌우고 젤을 바르고 엉거주춤 몸을 구부려서 내 고추를 자기 똥구멍에 넣는다. 나는 아무 흥분도 안 되지만 허리를 기계적으로 움직여주면 엉덩이는 신음을 낸다. 내가 앞으로 갔다 뒤로 갔다 하면 신음한다. 그 신음은 조금 진정성이 있었다. 마치 오백 원을 넣으면 오백 원짜리 상품을 주는 것처럼. 나는 콘돔 끼고 있는 이 일인용 엉덩이보다 콘돔 안 낀 채 사용되고 있는 엉덩이에 더 하고 싶었다. 나는 고추 빼고 콘돔을 벗겨버린 채 어두운 큰방에 서 있다. 노콘 엉덩이에게 하려고 차례를 기다리는데 우리 불쌍한 일인용 엉덩이는 자세를 바꾼 채 침대에 엎드려 있다. 내가 잠시 뺐다가 넣을 준비한다고 생각했나 보다. 그러다가 내가 안 오니까 나를 끌어당긴다. 콘돔 벗긴 내 고추를 잡더니 거기에 젤을 좀더 짜서 바른다. 그러고는 콘돔 없이 넣게 했다. 내부는 마치 감기 걸린 사람처럼 뜨거웠다. 몇 번 왔다갔다하니까 엉덩이는 아임 컴 컴, 하면서 정액을 찔끔찔끔 흘렸다. 옆방에 마찬가지로 엉덩이가 하나 더 있었는데 가서 쓰다듬어보면 탄력이 있다. 운동한 몸이다. 하얗고 매끈한 엉덩이 사이에 손가락을 넣어보면 항문 입구부터 젤과 정액으로 젖어 있다. 아까부터 이 방에서 박혔던 엉덩이인데 지금은 침대 방에 혼자 엎드려 있다. 난 정액 냄새 맡는다. 이 냄새가 좋고 안에 싸도록 허락한 이 사람이 사랑스럽다. 거기에 올라타서 한다. 이제는 진짜 자야지, 하고 한 층 더 올라간다.

   약속시간 맞춰 밖에 나오면 오후인 세상은 밝다. 길에서 건강해 보이는 사람들이 하얀 단체 티를 맞춰 입고 춤을 춘다. 나는 내 몸으로 이런 걸 하는데 저 사람은 자기 몸으로 저런 걸 하는구나. 2018. 11.

소액으로 백억 모으기

 원하는 게 이게 아니었다고 확인해야만 한다는 느낌. 인간은 누구나 죽는다. 안 죽는 사람 있으면 나와보라고 해.
 내 발언은 정치적으로 옳은 위치에서 내뱉어지고 있다, 나의 특정한 조건, 상황이 내게 정당성을 부여했으니까 혹은 당사자와 비슷한 억압과 차별을 공유한다 해서 당사자의 목소리를 증폭시킨다고 절대 제발 생각하지 말자. 앞으로도 항상요. 나는 내 이야기를 할 뿐이고 거기까지일 뿐이다. 일시적으로 어떤 의견이 필요해도 그것은 빈칸 채우기나, 세계를 인식하는 데 스스로 필요한 교정 작업이라고 생각해야지 내가 옳다는 의식을 고스란히 드러낸다면 아니 되겠죠.
 어떻게 살아야 하지. 소액으로 백억 모으기라는 말로 광고하는 사람처럼 살고 싶다. 어떻게 살아야 하는지 너무 많이 생각당해서 억울하다. 저녁으로는 햄이 들어간 이천칠백 원짜리 토스트를 먹었다. 가게 직원과 마주보고 앉아 토스트를 조금씩 베어먹었다. 원하는 것이 콜라 마시기여서 콜라 마시고 싶다고 얘기했을 때 누군가가 그럴까요? 한다면 그다음 말은 하지 않기. 원하는 것은 콜라 마시기지만 커피 마시러 가는 길에 콜라 먹고 싶다고 생각하기. 콜라를 마시고 싶었지만 커피 마시면서 콜라 맛을 생각하고 콜라 대신 커피 마시고 싶어하는 많은 사람을 목격해내기.

　어떻게 살아야 하는지 알고 싶다. 인생 어떻게 살아야 하는지 고추 빨린 형들이 가르쳐주면 좋겠다. 만났으면 헤어져야지. 혼자가 편하다. 사람들은 그때그때 만나고 헤어지면 된다. 계속 같이 있을 필요는 없다.

　절에 갔을 때 누가 안에서, 대웅전 말고 조그마한 기도하는 곳에서 훌쩍이고 있었다. 궁금했다. 저 사람은 어째서 울어야 할까? 저 사람은 왜 학흑 하고 눈물이 날까? 무슨 일이 생겨야 그럴 수 있지?

　세상엔 외로운 사람이 많아가지고 서로 답이 없다고 느끼는 두 명이 만나기는 참으로 쉽네. 외로운 사람이 (다음에도 날 만나준다면 너에게) 잘해줄게 하는 소리 들어지기. 아뇨. 우린 잘 지내지 못할 거예요. 돼지 목에 진주 목걸이 걸지 말고 돼지가 원하는 것을 주자.

　발견하려는 마음, 뭘 찾아내려는 마음, 의미화하려는 시도 이런 것이 다 미성숙에서 오는 것일까? 플라스틱 컵의 쓰임처럼 그렇게 나는 딱딱한 면을 가진 물질이라고 생각해야 하는 것일까? 2018. 11.

염려하는 얼굴

그러면 어떡해, 그러면 안 돼, 같은 말을 안 듣고 싶다. 난 떠들기만 하고 아무도 판단하지 않았으면 좋겠다. 난 항상 옳으니까. 새벽 네시까지 카페에 있다가 인사동 갔다. 사우나 수면실에서는 지나가던 사람들이 내 고추를 만져주고 빨아주고 자기 항문에 넣었다. 씻으러 탕으로 가도 나를 쫓아다니면서 사람들이 보지 않을 때마다 고추를 만지고 손에 쥐어보고 그랬다. 다른 수면실로 이동하면 거기도 따라와서 살살 빨아주고 애무하고 자기 항문에 넣었다. 하다가 고추에 똥이 묻어 씻으러 갔다. 나와서 초밥을 먹었고 커피빈에 갔는데 아무것도 쓰지 못했다. 저녁엔 회의 갔다. 12월 1일 에이즈의 날 집회와 그무렵 있을 토론회를 준비하는 내용이었다. 회의 끝나고는 뒤풀이도 없고 할일은 있는 듯한 이상한 허기 속에서 혼자 종로 케이에프씨에 갔다. 거기서 치킨 네 조각을 콜라랑 먹었다. 나는 혼자 뭘 먹고 있을 때 부끄럽다. 여럿이 나눌 양의 치킨이나 햄버거를 혼자 먹다가 사람들에게 목격당하는 것이 부끄럽다. 그러고서 집에 갔었던 거 같다. 사람들을 볼 수 있기를 바라면서, 뒤늦게 연락하면서. 치킨을 먹으면서는 유튜브로 학교 밖 청소년에게 도움을 주는 젊은 선생님을 본다. 그의 근육질 팔에는 문신이 있다. '하나님은 항상 나 자신을 소중히 여기고 사랑하라고 하셨다는 말을 전하고 싶고……' 일요일에 세례 받으러 오세요. 터미널로 마중 가겠습니다. 부담 느끼지 마시고요. 어려우시면 답장은 안 하셔도 됩니다. 목사님 문자를 보고 세례가 뭔지 검색해본다. 하나님을 받아들인다는 의미라고 한다. 그러면 이런 데 다니면서 고추 빨리면 안 되는 것인가? 수요일 회의를 앞두고 커피빈을 나와 걸었다. 서둘러 공원에 도착해 화장실 들어갔다 나온다. 서성대는 사람들이 있고 나는 세면대에서 양치한다. 나한텐 시간이 없고 저들은 눈치를 본다. 양치 끝내고 다른 화장실로 이동한다. 누군가가 다가오고 나는 칸막이를 밀치고 안에 들어간다. 곧바로 따라 들어온 그가 내 고추를 열심히 빨아주지만 사정하지 못한다. 발기도 안 된다. 그래도 싸고 싶어서, 해결해야 할 숙제처럼 느껴져서 노력하지만 안 된다. 잘 안 돼요, 눈빛을 보내니 그는 안타깝지만 어쩔 수 없다는 듯 웃어 보인다. 나는 바지춤을 추켜올리고 간다. 월요일 저녁에는 바로 집에 갈 수 없어 여기저기 헤맸다. 디브이디방에서 고추를 빨렸는데 발기가 안 됐다. 빨 때는 발기가 잘됐다. 하지만 빠는 일도 쉽지 않았다. 빨 수 있는 자지는 빨고 싶지 않았거나 빨고 싶은 자지는 기회가 없었다. 그러고도 집에 갈 수 없어서 공원까지 버스 타고 이동했던 거 같다. 날이 추워 아무도 없었다. 그렇게 허탕치고 새벽 한시 사십분쯤 파주에 도착했다. 추위 속에서 노력했지만 실망하게 된 나를 위해 편의점에서 과일과 과자를 샀다. 어떤 일이 지나간 뒤에 안 그럴 수 있었다면 좋았겠지 생각하지만 그럴 방법은 없었다고 느낀다. 견딜 만하다. 그게 문제다. 견딜 만하지 않았으면 많은 것이 달라졌겠지. 착한 사람은 착해서 그에게 다른 사람들이 나쁜 짓을 하고 그래서 누군가들이 나빠진다면 그 착한 사람은 결과적으로 나쁜 행동을 한 것이다. 착하지 않았다면(약하지 않았다면) 그에게 사람들이 나쁜 행동을 하지 못했을 것이고 그랬다면 전체적으로 세상은(다른 뭔가가) 선해졌을 수도 있다. 착하게 살면 안 된다. 약하게 살면 안 된다. 강해야 하고 나빠야 한다. 내가 나쁘면 나쁜 일을 하지 않기로 결심하는 것만으로도 착한 일을 한 셈이 된다. 어쩌지 싶어도 방법은 없다. 살아온 대로 살아갈 뿐이다. 2018. 11.

토요일 외로움 없는 삼십대 모임

　나쁜 생각을 안 할 수도 나쁜 행동을 피할 수도 없다. 다만 다르게 살고 싶어지게 하는 삶을 자주 보고 느끼고 반성하는 수밖에. 어떻게 살아야 하지. 원하는 것을 눈앞에 두고도 손을 뻗어 쥐거나 갖지 못하리라는 확실한 사실을 견디면서. 요구되는 것은 기다림뿐일 때. 원하는 걸 당장 이룰 수 없고 혼자 어떤 노력을 해도 밤이 밤이 아닐 수 없고 낮이 낮이 아닐 수 없을 때…… 인간 세상에서 사람은 서로 연결되고 기대 있어야 하는 거 같은데 그럴 수 없다고 느끼는 사람은 밤에 혼자 걸어져야 하네. 인간 세상을 어떻게 살아야 하는지 당당하게 말하고 싶다. 방법을 모른다고 해야만 면책되는 삶 말고. 내게 나쁜 힘이 있다면 그것은 나쁜 일에만 쓰일 수 있을 뿐이지 이것을 동력으로 다른 일 하기는 불가능하다. 언제쯤이면 어떻게 살아야 하는지 알게 될까. 혼자인 시간을 견디는 법을 배워야 한다. 구함이 없는 사람이 되고 싶다.

　옳은 말 하기는 아무 말도 하지 않기다. 자지 않을 수도 영영 깨어 있을 수도 없는데 잠들어야 한다는 사실을 받아들이기 힘겨워하네. 안 살 수 있다면(선택하지 않아도 된다면) 그러고 싶겠지. 누구나. 2018. 11.

웩 웩 우웩

 그는 계단 위에서 담배를 피우고 나는 목례하고 지나간다. 그전에는 지하 계단에서 문을 열어보고 있었다. 안 열리나? 잠겨 있네요. 어두운 동상 아래서 마스크 벗기고 키스할 때는 괜찮았다. 이 노인은 입술이 두껍고 손이 거칠다. 늙었지만 이목구비 선이 굵고 눈썹이 짙으며 바지 위로 쥐어본 엉덩이는 탄탄했다. 이런 엉덩이는 넣었을 때 기분이 좋다. 항문에 귀두를 갖다대기만 해도 몸서리치는 부류의 남성이었다. 거기서 키스하는 동안 서성대던 사람들을 피해 저기로 가자, 해서 단둘이 지하 계단으로 간 것이었다. 비상계단 조명은 환해 이 사람 얼굴에 핀 검버섯이 다 보인다. 그것이 싫은 게 아냐. 그럼 무엇이 흥분을 식게 했을까? 성기를 조심히 잘 빨아주고 그랬던 이 사람에게 무엇이? 그전에는 카톡하고 있었다. 계단에 노인을 두고 동상 앞으로 이동하면서 본다. '동생은 마음속에 늘 함께하고 있어요.' 감사한 일이다. 어떤 남자들은 자기 똥구멍에 다른 남자의 고추를 넣는 것으로도 모자라 그들을 사랑한다고 느끼기까지 한다. 내가 왜 동성애를 좋아하나, 동성애가 왜 이성애보다 좋고 재미있는가 생각해봤더니 (내가 하는) 동성애는 허용의 문제여서다. 어떤 남자는 태어나서 죽을 때까지 자기 똥구멍에 다른 남자 고추를 집어넣는다는 생각이나 시도를 절대 하지 않는데 어떤 사람은 자기 똥구멍에 다른 남자 고추를 넣게 해준다. 그걸 빨고 싶어하기도 한다. 마찬가지로 어떤 사람은 영영 죽을 때까지 웩 웩 우웩 할 법한 행동을 누군가는, 그걸 하고 싶어가지고 그게 해결 안 되면 집에 못 가고 시흥에서 안양으로 안양에서 구로로 구로에서 영등포로 종로로 헤매지는 것이다. 버스는 구로에 도착하는데 거기 화장실에도 호모들이 온다. 디브이디방과 사우나가 있고 더 걸어가면 휴게텔이 나온다. 어디에도 가고 싶지 않은데 형은 네시에 수원에서 상담이 있다고 했고 나는 그때까지 기다릴 수가 없다. 지하로 내려가는데 12월 1일부터 서울 대부분의 디브이디방이 입장료를 이천 원씩 올려서 칠천 원을 내야 한다. 그래서 만 원 내고 천 원 세 장을 거슬러 받았다. 안에는 사람이 한 명도 없었고 나중에 누가 들어와 그의 고추를 빨기 시작했다. 그 사람 귀두 주변에 곤지름으로 추정되는 돌기가 있었다. 혀로 귀두를 감쌀 때마다 신경쓰였지만 어차피 hpv는 호모라면 가지고 있겠죠. 안 그런 사람도 있겠지만. 고추를 더 빨지는 못하고 빨리지도 못한 채 방에 들어가 문 잠그고 휴대폰 충전하면서 자는데 추웠다. 침상 전기장판을 틀어도 되긴 하는데 그냥 잤다. 역시 사우나가 좋구나. 따뜻하며 아무때나 씻을 수 있으니까. 나는 씻는 게 좋고 깨끗한 게 좋다. 형은 끝났다고 연락 오고 퇴직금 입금 알림 뜬다. 안산 오면 저녁 사줄게, 네가 시흥에 있다고 해서 안산으로 왔지, 하는데 갈게요, 답했지만 가기 싫다. 저 오늘 못 가겠어요, 담에 봐요. 구로역 계단을 올라가면서 굽네치킨 허니멜로를 생각했다. ㅈ이 선물로 보내주었다. ㅈ에게 얼마 전 배라 하프갤런 기프티콘을 보내줬는데 그건 형이 자기가 찜방에서 다른 사람이랑 자서 미안하다고 보낸 것이다. 하나도 신경 안 썼는데. ㅊ에게 톡을 한다. 답이 온다. 지금은 못 봐요. 친구 이사해서 집들이 하고 있어요. 저도 보고 싶어요. 지금 월계예요. 내일은 일해요. 그래가지고 내가 화장실에 들어가면 두 칸은 닫혀 있는데 사람들이 일 없이 서성이며 왔다갔다한다. 내가 들어갈 때 입구에 서 있던 눈이 울적한 통통남은 나올 때도 거기 있었다. 할 사람도 없고 노력해도 안 되는데 어떡하지인 상황에 나는 사우나에 갈 수도 있고 다른 디브이디방에 한번 더 갈 수도 있다. 손님이 없을까봐 염려되면 사장이 손님들 몰래 고추 빨아주는 P에 갈 수도 있었다. 그러다 맥도날드 갔다. 햄버거를 받아가지고 사람 없는 이층 창가에 앉아 먹는다. 직원이 와서 여기는 마감했다고 일층 가라고 한다. 먹다 남은 햄버거 쟁반을 들고 내려와 감자튀김까지 다 먹었다. 그러자 기분이 좋아지면서 집에 갈 용기가 났다. 하지만 문을 열고 거리로 나오는 순간 용기를 잃어버린다. 싸고 싶었는데 싸지 못하고 빨고 싶었는데 빨지 못하고 정액을 먹고 싶었는데 못 먹은 채로 시간만 보낸 것이다. 어디 가야 원하는 걸 얻을 수 있는지 알고 있는데 그렇게 안 한다. 구로역 계단을, 그래 허니멜로 먹을까? 하면서 올라왔을 때 내가 구로역에 처음 내리자마자 먹고 싶었던 이찌코방야를 맞닥뜨린다. 그전 석수역에서 잉어빵 다섯 개를 산 것은 충동적으로 다섯 개는 먹을 수 있어서였는데 계단 올라오면서, 내려가면서 하나씩 먹어 세 개가 남았는데 전철이 도착했길래 바로 탔다. 누구도 전철에서 음식을 먹지 않았다. 문가에 사람이 없었으면 문가에 서서라도 먹으려고 했는데 문가에도 사람이 있었다. 잉어빵을 먹으면 안 될 것 같아서 타자마자 내렸다. 다음 전철을 기다리는 동안 플랫폼 이 끝에서 저 끝까지 걸어가면서 베어먹었다. 세 개째 먹었을 때 잉어빵이 물리고 그만 먹고 싶었지만 꾸역꾸역 먹었다. 이찌코방야 진열창 안쪽에 잔뜩 쌓여 있는 완제품들을 본다. 안에 양배추랑 계란이랑 이것저것 넣어가지고 동그랗게 계란빵처럼 부쳐낸 그걸 혼자 먹으려고 가게 안으로 들어간다. 뭐가 맛있나요? 주인이 콤보를 권하는데 그것은 구천 원이 넘는다. 한 개만 먹으려고요. 그러면 다 맛있죠, 한다. 타코야끼로 주세요, 하는데 그건 시간이 걸린다 해서 새우로 달라고 했다. 콜라도 주세요. 소스는 갈릭으로 주시고요. 음식은 종이 접시에 담겨 나온다. 이 볼품없는 음식은 따뜻하지 않고 미지근하며 찐득한 소스는 느끼하지만 이것을 먹었던 기억이 난다. 실내에 별 모양 조명이 매달려 있던 해방촌 중동 음식점을 다녀오는 길에 ㅈ과 먹었다. 저번에는 ㅁ형 집에 가서 자는데 물어봤다. 왜? 왜 헤어졌어? 상세하게 복기해봤다. 혼자 이 미지근한 부침개를, 지저분한 집게로 쪼개준 이 부침개를 가쓰오부시랑 쫑쫑 썬 대파를 섞어 소스 묻혀 입에 집어넣는다. 별맛도 안 나고 식감도 그저 그렇다. 하지만 다 먹었다. 이태원에서는 가게를 나오며 나이든 여자 주인에게 인사했었다. 안녕히 계세요, 잘 먹었습니다, 하면서 여기 소중하다고 장사 잘됐으면 좋겠다고 둘이 소망했었나? 그 옆엔 세계과자할인점이 있었다. 거기를 또 쳐다보니까 ㅈ이 나한테 "안 돼요" 했던 거 같기도 하고. 이거는 착각일까요? 환청이라면 어디서 듣는 걸까요? "그래서 제가 집을 다 열어놨어요. 거기가 아주 비싼 고급 빌라라 아무나 못 들어오고 현관에서 또 뭘 작성해야 되거든요. 사람을 부르고서 침대에 엎드려 있는데 문이 열리는 소리가 들려요. 그런데 찰스가 안 짖어. 그러면 환청인 거예요. 그런데 사람이 들어오면 찰스가 짖어요." "그 말을 들으니 찰스가 형에게 어떤 존재인지 잘 알겠네요." "네." 어떤 길은 넓고 거기로 가면 빠르고 지름길인데 거기로 안 가고 싶어가지고 뱅뱅 돌아야만 한다. 자면 되는데 잘 수 없다고 느끼고 자지 못하는 것이 마땅하다고 느껴서 나는 수행하고 있네. 혹은 뭘 하려면 후회해야 하는 걸까요? 사장님, 저는 사장님이 약속해주신 날만 믿고 기다리면서 있었는데…… 어머니 생활비도 드리지 못했고 카드값도 나가야 하는데…… 오늘은 약속하신 금액 꼭 지급해주셔야 합니다. 성원씨 미안해 내 사정만 생각했어. 이번주에 시간 어때? 점심 같이 하자. 목요일 점심하고 금요일 종일 비어요. 그래, 금요일 점심에 보자. 네. 에이즈의 날 집회가 끝나고 어디 가야지 정했어도 집에 있었다. 집회 후 무슨 일이 일어나서 쓰려고 했는데 피곤해 까먹었던가? 왜 어떤 것은 마음먹은 대로 되지 않을까? 뒤풀이는 재미도 할 얘기도 없이 앉아 있다가 졸려서 일어난다. 먼저 헤어진 사람들에게 전화해 어디 있는지 묻고 찾아간다. "노래 부르러 갈 거야." "아니야. 난 집에 갈 거야. 택시 타고 갈 거야. 버스 타고 갈 거야." "무슨 소리예요. 한잔 더 하셔야지." 순천집에 들어간다. 김치찌개랑 야채곱창을 이인분씩 시킨다. 김치찌개에 들어간 통삼겹살을 가위로 자른다. 야채곱창은 다 볶아서 나온다. 깨도 솔솔 뿌려서. 막걸리는 잔만 받아두고 안 마셨다. 형들은 얘기하고 있는데 갑자기 ㄷ형 입술에서 피가 난다. ㄷ형은 잡히는 대로 테이블 휴지를 뽑아 입술에 붙인다. 나중에 저대로 굳어버리면 떼어낼 때 상처가 날 것 같다고 걱정하니까 아니라고 물에 적시면 바로 떼어진다고 한다. ㄷ형이 감염인이라는 사실을 아무도 신경쓰지 않지만 자신은 음식을 먹다가 피가 났다는 사실에 당황한 것처럼 보였다. 자리는 갑자기 정리되고 거기를 나와 다들 갈팡질팡한다. 하나둘씩 버스든 택시든 타고 가겠다고 헤어지고 나는 혼자 남아 호모바에 가려고 한다. 입구 앞에서 내가 원하는 게 뭔지 모르겠어서 문을 열고 들어가는 대신 걸었다. 종로에서 을지로를 지나 청계천까지 걸어갔다. 동대문에 있는 찜방을 가야 하는지 성남에 있는 '친구'에게 가야 하는지, 아주 대전을 가서 터미널 근처에 혼자 산다는 중년 바텀을 만나야 하는지, 혹은 그룹을 한다는 수원에 가야 하는지 대중교통으로 갈 방법을 찾아보다가 종로로 돌아가야 할까? 아니면 걸어서 이태원까지 한 시간 반을 가야 할까. 형은 두시에 클럽 앞에서 보자고 했는데 가고 싶지 않았다. 신설동에 가자, 하고 걷다가 공원 화장실에 들어갔는데 거기서 누가 너무나 열심히 내 걸 빨아줘서 감동했다. 인생을 이렇게 열심히 살아야겠구나 다짐하게 되었지만 싸지는 않고 나와서 종로 휴게텔에 갔다. 에이즈의 날을 준비하며 가게마다 붙였던 포스터가 안 보였다. '이 아이들은 자라서 HIV감염인으로 살고 있습니다. 종로 포차 거리에서 이태원 클럽에서 퀴어문화축제에서 여러분 곁에 함께 있습니다.' 이런 문구와 함께 활동가들의 어린 시절 사진을 넣었다. 화장실에, 출입문에 붙였는데 안 보인다. 찜방이나 디브이디방이 HIV와 에이즈를 언급하는 포스터를 떡하니 붙여놓긴 어렵겠죠. 그것은 사람들이 생각하고 싶어하지 않는 금기니까. 거기에서는 밤새 엎드려 있던 사람과 하고 푹 잔 뒤, 아침까지 엎드려 있는 그에게 또 했다. 2018. 12.

프렙

　몸이 으슬으슬하고 손끝에 힘이 없는 걸 보니 몸살이 올 것 같다. 지금은 새벽 네시 삼십칠분이고 이십사 시간 롯데리아에 들어와 따뜻한 우유랑 오렌지주스를 시켰다. 햄버거 같은 건 먹을 기운이 없었다. 그전에는 휴게텔 화장실에서 샤워기를 분리한 호스를 항문에 댄 채 물을 밀어넣고 비워내길 반복했다. 몸살 기운도 속이 메스꺼운 것도 그래서일지 모른다. 누워 자려고 했는데 사람들이 휴게실에서 피우는 담배 연기에 코가 매웠다. 담배 냄새가 덜한 곳이면 이미 잠든 사람이 코를 심하게 골고 있었고 이까지 갈았다. 나오기 전에는 항문섹스를 했다. 어느 바텀이 잠깐만 잠깐만요 하면서 아파하는 소리를 들었기 때문이다. 그가 남들 보고 들으라고 와달라고 관심을 끌려 신음하는 것을 알고 있었다. 아저씨에게 박히는 바텀 입에 고추를 물렸다. 그러는 동안 박던 사람이 싸고 일어난다. 기다리던 아저씨가 이어 박기 시작하고 그가 싸면 세번째에 박아봐야지 하고 있었다. 그러다 차례가 되어 세번째에 박는다. 박는데 엉덩이가 예쁘고 얼굴도 나쁘지 않은데 고추가 죽는다. 노콘으로 하는 중이고 나는 프렙을 하는 중이니까 괜찮아, 안에는 남들이 싸고 간 정액들이 있고 원래대로라면 흥분할 장면인데 이상하게 의욕이 식고 있었다.

뒤풀이에서는 많은 말을 한다. 충분한 말. 사람들이 내 말을 들었다. 스스로도 들었다. 사람들이 없었다면 하지 않았을 거다. 가운 벗고 콘돔이랑 젤은 가방 주머니에 넣고 옷을 걸치고 나와 롯데리아로 왔는데 첫차가 다니려면 한 시간 정도 기다려야 한다. 우유는 아직 따뜻하다. 행사 전날 오후에는 잠깐 교정을 보려고 종로 할리스에 갔다. 교정지는 깨끗했다. 박새들, 물까치들, 겨울에 피어나는 꽃 종류가 무엇인지 검색해서 확인했다. 글 주인이 세상에 없는데 뭘 고칠 수 있지? 생각하면서 살아 있다면 물어봤을 것들도 메모만 해둘 뿐 고쳐야 하지 않을까요, 묻지 못한다. '제가 해온 방법은 다 운이고 그걸 어떻게 통과했다, 매뉴얼을 만들 수 없잖아요.' '중독이 관계에서 오면 그러한 물질이 필요한 상태, 행위가 필요한 상태를 다른 뭔가로 채워넣어야 하는데 오히려 그런 대상을 발견하고 허락받는 과정이 단약이나 행위를 금지하는 일보다 어렵잖아요. 그런 사랑이나 관계를 평생 살아도 발견하지 못할 수 있으니까.'

'죄는 불신이다. 죄는 믿지 않음이다.' 롯데리아로 걸어올 때는 탑골공원 담벼락 아래에 눈이 얇게 깔려 있는데 그 위에 사람이 침낭에 들어가 몸을 말고 누워 있었다. 얼굴도 안 보이게 지퍼를 끝까지 올린 채 자고 있는데 저러다 얼어죽어도 모르겠다. 나는 실내에서 얇은 이불을 덮고도 몸이 추웠는데 저 사람은 이 바깥에서 자기가 살지 죽을지도 모르는 채로 저러고 있구나. 방법이 없을 테니까. 2018. 12.

사랑은 통속한 잡지에 밑줄 치는 낙서가 아니야

경주에서 ㅁ형은 이층 침대 방을 잡았다. 박을 안 타더라도 한 침대가 좋은데 서로 침대 위아래에 따로 누워 있어야 했다. 경주는 처음이었는데 곳곳에 고분이 있고 심지어 어떤 고분 위에서는 나무들이 뿌리를 내리고 자란다. 여기가 천년 가까이 신라의 수도였다고 했는데 그 화려했던 성과 절이 터만 남고 사라져버려서 이상했다. 공들여 지었을 텐데 꼭 부수어야 했을까? 파괴했다면 더 멋진 건축물을 세워야지 이대로 비워두나? 생각했고 사라진 것들이 아까웠다. 일찍 자려 노력했지만 두시나 세시쯤에 잠들었고 아침 여덟시 안 되어 눈을 떴다. 다음날 아침에는 혼자 괘릉에 갔다가 걸어나오며 표지판을 본다. 홀로면은 앞으로 쓰러졌을 텐데 돌 하나가 표지판이 아주 기울진 않게 받치고 있었다. 표지판이 없으면 돌이고 돌이 없으면 설 수 없는 표지판이었다. 여행하는 동안 형에게 잭디 메시지가 왔고 그럴 때마다 누구를 만나기로 했다, 근데 구미에 있네, 이 친구는 스물네 살이야, 한다. 나는 찜방이나 사우나에서 보는 것이 편하지 이렇게 메시지를 보내 만나가지고 대실하고 어쩌구 하는 그 모든 비용과 만나는 기대와 실망의 문법이 익숙하지 않고 싫기까지 하다. 형에게 감정이 어디에서부터 상했는지는 모르겠는데 아마도 이층 침대나 그 비슷한 (일층 침대에 있었다고 해도 내가 그 모든 귀찮음과 내 신체에 대한 수치심을 이기고 형과 박을 타거나 하지 않았을 것임에도) 일화에서부터 기분이 안 좋은 (게스트하우스여서 밤 열한시반 이후에는 외출할 수 없고 야식을 먹을 수 없었으며 밤에 박을 타지 못했다) 상태가 이어져서 정말 나는 할일이 없으면 힘들어하는구나, 나에게 주어진 상황이 없으면 그 시간을 보내기 어려워하는구나 느꼈다. 전날 형에게 저는 부산 갈 거예요, 부산역 사우나 갈 거예요, 휴게텔 갈 거예요, 범일동에 갈 거예요, 바다를 볼 거예요, 했는데 막상 형이 자기도 부산 가겠다고 숙소 예약했다고 톡으로 호텔 위치를 보내주었을 때 설명하기 어려운 저항감과 거부감이 치밀어올랐다. 내가 정말 원하는 게 뭔지 생각할 시간 없이 함께 있었고 같이 안 있을 때는 다른 일을 하고 있었다. 형은 박 타고 와서 아침에 자라고, 자기는 아침에 여덟시 차 타고 서울 갈 거라고 낮에 운동 모임 있다고 그런다. 그 전날 저녁 형이랑 고기 구워 먹는데 문자로 청첩장이 온다. '너에게 문자하려니 싸이월드 시절 같네, 내일 결혼해.' 전화하고 문자해도 계좌번호를 안 알려준다. '계좌를 알려줘, 나는 돈을 보내고 싶단 말야' 하는데 답이 없다. 결혼하는 여자애의 부모 측에 부는 없고 모만 있다. 나는 그것이 마음 쓰이고 이 여자가 소중해진다. '그러려고 연락한 거 아니야. 그냥 알려주고 싶었어.' 형은 얘기 듣다가 말한다. "그럼 결혼식 가면 여수는 못 가는 거야? 거기도 호텔 예약했대." 여수는 커플하고 형, 나 이렇게 넷이 가는데 원래는 커플이 호텔을 잡고 형과 나는 따로 방을 잡는다고 해서 알겠다고 했는데 넷이 한 방을 쓴다고 했다. 그럼 전부 박 타는 거예요? 아니 그건 아니고. 그런데 그 애인하고 너는 어떨지 모르지. 조그맣고 귀여워. 네 스타일이야. 나는 형하고 숙소를 쓰면서도 내 피부와 각질과 발의 무좀이랑 낡은 속옷과 뱃살 등을 생각하고 있었다. 양심이 있어야지. 너라면 너랑 하고 싶을까? 그 물음에 아니라고 답해야 해서 가만히 있었다. 이층 침대 위에 자려고 누워 있을 때 생각했다. 나는 소중한 사람이 된 거 아닐까? 가치 있는 사람이 된 것 아닐까? 나를 더 아끼고 돌봐야 할 근거가 생긴 게 아닐까? 번개남을 부르는 형 앞에서 나도 어디로든 연락해본다. 어디세요. 일산이에요? 전 오늘 휴무예요. 다음에는 약속하고 만나요. 나는 목요일 저녁 비워놨어. 그때는 둘이서만 보자. 정 여행 못 가겠으면 미리 말해줘. 숙소도 잡아놨대. 번개남 온대. 스물세 살이래. 얼굴이라도 보고 가. 해운대 가는 건 정각마다 있네요. 나는 해운대 가는 걸 끊어야 할지 일산 가는 걸 끊어야 할지 알 수 없이 헤매다가 수원행을 발견한다. 수원으로 가면서 연락한다. 그는 중년들이 오는 가라오케 사장이고 그 가게에 ㅇ형과 갔을 때 연락처를 남겨놨었다. 할아버지들 좋아해요. 백발들. 대머리도 좋아하고요. 체구 작은 분. 그런 분 오시면 연락주세요. 사장이 부른 할아버지는 여덟시 반에 온다고 한다. 맥주요, 안주는 과일로 하고. 자리에 앉아 있는데 나는 이 사람을 본 충격으로 가만히 있어야 한다. 퇴임은 2003년에 했어. 아내는 15년도부터. 그는 얘기를 하고 나는 듣기라도 하려고 노력한다. 할아버지는 노래를 한다. 사랑은 통속한 잡지에 밑줄 치는 낙서가 아니야. 술집에서 일어날 때 그는 계산대 앞에 우물쭈물 서 있기만 한다. 나는 수입 없는 정년퇴임한 팔십대 남성을 앞에 두고 카드를 내민다. 술집을 나가는데 사장이 뒤에서 뜨거운 밤 보내세요, 한다. 나는 화가 많이 나 있지만 자초했으니 할말이 없다. 밖으로 나와 시장 골목을 걷는데 할아버지가 뒤에서 천천히 따라오더니 굳이 물어본다. "실망했지요?" "네." "저는 여기서 버스 타고 가면 됩니다." "저는 전철 타고 갈게요." 인사하고 헤어지려는데 여전히 따라온다. 저기까지만 데려다줄게요. 지하상가로 들어서는 에스컬레이터 앞에서는 저 아래까지 내려오겠다고 했는데 막상 헤어지려니 개찰구까지 따라온다. 청량리행이 전 역 출발했네요. 저거 타면 돼요. 열차가 곧 도착한다는 사실에 감사하면서 카드를 찍고 들어가지만 한 번은 뒤돌아본다. 기다리는 걸 알고 있으니까 목례를 한 번 하고 뛰어간다. 화가 많이 났다. 형에게 톡을 보냈다. 중년들 함부로 만나지 않을 거예요. 특히 돈 없는 중년들 저는 정말로…… 나는 영등포에 내린다. 연휴여서 사람이 백 명쯤은 모인 그곳 제일 구석에 한 청년이 계속해서 박히고 있다. 두 번 세 번 네 번. 그에게 싸고 샤워실에 간다. 내가 몸을 닦고 나갈 때 그는 씻으러 들어오면서 내 얼굴을 한 번은 더 보려 한다. 그를 안 보려 했다. 봐도 의미 없고 소용없으니까. 거기서 잘 수는 없어서 아직은 새벽인 밖으로 나와 햄버거를 먹는데 늘 한결같이 감동시키는 맛인 더블 1955버거에 감자튀김도 콜라도 사이즈업해서 먹었다. 피시방 있으면 가야지, 밤새 오버워치 해야지. 아침에는 첫차를 탔다가 조는 바람에 종점에서 깼다. 같이 내린 사람은 내게, 영등포 가려면 반대 방향에서 타야 했던 거지요? 물었다. 차고지에서 버스 타고 집에 왔다. 냉동실에서 볶음밥을 꺼내 먹고 군만두도 먹은 다음 냉장고에서 썩어가던 파인애플을 먹어보려고 물에 씻다가 버렸다. 파인애플 겉면에 점점이 하얀 곰팡이가 피어 있었고 시큼하고 구린 가스 냄새에 속이 뒤집힐 거 같았다. 2018. 12.

선택한 사실들

사실을 이용해야지. 사실을 이용하고 싶다. 있었던 일만. 나는 사람들을 무시하고 있었구나. 나야말로 내 작업과 언어를 무시해왔다. 이러한 태도가 문제가 되는 건 이게 타인을 바라볼 때에도 적용되어서다.

나는 비어 있다. 내겐 이야기가 있고 문제적이고 세상에 할 말이 있다고 생각했는데 점점 내가 비어 있는 사람이라고 느낀다.

예술가로서 주목받고 싶고 사람들을 놀라게 해주고 싶고 나를 알아주었으면 사랑해주었으면 하는 마음은 영영 만족되지 않을 것이다. 나는 어떤 소재도 될 수 없다. 그저 도구일 뿐이며 경험과 삶에 대한 태도는 너무도 얕다.

저기로 가야 할 때 나는 갈 수 있는데 누군가는 가지 못하면 왜일까? 그 조건을 보려고 의식하지 않으면 아무것도 바꿀 수 없다. 집회를 할 때 '한줌'보다는 많은 사람이 와야 했을까? 어떤 것이 성과일까? 광장을 꽉 채울 수 있었다면 아 잘했다, 할 수 있나?

그 자리에 오고 싶었던 사람은 누구고 대변해야 했던 건 무엇이고 말해야 했던 건 뭔지, 말해지지 않은 건 뭔지, 올 수 없게 만드는 조건이 뭔지, 정말로 거기에 채워넣었어야 했던 건 뭔지 생각하지 않으면 성과를 오해할 수도 있다.

 다 같이 가야 해. 다 같이가 아니라면 한 걸음도 못 뗀 거라고 생각해야 하나? 내가 할 수 있다고 해서 다른 사람이 하지 못할 때 그것을 능력 문제로 여기기도 했나? 누군가를 위험하게 만들었나? 있었던 일만 얘기해야 된다고 생각했는데 지금은 (윤리적으로) 해도 되는 말만 해야 한다고 느낀다. 삶을 즐기게 하는 방편 말고 그가 처한 상황과 문제를 해결해줘야 한다.

 편견 없이 누군가를 바라볼 수 있는 사람이 있다고? 그건 그 상황에 놓이지 않았거나 아직 그런 대상을 못 마주쳤을 뿐이지 그러한 상황에 놓이고 그런 사람과 마주치게 된다면 그가 누구라도 편견을 가지고 바라보게 될걸! 그런 일을 당해도 되는 사람은 없지만 그런 일을 당해도 호소할 수 없고 저항할 수 없고 그런 일을 당했다는 이유로 그 행위자에게 같은 수준의 고통을 줄 수 없는 처지인 사람들은 있다.

 망가지고 모욕당하고 부서진 채로 있으라는 요구들. 누구나 무엇(상황)을 이해할 필요는 없다. 자기를 위한 일일 뿐이지. 다른 사람을 나와 같은 경험을 겪게 하거나 상황에 놓이게 하는 데 목적이 있는 게 아니라 여기 갇힌 사람이 어떻게 탈출할 수 있을까 궁리하기에 바쁘다. 어떻게 살아야 하는지 답을 가진 사람은 없다. 일시적으로 속거나 잊을 수 있을 뿐이지.

 해탈하려고가 아니라 망신당하지 않으려고 욕심을 버려야 한다. 기다리는 건 고통스럽다. 문이 열리기 전에 문이 열린다는 사실을 알고 있어도. 쉬운 규칙을 하나씩 정해놓고 지켜야 한다. 이를테면 정해진 시간에 매일 약 먹기. 조금 있으면 이주간 실천한 셈이 된다. 좋은 소식을 전할 때는 좋은 소식을 들어야 하는 사람도 있음을 생각하자.

고백이 필요할까? 반성을 하더라도 삶에서 행동으로 실천하면 되는 문제지 꼭 고백의 형태로 증명하거나 다짐할 필요는 없다. 내가 고백할 거야! 하는 결심이 주는 흥분이 판단력을 흐리게 한다.

어떤 사람이 우리이고 어떤 사람은 친구가 아닐까. 사람을 시험하지 말아야 한다. 스스로를 시험에 들게 하지 말아야 한다. 누구도 시험을 이겨낼 만큼 강하지 않으니까. 2018. 12.

트루바다

 있었던 일을 나를 위해 말해두어야 한다. 나를 위해서 스스로 기록해야 한다.

 새벽에 그 사람이 일어나면 그의 항문엔 정액이 흥건하게 고여 있다. 나는 그 상황이 좋아서 지금도 생생하게 떠올린다. 모르는 남자들의 정액이 가득한 항문에 또 해버리고 씻으러 간다. 집에 가려면 갈 수 있지만 잠을 못 자서 피곤하고 자고 싶지는 않으며 자버리면 안 될 것 같은 불안 속에서 일층 방의 벽에 기대앉아 휴대폰 게임을 한다. 휴대폰 화면이 빛날 때마다 어두운 방안이 번쩍인다. 라커룸 앞 의자에 앉아 있을 땐 머리가 벗어진 아저씨가 다가온다. "컴퓨터를 못해서 그러는데 서울 교차로에서 저거 찾아보는 거 도와줄 수 있어? 내가 종이 교차로를 찾으려고 했는데 이거밖에 못 찾았어." "벼룩시장요?" "어. 교차로가 없어. 종교에 들어가면 돼. 그러면 절에서 사람 구하는 게 뜰 거야. 서울 교차로야. 천태종이 글 많이 올려. 절에서 청소도 하고 밥도 짓고 그러면 월급을 백오십만 원을 줘." 아무리 봐도 직업 카테고리에 종교가 없다. 1차 직종을 고르고 2차 직종을 하나씩 살펴도 안 나온다. '절'로 검색하니 설 명절 알바가 뜨고 천태종으로 검색하면 안 나온다. 사찰이라고 검색하니 서울이 아닌 지방에 공고가 떠 있고 한군데 성북 길상사에서 올린 백팔십만 원짜리 단기알바가 있는데 나이 제한이 이십 세에서 사십오 세까지다. 이 사람은 나이가 더 많다. 못 찾겠어요, 하고 일어나버린다. 운전하면서는 포럼에서 했던 이야기를 차에 연결해 듣고 있었다. "……들어가기 전에 하고 싶은 이야기는 저는 이렇게 살고 싶지 않다는 생각을 계속했었어요. 지금처럼 저를 관리할 수 없을 때 스스로 위험에 빠뜨리는 행동을 하고 싶지 않았어요. 그런데 계속 그러고 있었고 이걸 멈출 수 없다는 생각에 빠져 있었어요. 그건 저의 우울감과 연관이 있었고……"

살아 있기로 하고 살기로 하면요. 그러면 다 좋고 이해할 수 있다. 기다릴 수 없다는 감정이 힘든데 기다릴 수 있을 때, 기다리는 게 덜 고통스러울 때 그때는 괜찮다. 이층에 올라가 커튼을 들추면 바닥에 엎드려 있는 가는 허리와 엉덩이가 있고 옆에서 아저씨는 일어난다. 나는 여기서 무슨 일이 일어났는지 알게 된다. 얼마 후 그 방에서 나와 일층에 내려가 텔레비전 앞에서 휴대폰 게임을 한다. 그때는 왜 좋았을까요? 행사는 끝나고 사람들이 갈 때가 되어서 갈 곳으로 간다. 자야 할 때 자야 하니까. 누구한테 떼를 쓸 수도 없고 억지 부릴 수도 없다는 사실을 알고 있는 채로 사람들과 헤어져 혼자 남는다. 편의점에 들어가서 뭘 먹었나? 햄버거를 먹고 싶었는데 추워서 오래 걸을 수 없었다. 걸어가면서 녹음한 목소리를 들었다. 그날 자리에 온 사람들을 알고 있었고 가서 인사하고 싶고 만지고 싶었는데 그러지 못했다.

택시 타고 시청 앞으로 가서 전자담배 건물 사층을 찾는다. 남자 두 명은 내가 씻기를 기다리며 축구를 보고 있다. 샤워하면서는 뜨거운 물이 나오지 않아 몸을 씻기 시작한 것을 후회했다.

아침에는 영등포구청으로 간다. 지하에는 홀이 일곱 개 있다. 돌잔치 전문 뷔페이며 들어가면 원형 테이블에 중년 커플들이 앉아 있다. 지긋지긋한 헤테로들. 여기에 성소수자들이 두세 테이블이라도 있었더라면 얼마나 신이 났을까? 엄마에게 인사하고 테이블에 앉는다. "괜찮아. 나는 입맛이 없어." "그래도 뭐라도 먹어." 회랑 과일을 접시에 떠서 온다. 사람들과 인사하는 게 싫고 인사하고 싶지 않지만 해야 한다. 상대방 역시 느낄 부담이니까 내가 해치우는 것이 낫다. "가야 해. 저녁에 발표가 있어." "무슨 발표?" 엄마에게 성소수자인권포럼 홍보물을 휴대폰으로 보여준다. "먼저 가려면 누나한테 얘기하고 인사하고 가." 조카는 종일 수유실에서 잠들어 있다가 깨어나가지고 누나 품에 안긴 채 어리둥절한 얼굴로 바깥에 나온다. 사람들이 다 아기를 바라보고 한껏 귀엽다는 표정을 지으며 적절히 반응하고 있다. 그 풍경 속에서 나는 호모다, 나는 남자랑 똥구멍으로 섹스하는 호모고 남자 고추 빠는 호모다! 라고 생각당해야 했다. 그래서 입맛을 잡쳐버렸다. 누나는 4홀에 있는데 저기 가장 넓은 7홀에서 사회자가 사회자 같은 목소리로 멘트를 하면서 아기를 안고 있는 부부 중 남자에게 어쩌구! 하는 모습이 내겐 보인다.

"삼촌만 웃으면 될 거 같아요. 삼촌 웃을 때까지 찍을 거예요."처음엔 민망했는데 빨리 찍히려고 억지웃음을 머금고 있다. 두 손을 가지런히 모으고 있으니까 사진사는 두 팔을 자연스럽게(남자답게) 늘어뜨리라고 한다. 나는 여전히 모은 채다. 단상 위에서 찍어 사람들에게 목격당하고 있다. 학교에 도착하니 네시 사십분이다. 자료집을 사고 발제할 친구를 만나 카페에 간다. 나는 사람으로 살려면 해야 한다고 요구받는 것들에서는 탈락하였지만 나로서는 살 수 있었다. 내가 나일 때 너는 너구나라고 낯선 사람들이 말해서 아는 것만 이야기하자 다짐했다.

"……우리가 건강하게 살려면 폭식하지 말고 밤에 일찍 자고 야채 많이 먹고 이런 건 알고 있지만 우리가 밤에 잠을 자지 못하고 폭식을 하고 뭔가 나를 위험에 빠뜨리는 행동을 하게 된단 말이에요. 이게 어디서 오는 걸까. 이 위험을, 열 가지 위험 중에 하나라도 줄일 수 있다면 방법은 뭘까. 저는 그중 하나로 게이들이 사회에서 받고 있는 차별이나 이런 걸 일시에 없앨 순 없지만 그런 것이 개인에게 위험 행동으로 나타날 때 자신을 보호할 수 있는 한 방법으로 트루바다나 프렙이 등장했다고 생각하거든요." 2019. 01.

본 듯한 얼굴

 하루 이야기만 해서는 다 말할 수 없어서 나는 한번에 여러 날에 있었던 일을 말하려 한다.

 보고 싶었던 사람들에게 메시지를 보내고 허탈감에 사로잡혔다. 만나도 무얼 해야 할지 모르는 채였다. 어제는 아침에 섬으로 출발했다. 섬이지만 육지와 다리로 이어진 곳이고 바다를 오래 보고 싶었는데 정작 바다에 머물러 있진 못했다. 물이 다 빠져나간 개펄을 보았다. 나쁘진 않았다.

 고인돌을 보았다. 아주 큰 돌이, 하지만 기대보다 작은 돌이 쌓아올려져 있었고 그것을 사람들이 빙 둘러싸고 구경했다. 세계문화유산이라고 했다.

 절에 갔는데 천연 석굴 안에 부처님을 앉혀놓고 사람들이 절을 하고 있었다.

 해안도로를 따라 횟집으로 가서 회를 먹었다. 그러곤 시골에 있는 서점에 갔다. 한옥을 개조한 (너무 쓰기 싫더라도 계속 써야 한다) 곳이다.

 주인은 나중에 나에게 시 쓰는 사람이냐고 물어본다. 아뇨. 아니요. 아닌데요.

 이거 파는 책인가요? 안 팔 것만 같은 책들이 책장 서가 맨 위 두 칸에 꽂혀 있었다.

아니요. 그것은 안 파는 책입니다.

그럼 저기 바깥 시집 서가에 있는 것들은 파는 책인가요?

네. 그것은 파는 책입니다.

나는 밖에 나가서 구경한다.

마침내 시집들을 찾아내었다.

책을 한 트럭도 넘게 버렸어요. 옛날 책들. 오래 가지고 있었던 것들인데 가져갈 사람이 가져가야겠죠.

서점에 있다가 골목으로 나가면 멀리서 작은, 큰 개가 될 것인데 아직 어려서 조그만 개가 뛰어온다. 순하게 생겼고 털이 복슬복슬하다. 귀염둥아, 소중아, 어디로 가니, 하고 쪼그리고 앉아 만진다. 강아지는 바닥에 드러누워 배를 보이고서 내가 내민 손을 혀로 핥아준다.

서울에 도착해 사람들을 내려주고 이제 어떡하지 싶어 내비에 여기저기 찍어봤다. 회사도 찍어보고 인천도 찍어보고 영등포도 찍어보고 종로도 찍어보고 인사동도 찍어봤다. 노력하고 있었다. 수원을 갈까. 안산을 갈까. 부천을 갈까. 어디에도 이대로는 못 가겠는 심정으로 일단 출발하는데 예감이 좋지 않았다. 가다가 목적지를 영등포에서 부평으로 부평에서 종로로 종로에서 이태원으로 바꾸면서 도로에서 시간을 허비했다. 한남으로 가려면 양화대교 쪽으로 빠질 때 왼쪽 길로 가야 했다. 오른쪽 길로 가면 파주였다. 망설였는데 한남으로 가기 시작했고 고가도로를 타고 달렸다.

삼층 유리문은 잠겨 있다. 사층만 열려 있다. 나는 여기가 좋다. 파티가 열린 부자 친구 집에 놀러온 기분이다. 사람들이 모여 커다란 스크린으로 영화를 보고 있었다. 자는 사람도 있다. 소파에 누운 사람, 침대에 엎드린 사람, 바닥에서 자는 사람. 곳곳에 큰방이 있고 방마다 침대와 가림천이 있다. 커튼이 있다. 나도 스크린 있는 큰방 옆 침대에서 잔다. 커튼 너머로 영화 불빛이 비치고 배우들 대사가 들린다.

  나중에 누가 다가와 침대 끝에 앉는다. 그는 내 바지 위로 손을 대서 더듬다 가까이 당겨앉는다. 혀로 가슴과 옆구리를 핥아주다가 오랄을 시작했는데 헛구역질을 하며 깊숙이 부드럽게 집어삼킨다. 손을 뻗어 만져본 옆구리와 엉덩이는 군살 없고 탄탄했다.

  침대 옆에는 다른 남자가 자기 고추를 내놓고 주무르면서 있다. 오랄맨은 침대에 엎드려 내 것을 빨았다. 빼지 못하게 머리에 힘을 주어 누를 때마다 그의 가슴과 엉덩이, 허리는 크게 들썩였다. 지켜보던 남자가 그의 엉덩이를 잡고 항문을 빨기 시작했다. 소파에 앉아 영화를 보던 사람들이 커튼을 젖히고 침대 주변에 서서 구경한다. 나와 남자, 바텀은 서로 뽀뽀했다가 박았다가 쑤시다가 빨다가 한다. 남자는 바텀을 박으면서 나와 키스하고 바텀은 박히면서 나와 키스한다. 박히면서 내 것을 빨고 내가 박으면서 남자와 뽀뽀하다 바텀과 키스한다. 그러다 내 것을 뺀다. 바텀에게 빨리던 남자가 안에 쌌는지 물어서 그렇다고 거짓말했다. 그러자 남자는 그대로 바텀을 안고서 침대에 눕혀 박아댄다. 나는 화장실에 가서 고추에 묻은 젤을 찬물로 닦아낸다. 수건은 없어서 휴지로 물기를 대충 닦는다. 다시 그들에게 간다. 바텀이 박히고 있다가 내 고추를 잡고 가져가서 빤다. 탑이 박다가 내 것을 빤다. 뽀뽀하다가 박다가 빨다가 탑이 싸고 일어나고 나는 침대에 누워 고추를 빨게 시킨다. 이 사람이 토할 것처럼 힘들어하지만 머리를 잡고 누른 채 놔주지 않는다. 뒷목을 더 세게 누른다. 힘을 주다가 어느 순간엔 손에 힘을 풀고 머리를 쓰다듬는다. 그러면 이 사람도 어떤 의미인지 안다. 토하려고 할 때는 가슴과 엉덩이, 허리가 완전히 들썩인다. 침대가 흔들리게 목구멍이 뒤틀리고 몸이 꼬이는데 포기하지 않는다. 나는 그의 눈가에 고인 눈물을 손등으로 닦아준다.

그러다 나와 마주보고 눕는다. 두 다리를 위로 접어올리고 삽입하려는데 머리맡을 뒤적이며 무언가 찾는다. 나는 별말 않고 넣지 않은 채 기다린다. 그는 콘돔 찾는 시늉을 멈추고 내 고추에 젤을 바르기 시작한다. 성기를 항문에 대고서 밀어넣지는 않고 가만히 마주보고 있으니 뽀뽀를 더 많이 한다. 어디선가 본 듯한 얼굴, 익숙한 얼굴, 많이 보았던 얼굴이다. 밝은 곳에서는 한 번도 본 적 없어도 어두운 어딘가에서는 스쳤던 거 같다. 목소리도 문신도 생김새도 피부색도. 나는 이 사람을 안다고 느낀다. 이 사람 어깨와 가슴에 얼굴을 묻을 때마다 친숙한 냄새가 났다.

그다음에 있었던 일은 늘 머릿속으로 재생했던 것들이다. 눈에 뽀뽀해야지 하면 눈에 뽀뽀했고 볼을 감싸쥐어야겠다,

쓰다듬어야겠다 하면 그걸 잘 느꼈다. 눈을 쳐다보고 싶으면 눈을 쳐다봐주었다. 기회가 주어진다면 하고 싶었던 행동들을 했고 이 사람도 잘 받아주었다. 나중에는 엎드려놓고 하다가 안에 쌌다. 빼지 말라고 한다. 그대로 있으라고. 그렇게 엎드린 채 고개만 살짝 돌린 그의 귀에 뽀뽀하고 볼에 뽀뽀하고…… 한참을 그렇게 옆으로 눕혀놓고서 입술이 얼얼해지게 뽀뽀하고 눈을 마주치며 웃어 보였다. 한 시간 정도 그러고 있었다.

씻자, 이층 소파에서 보자, 담배 피우고 올게.

나는 기다린다.

나는 몸에 수치심이 있다. 과체중인 거 복부비만인 거 근육질이 아닌 거. 그 외에도 여러 비난할 요인들을 생각한다. 그런데 상관없다는 듯 좋아한다는 표현을 해주다니? 나는 신이 나고 자신감에 차 있다.

침대에서 뽀뽀하고 눈 마주치는 동안 생각했다. 이런 사람이 애인이면 얼마나 좋을까? 주려고 하면 다 받아주는 사람 같다. 나는 누군가에게 줄 수 있다! 같이 놀러가고 맛있는 것도 먹고 인권 활동도 안 해도 될 거고요. 삶의 우선순위가 바뀔 수 있겠구나.

소파에 앉아 있을 때 그가 다가온다.

어두울 때 보는 모습과 밝은 곳에서 보는 모습은 다르다는 걸 알고 있다.

나는 긴장했다.

그 사람은 말한다.

클럽에 가려고 왔다, 가기 전에 들른 거다, 곧 나갈 거다, 너는 언제 가니.

수긍이 된다. 그러니까 이렇게 잘생겼구나. 그래 그럴 수 있겠지.

너는 몇 살이니, 이십대니? 나는 삼십대 후반이다.

나는 노원에 살아. 원래 부천에 있다가 이사했어. 가게 때문에.

너도 오라고 하면 좋은데 오래 사귄 애인이 있어.

애인이 구속이 심해. 그래서 마음대로 못해.

애인이랑 일하고 그래서.

아까 씻으러 갔을 때 페북에서 알고 지내던 형을 만나서 지금 어색하고 어떻게 해야 할지 서로 당황했어.

앞으로 볼 기회가 있을 거야.

나는 없을 거라고 말한다.

연락처를 달라고 하고 싶은데 애인이 있다고 해서 망설여지고 이 상황 자체가 완곡한 거절이라고 느껴서 가만히 있는다.

페북 형이 기다린다고 내려가야 한다고 하길래 잠깐 십 분만 껴안고 있자고 부탁한다. 침대로 데려간다.

애인만 아니면 노원으로 오라고 할 텐데.

노원이 문제예요? 형 보려면 아프리카라도 가죠.

페북 형이랑 담배 피우기로 했다고 정말 십 분도 안 되어 일어나서 간다.

나는 거기 그대로 누워 있었다.

잠깐 있었던 일이 나도 남들에게 자주 하는 행동이면서 아직도 익숙해지지 않는다는 사실이, 이런 곳에서 만난 주제에 관계라는 욕구를 포기하지 못하는 것이 어리석게 느껴졌다. 침대에 한참을 누워 있었다.

어두운 통로로 사람들이 오갔다. 누가 나한테 와서 그 사람이랑 한다. 가슴근육이 멋진 키 작은 남자였다. 고추도 잘 빨았다. 토하면서도.

옆방에서도 신음이 났다. 누군가가 박히고 있었다. 나도 이 사람에게 박고 있는데 어둠 속에서 누가 다가와 침대 옆 의자에 앉는다. 말없이 내 쪽을 보고 있는데 아까 그 형일까 생각한다. 내겐 안경도 없고 주위는 어두워 얼굴을 볼 수 없다. 클럽에 가려고 옷 갈아입고 인사하러 왔다가 박 타는 모습을 보고 말없이 앉아 있는 걸까 싶어 하다 말고 일어난다.

내려가서 씻고 올라왔는데 의자에 앉아 있던 사람도 침대에 있던 바텀도 안 보이고 곳곳에서 본격적으로 뒤엉켜서들 한다. 내가 박 탈 때 신음하던 옆방의 바텀은 아직도 하는 중이며 거기에 사람이 다 모여 있다.

어두운 방. 침대 주변에 드리운 얇은 커튼 너머로 박히는 바텀 실루엣을 사람들은 구경한다. 구경하던 덩치 큰 사람이 커튼을 들추고 바텀에게 다가가 입에 고추를 넣고 빨리기 시작했다.

바텀이 고추를 빨다가 웃으며 사정해버렸다고 말한다. 귀에 익은 목소리다. 아까 처음 만난 오랄맨이었다. 발기가 되면 옆에 가서 어떻게 해볼 텐데 발기가 안 되고 있었다. 아무리 주물러도 안 되었다. 둘이 얘기하는 걸 어둠 속에서 듣고만 있었다. 아까 얘기한 폐북 형인 모양이었다. 애인 얘기, 가게 얘기, 둘이 나누는 말을 커튼 뒤에서 듣다가 벽 뒤에서 듣다가 옆에 서서 듣다가 바닥에 누운 채로 들었다. 가만히 들으며 아까 혼자 무슨 착각을 했는지 생각하고 수치스러웠다.

나는 주제도 모르고 이렇게 감을 잃은 것이다. 이렇게 감을 완전히……

누가 와서 고추를 만지는데 안 선다. 대화를 듣다 일어나 다른 방으로 간다. 가장 안쪽 방에 입술이 통통 부어 있는 어린 남자가 가만히 있다. 옆에는 아저씨가 물건을 뒤집듯 함부로 남자의 몸을 만져댄다. 아저씨가 자기 성기에 젤을 바르고 항문에 밀어넣는 중에도 그는 저항하지 않는다. 뭔가에 취한 듯했다. 그의 볼에 부드럽게 입맞추고 가슴을 만지는데 그제야 발기가 된다. 발기가 되었으니까 아까 그 오랄맨한테 가야지, 하고 일어났는데 통로에서 가슴근육맨과 마주친다. 어두울 때는 몰랐는데 키도 작고 귀엽게 생겼다. 오랄맨은 폐북 형하고 얘기중이다. "느끼려고 하는 거지 서로…… 짐승같이 하는 건 싫어." 그래서 가슴근육맨과 하고 그한테 쌌다. 그러니까 겨우 집에 갈 수 있게 되었다. 씻는데 오랄맨이 내려와 알은체한다. "가는 거야? 나도." 말없이 고개를 끄덕이고 옷을 챙겨 입는다. 그는 얼굴에 로션을 바르면서 내게 잘 가, 한다.

문제는 박 탈 사람이 없는 게 아니고 너무 많은 사람과 할 수 있고 얼마든지 그런 사람들을 만날 수 있다는 데 있다. 나는 이런 문제를 알고 있었고 박 타러 온 곳에서 감정을 느끼지 않으려고 주의해왔는데 홀린 듯 정이 들어 속이 상했다.

왜냐면 그 사람과 영화 나오는 방에서 껴안고 뽀뽀하는 동안 했던 행동들이 그동안 너무나 하고 싶던 것이어서.

심지어도 그런 행동을 하길 원한다면, 이렇게 알맹이 없이 형식을 수행하는 일이 가능하다고 확인해서 어떻게 살아야 하는지 알 수 없는 상황에 도로 빠져버렸다. 2019. 03.

돌과 벽

세상에 거짓말이 어딨어. 거짓말을 상상할 때만큼은 진실했겠죠. 인생을 어떻게 살아야 한다고요? 가지고 있으면 가지고 있다, 크면 크다, 작으면 작다, 사실을 말해야 합니다. 그래서 똑똑한 조상들이 어떤 행동은 하지 말라고 권했던 거구나. 보통의 인간이라면 이걸 감당할 수 없을 테니까. 어차피 되어가고 있는 밥이고 되어가고 있는 죽이다. 내가 금지당한 것은 자격이 모자라서구나, 착각할 수 없게 모든 것이 너무나 우연하고 설득력 없는 인과로 이어져 있다고 확인할 때마다…… 원하는 결과를 얻으려면 어떤 행위와 행동을 해야 하는지 확신할 수 없어 답답하다. 문제와 답이 확실한 세상에 살고 있었다면 좋았을 텐데.

새것 좋아하기는 쉽다. 상처도 없고 깨끗하고 생각하거나 궁리할 필요도 없이 사용하면 된다. 헌것은 상처 입었고 수리해야 하고 망쳐졌고 지저분하다. 떼쓰지 말자. 어떤 것은 할 수 있지만 어떤 일은 할 수 없다는 사실에 익숙해지자. 반복해서 겪어야 하기에 고통을 안 느끼도록 나를 훈련시켜야 한다.

내가 겪고 보는 세계를 말해야 할까? 어떤 사람의 모습은 그에게 진실이었고 절실하여서 그런 처지에 있는 인간을 묘사하는 것은 비윤리적인 일 같다. 내가 무엇을 하려고 다른 사람의 비참함을 이용하지 말자. 가진 것도 확신할 수 있는 것도 없고 돌처럼 단단한 것도 없다. 여기가 올바른 주소도 아니고 여기로 꼭 배달되어야 했던 우편도 없다.

문이 열리는 성질을 가졌다는 것과 잠긴 문을 열쇠 없이 열 순 없다는 사실을 섞어 억지 부리지 말자. 나는 행복하다. 그 말이 내 바람이 이루어진다는 뜻이 아님을 이해하고 있다. 바꾸지 못하는 조건이나 상황에 떼쓰지 말아야 한다. 그건 내가 이 상황을 해결하고 싶어서 하는 행동이 아니고 무력감을 강화하려는 충동일 뿐이다. 주어진 인생을 어떻게 살아야 하는 것일까? 살아남아야지. 다들 견디지 못할 때조차도. 2019. 03.

포기하면 값지고 가꾸면 헛된 인생

여러 번 사정하여 정액이 흘러내리는 항문에 고여 있는 것.

사람들이 멀쩡해 보이네. 그럴 리 없는데! 뭘 원하긴 하지만 원하는 게 이건 아닌 채로 헤매고 있다.

예전엔 유서 발견하면 모아놨는데 어디 있는지 모르겠다. 그중 한 명에게는 절절한 감동을 느꼈다. '할 만큼 했는데 지쳐서 그런다.' 뭘 기다린다면 그건 일어나지 않을 것이다. 남들이 한 대로 할 수는 없다. 남들이 산 대로 살 수도 없고.

어떤 사람들은 보여줄 수 있는 것만 보여줘야 한다고 생각한다. 맞는 말이다. 하지만 보여줄 수 없는 것만 보여줄 수 있는 사람은 어떡하나요. 사라지면 된다. 없는 사람처럼.

글을 사람들이 읽는다고 생각하니 문제적인 표현들, 하지만 이 표현을 썼기에 가능한 이야기들을 없애야 하나 고민된다. 이것은 사람을 죽였는데 남들이 모르기만 하면 그만인가와 사람을 죽였다고 해서 굳이 남들이 알아야 하나의 다툼이다.

사람들이 읽지 않으면 문제가 되지 않는데 읽기 시작하면 문제가 된다. 나는 읽는 행위 자체가 사건이 되기를 바라고 그 사건에 연루되어 있다.

남들에게 내 글 읽으라고 공개적으로 요청할 수 있으려면 그 삶이 얼마나 보통의 울타리 안에서 안전하게 모험해야 하는지 새삼 느끼게 된다. 방법은 사실을 써놓고 이것은 허구라고 하면 된다. 그렇다. 그것이 유일한 방법이다.

이 글들을 사람들이 읽어야 하는 까닭이 뭘까? 누군가가 이걸 꼭 읽어줘야 하는 이유가 뭘까? 그것에 답하지 못해서 실행하지 못하고 있다. 더 기다릴 수 있는데도 기다리는 걸 포기해야 할까? 언제까지 저는 기다려야 하죠?

이천구백 원짜리 토스트를 두 개 사고 만 원을 냈는데 잔돈을 얼마 가져가야 하는지 계산이 안 돼서 휴대폰 계산기 앱을 켰다. 사천이백 원 가져가세요, 주인이 두 번 말했는데 계산기를 두들기고 있었다. 대답할 기운이 없어서.

엄청나게 거대한 아파트 앞 인도에 있는 마르고 빈약한 가로수 밑동에 침 뱉는 여자.

어떤 일이 일어나기 전에는 내가 그 일에 논리적으로 이성적으로 대응할 수 있으며 그 과정에서 보여준 합리성으로 사람들이 설득되리라고 착각을 하게 된다. 어떤 일은 겪고 나면 회복이 안 되고 뭐가 부러졌으면 부러진 채로 살아야 한다는 사실을 알지 못했을 때는.

생각에 기대지 말고 벽이나 단단한 나무에 기대자. 호모라는 건 나의 작은 사실에 불과하다. 나는 왜 이 모양으로 살게 되었을까? 이렇게 살아도 저렇게 살아도 안 죽을 방법은 없다.

어리석거나 덜 자랐거나 인간이 안 된 사람이 솔직한 기록을 남길 필요가 있을까?

무얼 원하는 건지는 모를 수도 있다. 원하는 게 무언지도 모르면서 단지 원하고 싶어하는 것일 수 있다. 이렇게도 살 수 있는데 이렇게만은 살 수 없다고 느끼는 이야기. 글은 글이고 글 쓰는 사람은 글 쓰는 사람일 뿐인데 뭘 더 얼마나? 마음까지 알아야 할 필요가 있을까? 모르는 것을 알려고 해야 할까?

내가 아는 만큼 볼 수 있는 만큼은 다른 사람들도 본다. 말을 안 할 뿐이지. 2019. 04.

소중이를 찾아서

　사연 있고 소중한 관계를 다시 만들어야 한다는 사실을 느끼면서 140 버스에 올라탔다. 서울 동쪽으로 가는 140 버스 출입문 앞자리에 앉아서 행복하게 살아야지 다짐했다. 이디야에서 복숭아슬러시를 먹고 헤어져서는 편의점에 들어가 커피를 두 개 사서 마셨다. 화장실에서는 오줌을 싸는데 옆에서 노인이 빨고 싶어, 아, 빨고 싶다 해서 그에게 빨렸다. 여관 갈까? 콘돔 있는데 뒤로 할래?

　있었던 여러 일을 쓰고 싶다. ㅈ의 졸전에 갔던 날 할말이 있었는데 왜 안 했는지. 학교에는 행사 십 분 전에 도착했다. 앉을 자리를 찾아 돌아다니다가 ㅈ의 어머니가 성원아, 불러서 인사했다. 빈자리가 보여 자리 있는지 물으면 다 있다고 했다. 앉는 대신 객석 맨 끝으로 올라가 기둥 옆에 서 있었다. 꽃다발을 쥐고 걸어다녀서 포장지가 바람에 뒤집혀 꺾여 있었다. 처음 모양처럼 펼쳐지도록 매만졌다. 그렇게 비스듬히 기둥에 몸 기대고 서서 쇼의 오프닝을 봤다. 해가 저물고 어두워지는 중에 도록을 넘겨 ㅈ이 무슨 팀으로 어떤 순서로 참여하는지 봤다. 어그러지는 일들을 떠올렸다. 하지 못했거나 할 예정인 것들을.

　쇼는 끝나고 사람들이 무대로 나온다. 오기를 정말 잘했다고 생각했다. 내가 찍은 휴대폰 영상에 ㅈ이 담겼기 때문이다. ㅈ은 까만 바지에 하얀 셔츠를 입고서 무대 위를 걸어온다. 사람들이랑 걸어가지고 한 바퀴 돌고서 무대 앞에 서 있다. 멀리 무대의 그애를 휴대폰 줌으로 잡아당기면서 액정 속 흐릿한 얼굴을 손끝으로 문질러보았다. 얘를 얼마나 보고 싶어했나 하는 마음과 그것이 얼마나 나만의 것인지 생각하면서. 내 감정을 남에게 책임져달라고 할 수 있어? 없으니까…… 나는 사람을 만날 수 없으리라는 생각이 들었다. 쇼가 끝난 뒤 사람들은 포토월로 몰려가는데 정신없고 바쁠 것 같아서 가고 싶지 않았다. 반가워하지 않을까봐 두려웠다. 꽃다발만 전하고 덜 불편하게 빠져나가야지. 꽃만 주고 가려는데 사진을 찍자고 해서 찍혔다. 졸업을 하는구나. 얼마나 분주해질까 싶어 소중하고 가슴이 미어졌다. 시간이 흐르려면 살아 있어야 하는데 자신이 없었다. 2019. 05.

착한 일과 나쁜 일

 옷장에서 옷을 꺼내 입는 동안 계단을 내려온 형이 뒤에서 나를 살짝 안는데 얼굴을 보고 싶었어도 쳐다보지 않았다. 이 사람이 좋았고 키스하는 방식이 좋았다. 나는 누군가를 예뻐하고 소중하다고 말하고 싶어하지만 그것은 누군가가 내게 그렇게 대해주길 바라는 것이었음을 생각해야 했다. 죽은 듯이 누워 있는 사람들이 있었고 이들을 건드려 입맞추고 속삭이고 항문에 노콘으로 삽입하고 싸기 위해 하는 행동에 회의가 들었다. 똥냄새와 지린내 나는 항문에 사람들이 하고 또 해서 씻고 왔는데도 여전히 하는 중이어서 또 했다. 이걸 잘해서 하고 싶어하는구나. 그림을 잘 그리거나 사진을 잘 찍으면 그걸 하고 싶어지듯이. 나는 남자 똥구멍에 고추를 넣고 그 남자를 기분 좋게 해주는 일을 잘해서 이걸 계속 하고 싶어하는 거라고 생각해야 했다. 그러고 있으면 형이 와서 나를 일으켜세우고 나는 그의 배꼽, 단단한 배 주변에 볼을 부빈다. 내 턱을 들어올려 입을 맞출 때마다 침이 조금씩 형에게서 내 입안으로 흘러 건너왔다. 형의 두툼한 고추를 빨며 가슴근육을 올려다보았다. 형이 입안에 싸줬으면, 하다가 먼저 쌌다. 밖으로 나와 씻었다. 얼마 전에 고생한 걸 기억하고 있었다. 누군가가 마음에 들어서 다음에도 보고 싶고 또 보고 싶은 마음이 들었던 걸 떠올렸다. 그 방심이 나를 얼마나 비참하게 만들었는지도. 그래서 아무 행동 안 했다. 또 보고 싶다거나 밖에서 보자거나 하는 빈말도 안 했다. 원하는 게 없었다. 집에 가고 싶기만 했다. 원하는 대로 할 수 있었는데 그러고 싶지 않았다. 나는 그 하지 않음을 선택해야 하는 중독자의 상황에 관심이 있었다. 약물사용자의 경험에 대해서, 그것을 덜 치명적이게 관리하려는 노력을 통해 나의 감정에 힌트를 얻고 싶었다. 켐섹스 케어 플랜을 읽는다. 다음 중 당신이 가장 약해지는 시간과 갈망 유발 요인을 고르시오. 금요일 퇴근 이후/퇴근 이후 귀가길/일요일 오전 중반, 계획 없음/일요일 오후, 심심함/토요일 늦은 밤, 잠이 안 옴/밤에 놀다가 혼자 집으로 돌아올 때/내가 '착한 일'을 해서 상 받을 자격이 있다고 느낄 때.

밖으로 나오면 밤이다. 확실하게 밤이어서 헤어질 수 있었다. 사람들은 중독되고 싶어하는구나. 그것이 어떤 사람에게는 약물이지만 누군가한테는 음식이고 누구에게는 일이고 자식이고 다른 무엇으로도. 이렇게 살아야겠지. 나는 누구보다도 잘 기다린다. 때때로 자신이 없다. 그럴 때마다 좋아하는 말을 떠올린다. '못하면 못하는 거지 뭘 어떻게 해.' 2019. 05.

선택

 잘생긴 사람은 잘생겼다는 사실을 편안하게 받아들이기 훈련을 오십 년 동안 하면 오십 살이 된다.

 감추는 법 숨기는 법이 있다면 애초에 그런 사람이 아니면 된다. 내가 아닐 방법은 없다. 항문섹스가 재미없더라도 그나마 인간 세상에서 재밌는 것임을 명심하자. 무엇이 견딜 만한 일일까. 지나간 일은 지나간 일이구나.

 나는 남들한테 나쁜 짓 안 하고 살았다, 생각하더라도 그것은 그의 사정이나 운이 좋았다는 말일 뿐이다.

 어떻게 살아야 하는지 누가 좀 알려줄 수 있다면 좋겠다. 어떻게 살아야 하는지 확고하게 신념 가지고 살아가는 사람도 있는데 나는 왜 이 모양인지 억울하고 유감 느낀다. 내가 나여야 한다니! 아무것도 속일 수 없다니! 잠기 전엔 이것이 소용 있을 것 같았는데. 소용 있을 것 같지만 소용없는 이 느낌을 관리하면서 평생 살아야 하겠구나.

 좋아하는 사람을 좋아할 수 없을 거고 보고 싶은 사람을 볼 수 없을 거다. 누구를 좋아하는지 누가 보고 싶은지 알 수 없을 테니까. 나는 누군가와 껴안고 뽀뽀하며 사랑의 능력을 확인하고 싶지만 그것을 표현할 만큼 소중한 관계를 만들기 어려워하고 있다. 이것은 모두의 숙제겠지.

남자랑 하고 싶어하는 남자들이 행복했으면 좋겠다. 왜 특정 집단 사람들이 그만 사는 걸 선택하는지 알 것 같다. 무엇이든 지속되는 건 없고 끝난다는 사실이 가르쳐주는 것.

희망하고 소망하는 게 있다면 좋겠지. 살아 있는 데에는 도움이 될 테니까.

사람들과 연결되어 있는 상태가 지긋지긋하지만 이걸 견뎌야 한다. 나는 아무와도 연결되어 있지 않은데 연결되어 있는 것처럼 보이는 상태를 참기 힘들다. 뭐가 잘된다면 이유가 있는 게 아니고 운이 좋았을 뿐이다. 듣기 좋은 말 하기는 쉽다. 옳은 말 하기도 쉽다. 그렇게 살기 어려운 사람이 있을 뿐이다.

내가 겪은 일들이 모두 사실이라는 점에서 탈출하려면 더 기다려야 한다. 지나가야 할 것들이 지나갈 때까지는. 작은 것은 작고 큰 것이 크다는 사실을 명심하는 사람이 되고 싶다. 내가 어떤 사람이라고 믿고 싶어하는 마음과는 별개로 내가 누구인지 스스로는 알고 있어야 한다.

다 흘러가는 중이고 흘러가는 중이다. 바라는 건 뭘까? 스스로 '너는 이런 걸 원하지?' 물을 때마다 나한테는 입이 없다고 느낀다. 2019. 07.

죽은 사람은 울 수 있다

　원하지 않고 필요하지 않았던 것을 선물받듯이, 살아야지. 알고 있다고 말하고 싶어도 모르면 모른다고 하고. 사람을 멸시하려고 하면 힘이 들지만 같이 살아간다고 생각하면 용기가 난다. 인생을 어떻게 살아야 할까? 자기가 옳으면 되었지 왜 남까지 옳기를 바랄까? 자신이 해야 할 일을 남한테 소망하지 말자. 할 수 있는 일을 하자. 작은 것은 작다.
　예전엔 육천팔백 원 하는 샌드위치가 비싸다고 느꼈는데 요즘은 그 돈으로 뭘 만드나 싶네.
　물어봐도 답이 없는 건 생각하지 말아야 하는데 자꾸 생각당한다. 닿아야 하는 곳에 닿고 싶다.
　내가 생각하고 의지를 가진다고 믿으면 그렇게 내 몸이 움직인다는 사실이 신기하다. 천장을 올려다보겠다고 생각하면 그럴 수 있다. 이동하는 시선을 따라 몸을 돌리고 손을 위로 뻗어서 검지로 날파리를 눌러 죽이기까지 이렇게 내 몸을 움직일 수 있다는 사실이 신기하고 동시에 이것이 고장났을 때가 무섭다.
　말하려고 노력할 필요가 없으며 들을 사람이 나타나기까지 기다려야 한다는 사실을 이해하기.
　외롭다.

사람을 보고 싶다는 게 아니라 그냥 외롭다는 말이다.

그래서 전시는 끝이 났습니다. 7월 28일에 끝났고요. 목요일에는 양주에 가서 나무들을 봤다. 비 내리는 언덕에서 우산을 쓴 채 다닥다닥 붙어 있는 작은 관목들을 봤다. 개인목은 육백만 원이고요, 저거는 천만 원이고 이게 천이백만 원이에요, 이거는 잔디장이에요, 부부목이고요. 나중에 추가하려면 저희가 작업비만 받고 해드려요 이십만 원 정도예요. 그렇게 차를 타고 이동한다. 납골당인데 특실도 있다. 비밀번호로 잠겨 있어서 아무나 못 들어가고 밖에서 볼 수만 있다. 아침에 발인하는 것을 보고 승화원에 간다. 화장을 하는 동안 졸려 차에서 에어컨 켜둔 채 잤다. 목요일 저녁에 사람들이 훌쩍이거나 하면 나는 아무 감정이 안 든다는 사실에 약간 겁이 났다. 사람이 죽었는데 타인이 우는 것을 이해하기 힘들었다. 죽은 사람은 울 수 있다. 자기가 죽었다는 사실이 슬플 수 있는데 안 죽은 사람은 왜 울까? 이 질문은 저 사람들은 우는데 나는 왜 아무 감정이 없는가, 그리고 아무 감정이 없는 나는 왜 이 자리에 앉아 있는가, 이런 것이 내가 가끔 생각하는 무력감을 비춰주었다. 나에게는 이것이 필요하다! 말해도 그것을 아무도 내게 줄 수 없었다. 그래서 나는 요구 안 하는데 왜 이 사람들은 여기에서 이걸 요구할까. 무슨 관계거나 기억이 있어서? 속일 수 없는 것을 속이지 말자고 다짐했다. 2019. 08.

좋은 일 생기려나보네

　사우나 일층에서 이층으로 올라가는 나무 계단, 그 아래 있는 업소용 냉장고(그 안에는 판매용 캔음료랑 맥주가 들어 있다)와 33번 옷장 사이 벽에는 아날로그 시계가 하나 걸려 있는데 가만히 올려다보면 유리판이 없을 것이다. 내가 깨버렸다. 누가 내 몸 쳐다보면 주눅든다. 그가 중년이거나 스스로 몸에 결점이 있다고 느끼는 이가 아니라면. 아까는 샤워할 때 몸 좋은 남자가 나를 쳐다보고 끌리듯 쳐다보고 참을 수 없이 쳐다보는 눈길이 느껴져서 샤워는 하는데 내 튀어나온 배와 비만인 몸이 부끄러웠다. 나는 볼 수 없는 뒷모습을 누군가는 보면서 내가 타인을 판단하듯 나를 판단할까봐 의식하고 있었다. 방은 어두웠지만 충분히 주변을 알아볼 수 있을 만큼 약한 불빛 속에서 엉덩이에 피부 발진이 올라온 마른 남자가 엎드려 있었다. 허벅지를 쓰다듬어보고 항문에 손가락을 갖다대보니 이미 박혔는지 마르지 않은 정액과 젤이 조금 묻어 있었다. 그는 술에 취해 있었고 별로 하고 싶진 않아서 일어나는데 그 옆에선 아무 신음 내지 않는 바텀을 누군가 어둠 속에서 열심히 박고 있었다. 나는 엉거주춤 서서 어떻게 할까 하는데 탑이 서 있는 내게 팔을 뻗었다, 탑의 항문을 만져보았는데 감촉이 나쁘지 않았다. 탑이 고추를 빨아주었다. 그가 자기 뒤에 박으라는 듯 젤을 건네주었지만 나는 서 있기만 했다. 나중에 그는 바텀을 박다 말고 더 다가와서는 고추를 빨아주고 그대로 고추에 콘돔을 씌운 뒤 또 빨아주었다. 마주보는 자세로 바닥에 누운 그의 항문에 성기를 집어넣기 시작했는데 빡빡해서 잘 안 들어갔다. 바텀이 된 탑은 랏슈를 한다. 아까 샤워실에서 봤던 근육남이 와서 자기도 박아달라고 자기 엉덩이에 내 손을 끌어다 댔지만 하고 싶지 않았다. 바텀이 안에 싸달라고 이제 싸달라고 하는데 집중이 안 됐다. 이 사람이 중저음에 수염이 있고 몸이 예뻤으며 내가 좋아하는 스타일이라는 사실을 상기시키며 흥분하려고 노력했다. 옆에서 근육남이 내 걸 만져주고 수염남에게 자기 걸 빨리고, 나와 번갈아 수염남을 박은 덕분에 겨우 나도 쌀 수 있었다. 일층에서는 몸을 씻고 옷을 입으려는데 수염남이 내려와서 눈으로 웃는다. 내가 사우나에 입고 온 후드티에는 "○○○ 노동자에게 건강과 인권을"이라고 쓰여져 있어서 영어와 숫자로 아무 말이나 쓰인 다른 옷으로 갈아입었다. 그러면서 상의에 팔을 넣어 머리 위로 쭉 뻗었는데 그 팔이 벽에 걸려 있던 원형 시계를 쳤다. 시계는 바닥에 떨어져 유리판이 박살났다. 나를 지켜보던 수염남이 헉, 작게 신음했다. 깨지는 소리를 들은 직원이 와서는 쪼그리고 앉아 유릿조각을 하나씩 주웠다. 어떡하지, 시계 값 물어줘야 하나 생각하며 옆에서 도와주려는데 놔두라고 청소기로 밀 거라고 한다. 직원은 깨진 유리를 다 줍고 청소기를 돌린다, 발 조심하라고 그러면서. 그동안 나는 천천히 옷을 입었다. 수염남이 아직

입고 있어서. 수염남이 다가와 라인 아이디를 물었다. 나는 라인을 지워 새로 가입해야 해서 대신 번호를 알려주겠다고 했다. 하지만 번호로 연락하는 게 불편하니까 라인을 묻는 거겠지 싶어 설치중이라고 좀만 기다려달라고 했더니 내 핸드폰으로 자기에게 전화를 걸었다. 그러곤 나중에 보자고 연락하자고 웃었다. 이름을 어떻게 하지 하다가 설날에 사우나에서 만났으니 설사우나라고 저장했다. 나는 다 입었는데 수염남은 시간이 더 걸릴 듯해서 먼저 나간다. 열쇠 반납할 때 직원에게 물었다. "유리 깨져서 어떡해요." "유리만 깨진 거고 시계는 가니까 괜찮아. 좋은 일 생기려나보네. 명절 잘 보내." 직원에게 "새해 복 많이 받으세요" 하고 나왔다. 나중에는 수염남에게서 문자가 왔다. 오늘만나서좋앗습니다-명절잘보내십시요. 그 번호를 저장하고 카톡 친구 새로고침을 했다. 친구가 등록한 이름은 인구였다. 나는 연락처에서 사우나 대신 인구를 쓰고 닫았다. 설인구, 이러니까 정말 사람 이름 같았다. 2020. 01.

위로를 어떻게 하지?

모처럼 쉬는 주말 아무도 안 만난 채로 월요일이 되었는데 화요일이 되자 호모들이 보고 싶었다. 보자고 하면 보고 뽀뽀하자고 하면 하고 안고 싶으면 안아도 된다고 딥오랄 하고 싶으면 자기 목구멍에 하라 하고 노콘으로 항문에 고추 넣고 싶어하면 그러라고 해주는 호모들이 천연기념물 같고 소중했다. 요즘 내 문제의식은, 얼마 전 공원 화장실에서 만났던 할아버지와의 경험 이후로 내 문제의식은, 누가 늙은 내 입에 싸줄 것이냐, 혹은 누가 늙은 나를 자기 입에 싸게 해줄 것이냐, 였다. 중요한 문제다. 늙었다는 이유로 싫어질 수 있는 문제. 그전엔 내가 늙은 사람들과 구별되도록 충분히 차이나게 어려서 저 사람과 나의 공통점 따윈 없다고 생각할 수 있게 젊어서 완전히 남인 것처럼 그들을 보았지만 점차 그들이나 나나 어린애들보단 우리끼리가 더 가깝다고 느끼게 하는 나이가 되어가면서 어떡할까. 젊고 관리하지 않아도 예쁜 시절이 끝난다는 걸 알았을 때. 서른다섯, 마흔여덟, 예순이 넘어서도 이런 만남이 지속 가능한가 묻게 되었던 것이다. 상담방에 초대할게요, 해서 들어간 텔방에서 내가 보고 싶어하는 그 형을 생각하면서 우리가 보는 건 시간문제야 그렇지? 하면서도 오늘은 인구 형을 생각했다. 자기를 아빠라고 부르라고 하지만 않았어도 한

번은 더 보았을까? 그가 랏슈를 하고 있을 땐 몰랐지만 단둘이 밀폐된 공간에 나란히 앉아 손을 잡았을 때 호흡기에 문제 있는 게 분명할 그 거친 숨소리를 들으면서 그것이 거슬린다고 느낄 때 우리는 두 번 못 보겠구나 생각하고 있었다. 그가 자기 동네라고 데려간 곳은 롯데캐슬 같은 랜드마크 앞이었지만 거기에서부터 걸어들어간 곳은 고시원이 즐비한 뒷골목이었다. 나이가 예순에 가까웠거나 넘었을 텐데 이러고 사는구나 하는 생각이 내가 찾는 관계에 이 사람을 대입할 수 없다고 판단하게 했다. 그것은 그가 육체적으로 어떤 매력을 가지고 있더라도 해소되지 않았다. ㅈ이 보고 싶고 수시로 보고 싶다고 생각하지만 이것은 감정일 뿐이고 관계에 대한 이야기는 아닐지 모르듯이. 오늘 ㄱ은 너한테라도 위로를 받고 싶어, 해서 라도는 뭐예요, 했지만 그랬기에 ㄱ을 만났고 어떤 행동들을 했는데 그것이 나에게 무엇을 감수하라고 보여주었는지 여기 안 쓰려고 한다. 다만 소중함, 관계를 요구하는 것 같지만 그게 답이 아니라고 생각당하는 순간은 기록하고 싶다. ㄱ은 모텔 침대 위에서 내 걸 목구멍 깊이 빨아들이면서도 이불로 내 얼굴과 상체를 가리고 있었다. 얼마쯤 지났을까 누군가 벨을 눌렀다. 의아해하니까 ㄱ은 한 명 더 불렀어, 한다. 나는 오늘 힘든 일이 있었다고 너무 괴롭히진 말아달라는 부탁을 받고 오늘은 그런 걸 안 해도 된다, 얘기만 해도 된다, 생각하고 왔는데 이때부터는 내가 ㄱ에게 좋아하는 감정을 갖고 있지 않았더라도 기분이 좋지 않았다. 나는 안경을 벗고 있어서 새로 들어온 사람의 얼굴도 몸도 잘 안 보인다. 침대와 테이블 주위에만 간접 조명을 켜두었고 천정 조명은 꺼져 있다. 그는 주섬주섬 옷을 벗고 샤워실로 들어가 씻고 나온다. 나중엔 셋이 한다. 별로 하고 싶지 않지만 위로해달라고 했으니까 ㄱ의 똥구멍을 혀로 핥고 있었다. 그거 말고는 위로를 어떻게 하지? 싶어서. 여기 오기 전에 케이크 한 조각이라도 사가지고 올까 생각했다는 것이 바보 같았고(비참하다거나 그런 뜻이 아니라 멍청한 생각이었으니까 안 하길 잘했다 싶어서) 먼저 사정한 ㄱ은 씻고 나간다. 옷 입으면서 먼저 갈게, 한다. 남은 사람도 가려나? 하는데 안 간다. 그는 바텀은 못한다고 했다. 키스도 안 한다. 나중에는 나보고 침대에 누워 입을 벌려달라고 한다. 나는 침대에 머리를 댄 채 고개를 젖히고 입을 벌렸다. 입안에 그가 사정한 정액이 고였다. 사정 안 하셔도 돼요? 그가 물어서 안 해도 됩니다, 하고 씻지도 않은 채 옷을 주워 입었다. 일층에 내려와 나가려는데 무인텔 로비에서 여자 직원이 마이크로 방송을 한다. 나에게 묻는다. 603호에 일행이 남았느냐고. 그렇다고 했더니 아까도 603호에서 남자분 한 명 나가셨는데 아직 한 명이 더 있으시다는 거예요? 그러면 추가금을 내야 해요, 하길래 추가금 드릴게요, 하고 프론트로 가서 마스크 쓴 여자 직원에게 만 원을 더 냈다. 모텔을 나오면서 ㄱ은 더 보지 말아야지 했다. 집에 돌아와서는 음식물 쓰레기를 치우고 분리수거도 했다.
2020. 02.

형이 박힐 때

 아침에 눈을 떴는데 허리가 아팠다. 밤에는 ㅈ형이랑 있었다. 형이 있었고 형을 둘러싸고 사람들이 모였다. 늘 하던 대로 했는데 나중에 형이 박히다가 내게 몸을 돌렸다. 젤을 꺼내느라 바스락거리자 흠칫 나를 돌아보더니 콘돔 끼려구? 물어서 아니 젤 바르려고, 했다. 형을 보려고 참고 있었던 나는 형과 같이 싸고 씻으러 나왔다. 그전에 방의 커튼을 들추고 들여다본 형은 하얀 팬티를 입고 있었는데 그 얇은 천 안 항문 쪽에서 빛을 내며 반짝이는 뭔가가 보였다. 진동 딜도였다. 어떻게 만져줘야 좋아할지 몰라서, 기분을 좋게 만드는 것보다 잡치지 않는 게 중요하다고 생각해서 몇 번 손끝으로 건드리다 말았다. 그전에는 옷 갈아입으려다 말고 가방 약통에서 트루바다 두 알을 꺼내 정수기로 갔다. 휴게실에 앉아 있는 사람들 앞에서 약 먹는 게 눈치 보여 몸을 돌린 채 입에 털어넣고 빨리 물을 먹었다. 약을 삼키는데 뒤에서 형이 왔어? 물어서 당황한 채 고개를 끄덕이곤 옷 갈아입으러 갔다. 사람 없어. 라커룸으로 따라온 형이 말했다. 코로나가 퍼져서 없을 거 같다고 예상은 했었다. 형은 운동을 계속해서 대흉근이 이전보다 훨씬 커졌고 등도 역삼각형으로 이쁘게 잘 만들어져 있었다. 샤워실에 들어가니 휴지통에 버려진 일회용 칫솔이 눈에 띄게 적었다.

  나중에 형 안에 싸고 형도 싸고 일어난다. 더 하고 싶은 마음도 없고 형한테 했으니 됐다 해서 씻었다. 샤워하는데 형은 내 옆에 쪼그리고 앉아 항문에 힘을 주어 정액을 뺀다. 갈색이기도 하고 빨갛기도 한 액체가 찔끔 샤워실 타일 바닥에 떨어졌다. 나는 지금 약이 없어서 못 먹고 있어. 태국에서 약이 안 와서. 그런데 한국에서도 되더라? 어 맞아. 한국에서 무상으로 주는 거 있었고 지금은 감염내과 가면 돼. 나 있는데 줄까? 무슨 약인데? 나는 트루바다 있지. 한국에서 한 거야? 응. 약 좀 있어. 보내줄게. 얼마나 있는데? 세 통 있어. 지금 세 통 있다고? 아니 집에. 형 지금 먹을 건 있어. 여기면 인하대병원에서 할 수 있을 거야. HIV감염인 파트너라고 구두로 얘기하고 받으면 돼. 그럼 한 알에 삼천 얼마 정도 해, 보험 적용돼서. 그래? 그러면 병원에 다 까야 하지? 그치. 그런데 뭐 병원이니까.

  나와서는 약을 가방에서 뒤져 찾았는데 휴대용 약통이 가방 안에서 오래 굴러다녀서 까맣게 때가 타 있었다. 약을 낱개로 주기는 뭐하고 당장 먹을 게 없다면 며칠 분량은 되니까 이걸 통째로 주고 싶은데 부끄러웠다. 형이 몸의 물기를 닦고 드라이 하는 동안 나는 옷을 다 입었다. 형한테 약을 들고 가서 지금 줄까? 하는데 무슨 약이냐고 묻는다. 트루바다지, 하고 열어서 보여주었다. 왜 색깔이 달라? 내 건 노란색인데. 형 제네릭이지? 그건 복제약이고 이게 원래 약이야. 이걸 복제해서 만든 거야. 성분은 같아. 방금 했으니까 지금 두 알 먹고 이십사 시간 후에 한 알씩 두 번 먹으면 돼. 형은 머리 말리면서 얘기했다. 나는 그 약 먹고 처음에 고생 엄청 했어. 토 며칠 동안 하고. 그런데 내가 알고 있는 거랑 달라. 맨날 한 알씩 먹거나, 하기 전에 한 알, 하고 나서 한 알, 이렇게 먹으라고 했는데. 응. 매일 먹거나 온디맨드로 먹으면 되는데 섹스하기 전에 두 알을 먹고 약 먹은 시간부터 이십사 시간마다 한 알씩 먹으면 돼. 안 먹다가 먹을 땐 몸에 항바이러스 효과를 빨리 끌어올리려고 두 알을 먹는 거야. 너는 이 약 먹는 거 괜찮아? 나는 구토도 하고 설사도 하고 그랬어. 어, 부작용이 있대. 형처럼 토하고 설사하고 어지럼증 있고. 그런데 나는 괜찮았어. 아무렇지도 않았어. 약은 그럼 괜찮아? 일단 집에 가면 먹을 건 있으니까. 나는 부작용 있어서 잘 안 먹게 되더라. 그래, 그럼 병원에 신청하는 방법이랑 톡으로 보내줄게.

나오면서는 카운터에서 신발장 키를 주고받는데 사장이 나와 얘기한다. 리모델링해서 연다고 광고해서 우선 열긴 했는데 아무래도 코로나 때문에 이 주는 더 닫아야 할 거 같아요. 월요일부터 보름 더 쉴 거예요. 혹시 헛걸음하실까봐 말씀드려요.

이렇게 하면 병에 걸리잖아요, 할 때 걸리면 걸리는 거지, 하고 말았는데 지금은 생활 습관을 규칙적으로 건강하게 유지하지 않으면 나중에 더 귀찮고 돈이 들어가겠구나 한다. 그마저도 이전이었다면 그러거나 말거나 지금 나의 기분을 해소하거나 해결한다는 느낌이 중요해서 무시하게 되는데 이제는 거짓

말하지 말자 너는 그 정도로 절박하지 않다(왜냐면 여러 문제들이 해결되어서)라고 이해하고 있다. 어제 보았던 몇 장면. 정말 못생기고 뚱뚱한, 남의 눈치를 보는 사람이 있었는데 그가 나한테 키스하려 해도 고개 돌리거나 거부하지 않았다. 옛날에는 자주 그랬다. 형이 나랑 하고 있을 때 형이 아는 사람 고추를 빨거나 형이 아는 사람에게 박히거나 하는 경우는 있었는데 그 외의 사람들이 형을 만지고 들이댈 때에는 형이 만지지 말라고 얘기해서 의외였다. 그 못생긴 사람은 형에게도 키스하려고 했는데 처음에는 형이 고개 돌려 피하다가 나중에는 받아주었다. 2020. 03.

출발선 긋기

 모르는 것은 모른다고 말하기. 모르는 걸 알 순 없으니까 모르면 모른다고 한다. 어떤 사람이 대단하면 아 대단하구나, 말하는 연습을 해야지. 대단한 사람에 대고 그렇게 대단한 건 아니네 하지 말고. 어제는 왜 왔느냐고 하길래 형 보려고요, 했고 사람들이 어이없다는 듯 웃었다. 형 보려고 간 게 맞고 형들 보려고 간 게 맞고 사람들 보려고 간 게 맞고 나는 누구든지 사랑하고 싶어서 안달난 것처럼 모두가 좋았다. 끝나고는 회의할 때부터 보았던 벽면 서가에 꽂힌 자료집들, 저걸 챙겨가야지 생각하고 있어서 형한테 저거 혹시 챙겨도 되느냐고 묻고 몇 부씩 있는 자료집을 한 권씩 뽑았다. 그러다 HIV감염인 생애사 인터뷰집 관련해서는 '그 책은 안 돼' 해서 네, 했다.

 요즘은 좋아하면 좋아한다고 하고 보고 싶으면 보고 싶다고 한다. 오십 년 동안 보고 싶어한 사람이 있었어도 말 안 하면 모르니까. 저녁에는 어떤 게 할 수 있는 일이고 어떤 건 하기 어려운지 알고 싶었다. 하기 어려운 상황에 놓인다고 해도 그것을 풀어낼 인내심을 갖고 싶었다. 뭔가 되어가는 중일까? 나는 도와주려는 사람이고 하려는 사람인데 그걸 설명하고 알려주면 된다고 생각했다. 겁먹거나 화가 난 사람에게는요. 사람들에게 잘해야 한다. 잘한다는 의미가 무엇인지 모르겠지만.

난처한 상황에 처할 때 외면받지 않고픈 두려움이 클 뿐이다. 아침에 전화를 했다. 저 여기 일층에 왔어요. 버섯님, 그럼 밖으로 나오세요, 에이동이 있고 비동이 있거든요. 뭐가 보이냐면요, 어쩌구가 보여요. 거기가 에이동이에요. 저희 강의실은 비동이에요. 생각했다. 이 사람이 누구여서 나를 데리러 오고 잠긴 문을 열어줄까?

오늘은 모르는 상태에서 말해야 하는 사람의 글을 읽었다. 이론으로 정리되고 확인된 명제들이 없는 상태에서 우리의 느낌을 언어화, 의미화해야 하는 작업을 해내고 떠난 사람의 글을 읽었다. 당시 사람들이 생각하지 못했던, 기존 관점에서만 현실을 바라보아서 해결할 수 없었고 인식할 수 없던 것들을 새롭게 정의해내는 순간이 글에 있었는데 그런 걸 마주칠 때마다 내가 지금 무얼 모르고 있을까 묻게 된다. 사십여 년이 흘러 후대의 눈으로 보면 명확해진 것을 더듬더듬 설명해야 하는 저 사람의 조건, 그러나 그 불완전한 말로 겨우 가능해진 다른 사고. 사실을 발견하고 근거를 모아 조합하는 이상의 인과적 추론이 등장하는 순간 그것으로 공감할 수 있고 드디어 내 경험이 언어화, 의미화되는 순간의 감동을 새삼 생각해보게 되었다. 내가 얼마나 글을 쓰거나 읽고 싶어하나? 하는 마음도.

나는 어떤 사람이 되어가는 중인가요! 그리고 어떤 사람이 될 수 있을까요. 소중이들을 보면서 용기를 잃고 싶지 않다고 생각했다. 용기를 잃는다는 것은 할 수 있는 일조차 하지 못하고 포기해버리는 것이다. 나는 할 수 없는 일을 잘게 쪼개서 할 수 있음을 발견해야 한다. 나는 뭘 할 수 있는 사람일까? 할 수 있는 일들을 발견해내고 하나하나 해내다보면 알게 되겠지.

   노콘 항문섹스 같은 이야기를 하고 있고 실제로 그러한 행동을 하고 있으나 어떤 젊은이들, 아름다운 청년들을 인스타 등에서 목격하면 저들이 정말 게이구나 나와는 다르구나, 느끼게 된다. 성정체성이나 성적 지향에 따른 동성애자, 양성애자, 이성애자 같은 분류보다 계급이나 외모 조건, 삶의 양식이 과시하는 경계를 더 강하게 느낀다. 나는 동성애자로서 남성과 섹스하는 남성이라 생각하고 있으나 그러한 나의 성행동, 내가 섹스하는 것과, 저 미청년이나 젊은이들이 동성과 관계 맺는 것은 다른 질감이라 느낀다. 나의 질문은 어디로 발전해야 할까? 회의에서는 이제 정해주자고, 답할 가치 없는 질문, 안에 싸도 돼요?에는 안에 싸도 된다, 이런 식으로 불필요한 논쟁은 과학적인 합의에 도달했다면 그 논의의 출발선을 그어주자고 한다. 그렇다면 그다음에 오는 게 뭘까. 누가 늙은, 늙어간 혹은 외모 자원이 부족한 내 입에 싸줄 것인가 혹은 자기 입에 싸게 해줄 것인가, 이것은 정말 다음 질문일 수 있겠구나, 하는 생각들. 내가 다르게 경험하는 특정 형태의 만남들, 관계들, 사람들을 어떻게 언어로 정의해야 할지 오늘 어렴풋하게나마 어쩌면 이것이 안개일지도 모르겠다 생각하게 되었던 거 같다. 뒤늦게 글로 쓰면서. 2020. 04.

친절한 설명

형, 안에 싸도 돼요?*
— 노콘 항문섹스를 하려면 어떻게 해야 할까?

● 이 글은 2018년 키싱에이즈쌀롱 후기 「고통에는 얼굴이 있다」, 2019년 성소수자인권포럼 발제문 「노콘 항문섹스를 하려면 어떻게 해야 할까—PL과 MSM의 새로운 관계맺기」, 『아무도 만나지 않고 무엇도 하지 않으면서 2014~2016』(볼끼책방, 2019) 작가의 말을 종합한 것이다.

0.

나는 이 글을 정리하기가 힘이 들었다. 나와 같은 문제를 겪는 MSM[1]을 상대로 이야기하는 것이라면 상대가 어느 정도의 지식을 갖추고, 어떤 문제의식을 갖고 이 글을 읽어나갈지[2] 짐작할 수 있다. 하지만 HIV와 에이즈의 차이[2]도 모르고, 프렙[3]과 U=U[4]가 무엇인지 알지 못하며, 동성 항문성교가 에이즈의 원인 아냐? 동성애를 치료해야 할 질병이라 여기는[5] 정도의 지식

---

1 Men who have Sex with Men.

2 HIV(Human Immunodeficiency Virus, 인간면역결핍바이러스)는 대표적인 혐기성 바이러스로 공기에 노출되면 죽는다. 열에도 약하여 약 71℃의 열을 가하는 것만으로 완전히 사멸하고 체액이 건조되어도 사멸한다. 염소계 소독제에는 특히 약해 수돗물 정도의 염소 농도에서도 바로 비활성화되어 감염력을 상실한다. 곤충매개성 바이러스가 아니어서 모기로 감염되지 않는다. 감염인과의 1회 성관계로 HIV에 감염될 확률은 0.1~1% 정도로 낮다. 'HIV감염인'이란 넓은 뜻으로 보면 에이즈(Acquired Immune Deficiency Syndrome, 후천성면역결핍증) 환자를 포함해 HIV에 감염된 모든 사람을 일컫는다. 그러나 질병의 진행경과를 적용하면 HIV에 감염되었지만 면역이 일정 수준 이상으로 유지되고 에이즈 정의질환이 없는 사람을 의미한다(질병관리본부, 2012).

3 PrEP(Pre-Exposure Prophylaxis, 노출전예방요법). 비감염인이 예방 목적으로 HIV 치료제를 지속적으로 복용해 HIV감염 위험을 감소시키는 요법. 항레트로바이러스 약제를 매일 한 알씩 복용하는 방식이 일반적이며 장기지속형 주사제 방식도 임상시험중에 있다 (HPTN 083 연구 참조).

4 미검출=미전파. Undetectable=Untransmittable.

5 국제사회는 동성애를 질병으로 취급하고 차별하는 것을 멈추라고 지속적으로 주장해

수준을 가진 사람들이 이 글을 읽는다고 생각하면 과연 어디부터 어디까지 이야기해야 할지 막막해진다. 이게 뭔지 친절하게 설명해달라고, '잠재적 아군'을 설득해보라고, '사회적 합의'를 끌어내보라고 요구당하는 현실을 하나하나 상대하다간 앞으로 나아가기는커녕 의지를 상실하고 진흙탕에 처박히고 말리라는 위기감도 갖고 있었다. 소수자로서 살아가면서 답할 가치가 없는 질문을 파악하고 스트레스 받지 않고 무시하는 일은 중요했다. 내게는 이다음에 올 것을 상상하고 고민할 의무가 있다고 믿기 때문이다. 그럼에도 성적 지향을 차별금지 사유에서 삭제해야 한다며 그 이유로 '동성애로 인한 에이즈 급증'을 드는 이들이 국회의원직을 수행하는 나라[6]에서 내 이야기는 어디까지 받아들여질까? 편견에서 기인한 주관적인 거부감을 근거로 동료 시민의 권리를 적극 제한하고 차별해도 된다고 믿는 이들이 득실거리는 듯 보이는 이 사회에서 나는 어떻게 해야 건강하게 살아갈 수 있을까?

왔다. 21세기에도 세계보건기구(WHO)가 동성애가 질병이 아님을 공식적으로 인정했다는 사실(1990년)을 굳이 거론해야 할까?

6 국가인권위원회법 일부개정법률안(안상수 의원 등 44인, 2019. 11. 21.). "성적 지향"의 대표적 사유인 동성애(동성 성행위)가 법률로 적극 보호되어 사회 각 분야에서 동성애(동성 성행위)가 옹호 조장되어온 반면, 동성애에 대하여 양심·종교·표현·학문의 자유에 기반한 건전한 비판 내지 반대행위 일체가 오히려 차별로 간주되어 엄격히 금지되어옴. (……) 그 결과 헌법상 보장된 국민의 기본권인 양심·종교·표현·학문의 자유가 현행법 "성적 지향" 조항과 충돌하는 등 법질서가 훼손되는 문제가 발생하고 있고, 성정체성이 확립되기 전인 청소년 및 청년들에게 악영향을 주고, 신규 에이즈감염이 세계적으로 유례없이 급증하는 등의 수많은 보건적 폐해들이 초래되고 있는 실정임.

내가 폭식을 할 때 양배추나 샐러리를 먹진 않았던 것처럼 항문섹스 역시 기호가 반영된 행동이다. 인간으로서 누구나 지니고 있는 외로움과 관계맺기의 어려움의 결과로 위험행동을 했다는 인과관계가 사람들에게 호소력을 가질 수 있다고 생각했더라도 그것만이 행동을 결정하진 않는다. 모든 게이 남성이 외로움을 느낀다고 다른 남성의 정액을 먹거나 다른 남성의 성기를 자신의 항문에 삽입하진 않으니까. 이성애자라고 하여 똑같은 생애각본을 따르진 않듯 게이 남성으로 정체화했어도 마찬가지다. 그럼에도 존재하는 욕구에 대한 차이가 나를 만든다. 동시에 이러한 욕구는 사회적으로 보이지 않게 가려지며 나아가 과잉대표되고 왜곡당한다. 어떤 행동이나 말들은 세상에 없는 것처럼 숨겨져 있다. 나는 공적 공간에서 항문섹스, 노콘 섹스 등의 단어가 노출돼 있는 게 중요하다고 생각했다. 혐오세력이 아닌 당사자의 경험과 언어로. 어떤 사람이 세상에 존재하지 않는다고 취급당할 때, 그의 얼굴을, 표정을 상상할 수 없을 때 그 삶의 토대와 조건은 취약해지기 쉽다.

일부 게이 남성에게 만남의 통로가 되는 어플 혹은 사우나 등 공간에서의 문법은 그에게 관계의 형태와 질을 결정하는 조건이 되기도 한다. 이성애자와 달리 제도적으로 제한된 선택지 안에서 친밀함을 발견하려는 노력은 시대와 사회, 공간의 한계를 자기 정체성의 문제로 바라보게끔 착시효과를 일으킨다. 이렇듯 차별과 불평등은 개인의 특성이나 문제행동의 결과처럼 보이도록 강제된다. 구조적 취약성을 소수자 개인이 떠안을 수밖에 없도록 설계된 세계에서 그 환경을 개선하는 것은 다수에게 늘 비용이라는 부담으로 인식되어 변화를 저지시킨다. 소수자 개인이 처한 환경의 선택지를 다양하게 만들지 못하면 그는 동일한 선택을 반복할 수밖에 없다. 게이로서 마주하는 차별과 혐오의 맥락은 복잡하게 얽혀 있고 그 모두를 세심하게 풀어낼 끈기와 능력이 내겐 없지만 나 개인의 이야기는 할 수 있다. 나는 삶을 이야기하고 그걸 이해하는 방법으로 이 글을 쓴다.

1.

내가 게이라는 사실을 받아들이는 과정은, 나는 어떤 방식으로 관계하고 어디에서 누구를 만나고 있는가, 그리고 나에게 친구가 있다면 누구인가, 사랑하는 사람이 있다면 그는 누구인가라는 질문이기도 했다. 내가 편안함을 느낀 곳은 남자와 하고 싶어하는 남자들이 모이는 공원 화장실 같은 곳이었다. 거기는 상대를 인격적으로 기대하지도 않고 이 사람의 이름이 뭔지 궁금해하지도 않고 오로지 싸고 싶어서 오거나 싸려고 가는 곳. 그리고 그런 사람들에게 사용되고 싶어하는 이들이 오는 곳이었다. 거기를 이용하는 사람들, 다니는 사람들을 가장 많이 비난하는 방식은 질병 혐오였다. 저렇게 하면 병 걸려, 우릴 욕먹게 하는 걸레 같은 애들.

공원 화장실에서 섹스하면 성병에 걸리고 집이나 호텔에서 섹스하면 성병에 걸리지 않는가? 성병을 비롯한 여러 위험을 감소시키는 일과 내가 섹스하는 상대가 누구인가라는 관계성, 해당 공간에 대한 낙인은 다른 결의 문제임에도 이것들을 한데 섞어 사고하는 적극적인 무지는 생산적인 논의를 가로막고 있었다. 그렇게 '더러운' 사람을 낙인찍음으로써 '건강한' 사람을 분리해내려는 갈등이 가장 첨예하게 드러나는 영역이 HIV/AIDS였다. 나는 (예)비감염인으로 언제든 HIV감염인(이하 감염인)이 될 수 있다는 사실을, 우리 모두는 성관계를 하는 이상 성정체성이나 성행동의 형태에 관계없이 HIV에 감염될 수 있다는 사실을 이야기해야 한다고 생각했다.

2014년에 행동하는성소수자인권연대 웹진에 발표했던 「외로움의 조건」이라는 글의 일부분은 "[혐]에이즈에 걸린 게이가 쓴 수기"라는 제목으로 인터넷에 돌아다니고 있다. 나는 그러한 편견에도 관심이 있었다. 일부 사람들은 어째서 누군가가 '문란한' 섹스를 했다고 하면 마땅히 에이즈에 걸렸으리라, 걸리리라 생각할까? 나는 2018년 11월부터 프렙 시범사업에 참여해 에이즈 치료제이자 예방약으로 사용되는 트루바다[7]를 복용했다. 프렙 시범사업은 HIV 항원항체 검사에서 음성이 나와야만 참여할 수 있다. 즉, 나는 '아직' 감염인이 아니다. 내 의문은 세 가지다. 첫째, 사람들이 가지는 에이즈 공포와 성적 문란함에 대한 낙인이 합리적이려면 나는 이미 감염인이어야 할 것 같은데 왜 아닐까. 둘째, 누군가를 감염인이라 여겨 그를

---

[7] TDF300㎎/FTC200㎎.

혐오하고 두려워했을 때, 그가 감염인이 아니라면 사람들의 분노와 혐오는 어디로 향하는 것인가. 셋째, 안전하게 노콘 항문섹스를 하는 방법은 있을까?

2.

HIV는 정체성과 성교 형태를 막론하고 바이러스를 갖고 있는 사람과 혈액 내지 체액이 오가는 성접촉을 한다면 감염 가능성이 있다는 것이 그동안의 상식이었다. 하지만 우리 의학 기술은 여기에서 한 걸음 더 나아갔다. 자신의 감염 사실을 알고 6개월 이상 치료받아 바이러스 활동성이 억제된 감염인은 전파력을 상실한다는 사실(U=U)이 최신 연구결과를 통해 증명되었다.[8] 2016년 국제에이즈컨퍼런스에서 국제에이즈학회(IAS), 유엔에이즈(UNAIDS), 영국에이즈협회(BHIVA) 등 의학단체가 발표한 '바이러스 미검출 수준의 감염인과의 성접촉으로 HIV에 감염될 위험에 대하여'[9]라는 이 성명은 혈내 바이러

---

[8] 감염인이 항레트로바이러스 치료를 빨리 시작할수록 감염 위험을 93%까지 낮출 수 있다는 1736쌍의 감염인-비감염인 커플을 대상으로 한 (남성 동성커플 38쌍, 나머지는 이성 커플) 미국국립보건원의 연구(HPTN 052, A Randomized Trial to Evaluate the Effectiveness of Antiretroviral Therapy plus HIV Primary Care versus HIV Primary Care Alone to Prevent the Sexual Transmission of HIV-1 in Serodiscordant Couples)의 2016년 결과와 항레트로바이러스 치료를 받고 있고, 바이러스 수치가 미검출인 감염인과 비감염인 커플 888쌍의 58,213번의 콘돔을 사용하지 않은 성관계로 0번의 HIV감염이 일어났다고 발표한 유럽 14개국을 아우르는 The PARTNER(Partners of people on ART: a New Evaluation of the Risks) study(2016), 그외 The Opposites Attract study(2018), The PARTNER2 study(2019) 등이 있다.

[9] The Prevention Access Campaign, RISK OF SEXUAL TRANSMISSION OF HIV FROM A PERSON

스 수치가 미검출 수준(HIV RNA<200copies/mL)에 도달한 감염인과의 성접촉을 통해서는 HIV에 감염될 수 없다고 말한다. 감염 사실을 인지하고 조기치료를 시작해 에이즈로의 진행을 막고 전파 능력을 상실하면 더이상 신규 감염은 일어나지 않는다. 감염인 당사자가 예방의 주체가 되는 것이다. 전파 가능성이 있는 사람은 감염 사실을 알지 못하는 이들이다. 따라서 국제적인 HIV/AIDS 정책은 누구나 HIV에 감염될 수 있음을 알리고, 정기적인 검사로 자신의 상태를 알게 하여 확진 판정을 받으면 치료에 들어가 건강한 삶을 유지하고 타인에 대한 전파력을 제로로 만들어 결과적으로는 HIV/AIDS를 종식시키는 것을 목표로 삼는다. 이 과정에서 중요한 것은 검진과 치료과정에서 낙인과 차별로 접근 장벽이 생기지 않게 하는 일이다.

HIV감염과 다른 성병을 예방하는 간편하고 경제적인 방법은 콘돔이지만 여러 사회문화적 요인으로 감염취약군의 콘돔 사용률이 높지 않은 현실에서 프렙은 HIV감염을 예방하는 대안으로 등장했다. HIV 음성인 사람이 매일 같은 시간에 항레트로바이러스 약제를 한 알씩 복용하는 프렙 요법은 용법과 용량을 준수할 경우 90% 이상의 감염 위험 감소 효과를 보인다.

2012년 FDA가 전세계 최초로 HIV 감염취약군에 대한 트루바다 예방요법을 허가한 데 이어 2014년 5월 세계 최초로 미

LIVING WITH HIV WHO HAS AN UNDETECTABLE VIRAL LOAD(2016).

국 질병관리본부(CDC)가 가이드라인을 배포했으며 미국·영국·유럽·호주·대만 등 57개국에서 프렙을 HIV 감염취약군의 HIV 예방법으로 채택했다. 나아가 2016년 유럽의약품청(EMA) 허가에 이어 2017년 6월 세계보건기구에서도 HIV 예방을 위한 필수의약품으로 등재했다. 2018년 2월 13일에는 국내에서도 트루바다가 예방 목적의 적응증을 획득해 감염내과에서 처방받아 복용할 수 있다.

이렇듯 치료받는 감염인은 타인에게 바이러스를 전파할 수 없다는 사실과 프렙이라는 혁명은 국제사회에서 상식으로 자리잡았으나 아직도 '동성애 하면 에이즈 걸린다'는 구시대적

---

10   2025년 1월부터 우리나라 17개 시도에서 감염취약군을 대상으로 질병관리청 프렙 지원사업을 진행하고 있다. 성소수자 에이즈예방센터 아이샵(www.isharp.org)을 통해 확인할 수 있다. 성관계 전 24시간 이내 두 알을 복용하고, 첫번째 복용 24시간 이후, 48시간 이후에 각각 한 알씩 추가로 복용하는 온디맨드(On Demand) 용법을 택해도 무방하다. 물론 감염인 파트너의 혈중 바이러스 농도가 미검출 수준에 도달했다면 예방조치 없이 노콘 항문섹스를 하더라도 HIV에 감염되지 않는다. 아래는 트루바다의 알려진 부작용이다.
   가. 트루바다는 임질, 클라미디아, 매독 같은 성매개감염을 예방하지 않는다.
   나. 트루바다는 감염취약군의 감염 위험도를 낮출 뿐 HIV를 100% 예방하지 않는다.
   다. 감염 위험을 더욱 낮추려면 안전한 성관계 등의 안전 조치를 병행해야 한다.
   라. HIV감염을 치료하지 않는다. 에이즈 발병 속도를 늦추려면 트루바다와 여러 항레트로바이러스 약물을 병행 복용해야 한다.
   마. 트루바다는 특히 B형 간염을 악화시킬 수 있다. 또한 간비대증, 혈액 내 젖산 축적(젖산산증) 등 상당히 치명적인 부작용을 유발할 수 있다. 젖산산증 증세는 현기증, 숨가쁨, 근육통, 부정맥, 메스꺼움과 구토를 동반한 복통 등이다. 간비대증의 경우에는 메스꺼움, 입맛 상실, 흑뇨, 피부 및 눈 흰자위 황변, 복통 등의 증세를 보인다.
   바. 트루바다는 뼈와 신장에 무리를 주기도 한다. 골밀도 감소로 작은 충격에도 뼈에 심한 통증을 느끼고 심한 경우 골절될 수 있다. 트루바다를 복용한 후에 뼈나 신장에 이상이 발견되면 곧바로 의사와 상담해야 한다.

막말을 적극적으로 재생산해내는 한국에서 감염인과 에이즈는 낙인과 몰이해의 정점에 있다.

3.

질병관리본부와 대한에이즈학회가 공동 발표한 '에이즈 행태 조사 보고서'(2015)에 따르면 에이즈에 대해 사람들은 '죽음' '불치병' 등 부정적인 이미지를 가장 많이 떠올린다. 의학이 발달해 관리 가능하고 예방 가능한 만성질환이 되었지만 아직도 사람들에게 에이즈는 걸리면 죽는 병, 혐오와 공포의 대상이다. 이것은 에이즈 패닉이 있었던 팔십년대에 정부가 사용했던 공포소구 전략의 한계와 부작용으로도 볼 수 있다. 질병에 대한 부정적 이미지를 강조해 경각심을 높여 예방 효과를 얻으려 했던 과거 캠페인과 미디어 속 이미지가 사람들에게 해당 질병과 감염인에 대한 낙인을 심화시킨 것이다. 희귀질환으로 분류될 만큼 감염인 수가 적은 한국에서 대부분의 사람들은 실생활에서 그들과 마주치고 이야기를 들은 경험보다는 감염인을 문제삼는 선정적인 기사의 인터넷 댓글이나 종교 단체가 주류 이성애 질서에서 벗어난 소수자 집단을 비난하고 그에 대한 차별을 정당화하는 구실로서 이용한 질병의 이미지를 통해 에이즈를 접한 경험이 대부분이다.

앞서 언급한 보고서에서 주목할 점은 에이즈 지식 정답률이 15%에 그친 응답자들 중 92.8%가 자신은 에이즈에 걸리지 않으리라는 낙관적인 편견을 보였다는 사실이다. 나의 일이 아니라는 무관심에서 비롯된 이러한 태도는 HIV/AIDS 이슈를 공중보건에 위협이 되는 에이즈 괴담 내지는 일부 종교 단체의 혐오와 선동의 언어에 불려나오는 희생양으로만 바라보게 한다.

남자와 섹스하는 남자를 뜻하는 MSM은 HIV 감염취약군으로 분류된다. 이 말은 기존 주류질서에 맞게 설계된 사회에서 배제되고 드러나지 않아서 이들이 위험에 노출되는 구조적인 취약성을 갖는다는 뜻이다. HIV감염에 취약하다는 사실은 해당 집단을 차별하고 혐오하는 이유가 아니라 이에 걸맞은 접근법과 정책을 세워야 할 근거가 되어야 한다. 그 방법은 해당 집단을 낙인찍고 주변화하는 것이 아니라 그 집단의 특성에 맞는 의료 조치를 제공하는 것이다.

또한 이 용어는 동성애자라고 자신을 정체화했거나 표현하는 사람만이 동성과 섹스하는 게 아니라 이성애자, 혹은 나의 남편도 남자와 섹스할 수 있다는 현실적인 이야기를 하는 맥락에서 나온 용어이기도 하다. 성행동의 결과인 HIV감염을 이성애/동성애라는 성적 지향의 문제로 환원하는 혐오세력의 선동은 정작 사람들을 HIV감염에 더 취약하게 만든다. HIV는 동성애, 혹은 항문섹스를 한다고 자연 발생하는 것이 아니기 때문이다.

이성애자라 하여 모두 동일한 형태로 성관계를 맺고 살아가진 않는다. 관계의 형태와 질감은 개개인에게 다르게 경험된다. 이성애, 동성애 등은 누군가의 삶을 이야기하는 한 조건일 뿐이다. 누군가는 성적 끌림을 적게 느끼고, 누군가는 활발한 성적 실천을 한다. 불특정 다수와 무수히 '위험'한 섹스를 하였어도 HIV에 감염되지 않을 수 있고, 단 한 번의 성관계로도 HIV에 감염될 수 있다. 이때 이 '위험'을 무엇이라 정의하느냐에 따라 접근방식이 달라질 것이다.

감염인에 대한 비과학적인 혐오와 차별은 의료적 조치를 받으면 되는 질병의 문제를 도덕적 가치판단의 문제로 바라보게 하여 해결을 어렵게 만든다. 또한 감염인의 인권보호보다는 공중보건을 우선시하여 감염인의 기본권을 적극적으로 침해했던 초기 에이즈 예방정책의 영향이 아직도 사회 전반에 남아 감염인들을 불합리하게 차별하고 있다. 혐오의 언어는 우리와 함께 지금 이 사회에서 살아가고 있는 감염인들의 얼굴을 지우고 그들을 공중보건에 대한 위협이나 비용 정도로 왜곡하는 악질적인 선동을 계속하고 있다. 단순히 의료적인 치료를 받으면 되는 것이 아닌, 학교, 직장, 병원, 행정기관 등 사회 전반에 깔린 다양한 맥락의 체계적인 억압 속에서 해당 집단은 자신들에게 필요한 정책을 요구하고 목소리를 내는 데 어려움을 겪고 있다. 정부는 어떻게 이들과 우리가 함께 건강히 살아가야 할 것인지 고민하는 대신 감염인 당사자를 병리화, 범죄화하고 소수자에 대한 편견을 방조함으로써 사회 정책 면에서 효과적인 예방과 조치를 하는 데 실패했다는 사실을 가리고 있는 것처럼 보인다.

4.

비규범적 성행위로 감염된 경우 사회의 시선은 병을 인과관계로, 그릇된 행동에 대한 형벌로 인식하는 비과학적인 입장을 취한다. 외부의 시선을 내면화한 게이 커뮤니티의 온도 역시 그와 크게 다르지 않다. 공격에 취약한 소수자 커뮤니티에서는 약한 고리인 HIV/AIDS와의 선긋기를 통해 자신의 정당성을 확인받고 안전을 보장받으려는 경향을 보인다. 특히 주로 성접촉을 통해 감염되는 질병의 특성은 게이라는 소수자성과 만났을 때 더욱 풀기 힘든 숙제를 남긴다. 성적으로 매력적이길 요구받지만 그 실천에 있어 상대에게서 거부당할 우려가 있는 감염인이라는 또하나의 정체성은 소수자 안의 소수자라는 이중 낙인을 낳고 관계맺는 데 소극적이게 한다. 일부 사람들은 감염인이 누구인지 알고 싶어하고 그를 배척함으로써 안전해지고 싶어한다.

어떤 경우에는 노콘 섹스를 하기 전 오라퀵으로 HIV감염 여부를 확인하기도 하는데, 이는 감염되었더라도 음성 판정이 나올 수 있는 항체 미형성기, 창기간(window period)이, 의심되는 성관계가 있은 뒤 최소 2주 이상, 확실하게는 12주까지라는 사실을 고려할 때 HIV감염 가능성을 완전히 차단하지 못한다. 특히 검사 결과에는 음성이 나오는 급성 HIV감염 상태일 때는 타인에 대한 전파력이 훨씬 커질 수 있다는 점을 고려한다면 검사 결과만 믿고 노콘 섹스를 하겠다는 생각은 오히려 위험하다고 볼 수 있다. 노콘 섹스를 하고 싶다면 상담을 통해 프렙을 진행하거나 안정적으로 치료받아 바이러스가 억제된 감염인과 하는 것이 외려 안전하다.

그러나 감염인으로서 미검출 수준에 도달하도록 치료받을 수 있었다는 사실에, 관리했다는 사실에 프라이드를 가질 수 있더라도 그와 별개로 감염인 당사자를 처벌할 수 있는 법이 한국사회에 존재한다. 에이즈예방법 제19조 전파매개행위금지조항이 그것이다. 이는 감염인이 체액이나 혈액을 통하여 전파매개행위를 하면 안 된다는 것인데, 여기까지 들으면 이 조항은 에이즈 확산 방지에 꼭 필요한 것처럼 보인다. 마치 군인의 항문섹스를 처벌한다는 군형법 제92조의 6[11]이 사람들에게 설득력을 갖는 것처럼 말이다.

전파매개금지조항에는 두 가지 맹점이 있는데 하나는 감염 사실을 알고 적절한 치료를 받아 전파력을 상실한 감염인이 상대방에게 자신의 상태를 고지하고 합의하에 콘돔 없는 성관계를 맺었고 그 결과 상대방이 감염되지 않았더라도 '전파매개

---

11 한국사회에서 동성애를 처벌하는 유일한 법조항인 군형법 92조 6의 "항문성교나 그 밖의 추행을 한 사람은 2년 이하의 징역에 처한다"는 문구는 합의된 성관계는 물론, 성폭력 피해자일지라도 동성애자라면 폭행이나 협박 없이 이루어진 성적 접촉에 대해서도 처벌한다는 내용을 담는다. 군사 시설 내에서 또는 밖에서 성행위가 이루어졌는지 여부에 상관없이 동성 군인 간 성행위를 2년 이하의 징역형에 처하는 이 차별적인 법률은 국가가 동성애를 무조건 처벌하겠다고 명시하는 것이다. 2012년 UN 국가별 보편적 정례인권검토(UPR)에 이어 2015년 11월 유엔 자유권위원회는 이 조항을 폐지할 것을 권고했으며 유엔 사회권위원회도 2016년 발표한 일반논평에서 '동성 간 합의한 성관계 처벌 규정은 명백한 인권침해'임을 지적했다. 2019년 3월 휴먼라이츠워치는 헌법재판소에 제출한 의견서에서 군형법 제92조의 6이 사생활권, 자의적 구금을 당하지 않을 권리, 차별받지 않을 권리, 평등권 등 국제적으로 보호되는 권리들을 침해한다고 설명한다. 또 군대 내 동성애

행위'를 했다는 사실만으로 처벌을 받을 수 있다는 점이며, 만약 HIV검사를 받지 않아 감염 사실을 몰랐다면 '전파매개행위'를 했더라도 처벌받지 않는다는 것이다. 이 조항을 알고 있는 사람이 있다면, 그는 과연 자발적으로 HIV검사를 받으려 할까 묻지 않을 수 없다. 이는 자신의 감염 사실을 알고 착실히 치료받는 감염인들을 예비 범죄자로 만들어버리는 조항이다.

5.

예비 범죄자라는 국가가 찍은 낙인은 남성 동성애자에 대한 혐오를 정당화하는 근거로 돌변해 일반 대중의 의식에도 영향을 미친다. 민감한 사적 영역인 개인의 건강 정보가 공공의 이익을 위한다는 명목하에 함부로 사람들에게 유통되고 근거 없는 혐오와 공포가 순식간에 한 개인을 악마화한다. 자신을 긍정하고, 나는 섹스하는 거 좋아해, 그리고 타인에게 전염시키지도 않는다는 개인적인 정신승리와는 별개로 사회에서 이 사람을 모욕하고 불법화하는 제도나 법령들이 존재한다는 사실은, 함께 살아가고 있는 감염인들이, 나아가 그 낙인을 공유하는 남성 동성애자들이 사회와 하나되는 것을 가로막는 장벽이 된다.

사람들이 우려하는 것은 감염인이 악의를 품고 고의로 사람들에게 바이러스를 확산시키는 경우에 어떻게 처벌하느냐

행위의 금지가 군 기강 등을 이유로 정당화될 수 있다는 주장을 국내외의 관련 기구들이 강력히 반박하고 있음을 이유로 들며 이 법률이 인권과 관련한 한국의 국제적인 의무를 위반하고 있으며 폐지되어야 한다고 주장했다.

일 텐데 사실 타인에게 전파할 수 있으려면 자신이 치료를 포기해야 하기에 당사자에게는 자살 행위나 다름없다. 이러한 경우는 이 사람이 어째서 극단적인 선택을 할 마음을 먹었는지 맥락을 살펴야 한다. 오늘날 HIV는 관리 가능한 질병으로서 확진을 통보받고 극단적인 선택을 하는 것은 마치 감기에 걸렸다고 죽을 결심을 하는 것과 비슷하기 때문이다. 이는 질병에 대한 공포보다는 HIV를 둘러싼 사회의 견고하고 풀기 어려운 낙인 앞에서 좌절한 것으로 검진 과정과 감염 이후의 삶에 있어 과학적 사실을 바탕으로 한 충분한 상담과 동료 시민의 동등한 지지, 돌봄을 제공받는다는 확신이 있다면 일어나지 않을 일이다.

타인에게 HIV를 고의로 감염시키려 했다면 이것은 형법에 있는 중상해죄로 처벌할 수 있다. 상대방이 감염되지 않았다면 이것은 중상해죄 미수에 해당하고 중상해죄 미수의 경우는 무죄여서 처벌받지 않는다. 또한 전파매개금지행위라는 것 역시 그 정의가 모호한데 한국에서는 콘돔을 사용했는지 여부로만 판단하고 있다. 현재 국제사회에서 말하는 U=U나 프렙 등의 개념이 전혀 반영되지 않는 구시대적인 조항인 것이다.

이 에이즈예방법은 국내에 HIV감염인이 단 4명 존재하던 1987년, 치료제가 없던 시기에 만들어졌음을 기억해야 한다. 당시 의과학적인 지식에 비추어보더라도 합리성이 결여되었다는 평가를 받는 에이즈예방법은 에이즈 유행을 차단하려고 사용한 실효성 없는 인권침해적인 조치들인 감염인 격리 및 추적관리, 감염취약계층 강제검진 등의 법적 근거로서 마련되었다. 삼십여 년이 흘러 발전한 의학은 감염인이 전파 염려 없이 건강하게 살아갈 수 있도록 바이러스를 억제하는 데 성공했고 비감염인이 복용할 수 있는 예방약까지 만들었다. 그럼에도 이 조항은 예방약을 복용한 비감염인과 바이러스가 억제된 감염인이 합의하에 콘돔 없는 섹스를 해서 감염이 일어나지 않았을 때에도 감염인을 처벌한다. 이는 현 시대의 변화를 반영하지 못하고 본래의 입법 목적이었을 예방과 전파 확산 방지에도 전혀 기여하지 못하면서 단지 감염인이 전파의 온상인 양 범죄화하고 낙인찍는 데 소용될 뿐이다.

이 전파매개금지조항의 존재는 그 자체만으로 감염인을 위축시키고 그의 내밀한 사적 영역을 끊임없이 간섭하며 통제한다. 치료를 꾸준히 받아 타인에게 전파 불가능한 상태가 되었음에도 성행위만으로 범죄자가 되어버린다면 어떻게 자신의 미래를 설계하고 삶을 긍정할 수 있을까? 성폭력이 아닌 이상 성관계는 서로의 합의를 거쳐 성립함에도 이 조항은 전파가능성의 책임을 감염인에게만 전가한다. 개개인이 서로 피가해 구도를 형성하는 이 과정에서 감염 예방을 위한 국가의 의무는 은근슬쩍 사라지고 만다. 이 점을 기억한다면 사회에 팽배한 에이즈 낙인이 어디에서 기원했는지 살필 수 있을 것이다. 나아가 이 조항은 감염인을 대하는 사회의 수준이 삼십여 년 전에서 한 발도 나아가지 못했음을 보여주는 후진성의 증거라 할 수 있다.

6.

HIV를 본격적으로 공부하게 된 것은 내가 사랑하는 사람이 PL[12]이라는 사실을 알았을 때였다. 그는 약을 먹지도 않았고 병원에 다니지도 않았다. 그는 높은 수준의 에이즈 낙인을 가지고 있었고 그것이 그로 하여금 미래를 계획할 의지를 빼앗았으며 함부로 하루하루를 사는 것을 합리화했다. 하지만 내가 공부하고 알게 된 에이즈는 그렇게 살아갈 필요가 없는 질병이었다. HIV에 감염되었어도 치료받고 약을 꾸준히 먹으면 타인에게 전파할 우려 없이 비감염인과 다름없게 건강히 살아갈 수 있었다. 문제는 HIV에 대한 잘못된 오해와 부정확한 편견으로 지레 삶을 포기하는 행위였다. 이러한 오해와 편견은 사회 전반에 퍼져 소수자에 대한 차별과 결합해 그들에 대한 부당한 대우를 정당화하며 이를 개선할 긍정적인 분노를 끌어낼 수 없게 만들고 있었다.

에이즈에 대한 세금을 이야기할 때 우리는 그 근거로 사용되는 한 주장이 감염인 한 명이 기대수명까지 생존하며 벌어들일 수 있는 소득에 근거하여 책정된 것임을 같이 이야기해

---

12 감염인과 에이즈 환자를 통틀어 PL, People Lving with HIV/AIDS이라고도 부른다. PL이라는 단어는 에이즈가 갖고 있는 도덕적, 사회적 낙인이 인간으로서 감염인이 지니는 다양한 면을 소거하고 부정적인 이미지만을 단순화해 강조할 위험이 있어 사용하는 단어로 볼 수 있다. 우리는 누군가는 이 질병과 함께 살아가야 한다는 사실에 초점을 두어야 한다. 그렇게 HIV/AIDS를 바라보려는 믿음은 설령 내가 이 병에 대한 의학적인 사실을 잘 모른다 할지라도 인간에 대한 예의를 잃지 않도록 해줄 것이다.

야 한다. 감염인 사망 원인 2위가 자살일 만큼 내적 낙인이 심한 한국사회에서는 감염인 스스로 사회구조적 차별의 원인을 자신에게로 돌리고 스스로 삶을 끝내려는 시도로 이어지기도 한다. 살 수도 있는 사람이 죽어야 하는 것이야말로 그 자체로 하나의 비용이다. 자살은 당사자뿐만 아니라 그와 연결된 가족, 친구, 직장동료 등 모든 사회적 관계에 영향을 주는 사건이다. 나의 하나밖에 없는 소중한 누군가가 삶을 포기했을 때 그것을 비용으로 계산할 수 있는가? 가슴 아픈 인재(人災)로 가족을 잃은 이들에게 누군가는 보상금 운운하며 그들의 슬픔과 애도의 과정을 조롱하지만 그것이 우리가 되고 싶은 인간의 모습은 아닐 것이라 믿는다.

누군가의 자발적인 죽음을 목격당할 때 드는 생각은 이것이 어떻게 이 사람에게 강제되었을까, 이다. 그러지 않을 방법이 있었을지 사후적으로 고민하는 것은 계속해서 반복되는 이 자살의 구조적 그물에 걸려들 다음 희생자를 발견하고 그에게 적절한 조치를 제공하는 데 도움이 된다. 무지와 편견의 언어가 살 수도 있었던 사람으로 하여금 죽음을 택하게 한다면 그에게 정확한 정보와 의료서비스를 제공하고 지지와 돌봄을 보내는 것이 하나의 안전망이 될 수 있을 것이다. 그리고 그것은 이 글을 읽고 있는 모두가 간단하게 실천할 수 있다. 누군가가 차별 발언을 하는 것을 목격하면 그것을 제지하고 그 행위가 잘못되었다고 말하기. HIV에 감염되었다고 해서 죽는 것이 아니라는 사실을 외우기. 몸이 아프면 병원에 가면 된다. 누구도 사람의 몸이 아프다는 사실을 이유로 그를 모욕하거나 차별할 수 없다.

항문으로 섹스하는 애들한테는 이런 취급을 해도 돼, 너희들은 항문으로 섹스하잖아. 그런데 그게 아니라 콘돔을 사용하면 되고 예방약이 있으며 심지어 그 성분도 특허가 만료되어 정부에서 제약사를 지정해 저렴한 복제약을 생산하게 할 수 있다. 이러한 대책은 마련하지 않으면서 신규 감염률이 증가한다고 감염취약군을 범죄시하고 병리화하는 것이 옳은가?

노콘 섹스와 다수의 사람들과의 성접촉을 선호하는 내가 십여 년간 이 바닥에서 체험한 사실을 바탕으로 내린 결론은 노콘 섹스의 욕망이 있는, 안전하지 않은 섹스를 스스로에게 허락하는 사람들이 분명히 있다는 것이다. 이것은 프렙이나 U=U가 퍼지기 전에도 그랬다. 에이즈가 불치의 질병이고 죽음의 병이라는 인식이 있을 때에도 바뀌지 않았다. 그렇다면 왜일까? 누군가가 삶의 한 시기에 자신을 위험에 빠뜨릴 수도 있는 선택을 한다면 그것은 왜일까?

그것은 단순히 노콘에 대한 선호만으로 설명하긴 힘들다. 나의 경우는 이 위험을 선호하게 한다고 말하게 된 맥락을 살펴야 했다. 나는 문제에 다가가는 열쇠로 게이들이 처한 조건과 상황을 봐야 한다고 생각한다. 섹스를 서로가 원하는 매력을 교환하는 거래관계로 만드는 어플 문화, 거기에서 자원이 부족한 사람이 만남을 성사시키려 포기하는 조건들엔 무엇이 있을까? 노콘을 허락하는 사람과 콘돔을 고집하는 사람 사이에 있는 힘의 격차. 나이가 많아서, 돈이 없어서, 지식이 부족하고 관계맺는 문법을 모른다는 이유 등으로 커뮤니티에 참여하기 위한 비용을 지불할 수 없는 사람들이 존재한다. 성정체성과 항문섹스를 모욕하고 낙인찍는 국가와 그것이 재생산해내는 사회의 차별과 억압이 주는 스트레스. 헌법에 명시된 권리를 보장받지 못하는 성소수자로서 미래를 계획할 수 없다는 불안과 언론과 혐오세력들로부터 끊임없이 불려나가 모욕당해야 하는 불쾌감 등 소수자의 삶을 불안정하게 만드는 복잡한 조건들이 얽혀 있다.

7.

주류질서에서 벗어난 비규범적 성행위에 대한 수치심과 비난의 목소리는 한국사회에서 늘 설득력을 가진다. 이러한 성적 수치심과 낙인은 문제를 투명하게 보기 어렵게 하고 성적 활발함을 비난할 대상으로 만든다. 합의된 성인 사이의 성관계에서 중요한 것은 그 관계맺는 방식이 폭력적이지는 않았는지, 서로 의사를 존중했는지 살피는 일이지 개인의 주관적 판단으로 다양한 실천의 형태를 비난하여서는 안 된다. 정책을 세울 때는 이러한 성적 실천이 존재한다는 사실을 인정하고 그에 따른 위해를 감소시킬 접근법을 마련해야 한다.

활발한 성적 실천이 개인의 몸에 안기는 질병 감염의 부담은 성병의 종류와 이해, 정확한 예방법을 교육하고 숙지해야 하는 문제다. 그러나 성소수자로서의 삶을 긍정하고 미래를 상상하는 대신 수치심을 느끼고 다수에 맞춰 행동을 교정하도록 만들어진 사회 환경은 성병을 개인 특성에서 오는 문제로 바라보게 한다. 저질의 농담, 악의적인 모욕에 동원되는 질병이나 소수자에 대한 부정적인 수사는 이런 잘못된 태도를 강화한다. 이러한 시선은 보건의료 영역에서 소수자가 겪는 구체적인 차별로 이어진다. 자신에게 필요한 의료 조치를 안정적으로 받을 수 없다면 그 누가 자신의 건강을 유지할 수 있을까.

우리는 누구와 섹스하든 나 자신은 물론이고 상대방의 건강 상태를 정확히 알지 못한다는 사실을 인정해야 한다. 그렇다면 우리가 할 수 있는 현실적인 일은 누구나 동등한 의료접근권을 누리고 그가 필요로 하는 치료와 지원을 언제라도 받을 수 있는 사회로 만드는 것이다. 어떠한 욕구도 그것을 단숨에 끊어내는 방식으로는 해결되지 않는다. 왜 이 사람이 이러한 감정과 욕망을 가지고 있으며 그에 대한 자기 인식은 어떤지, 자신이 반복하는 행동과 상황에서 위험 요소를 줄이기 위해서, 혹은 다른 삶을 기획하기 위해선 어떤 시간을 통과해야 하는지 이해가 필요하다.

즉 U=U 슬로건의 "세번째 U, 모두를 위한(The Third U, Universal)"을 기억해야 한다. 감염인이 타인에게 바이러스를 전파할까봐 우려한다면, 그 이전에 그가 적절한 치료를 제공받을 수 있는 환경에 있었는지, 그럴 수 없었다면 무엇이 장벽으로 작동했는지 살펴야 한다. U=U는 이제 그럼 안에 싸도 되느냐는 물음의 답이 아니라 상대(U)의 상태와 처지가 어떠한

지 살피라는 하나의 질문이자 메시지가 되어야 한다. 조기 검진 및 조기 치료, 감염취약군에 대한 예방약 접근성 확대 등 예방법으로서의 치료(TasP, Treatment as Prevention)로 에이즈 대응 패러다임이 바뀌었다는 사실(세계보건기구 HIV 예방 가이드라인, 2013)을 다시 한번 명심해야 한다.

일상에서 자신의 정체성을 드러내는 데 어려움을 겪고, '남자와 여자가 만나 사랑하는 것이 자연의 섭리'라고 운운하는 보수세력의 혐오발언이 기승을 부리는 현실에서 이들은 어떤 공간에서 어떤 방식으로 누구와 관계맺고 있는가? 이들은 서로의 이름을 부를 수 있는 관계일까? 커뮤니티 바깥에 존재하는 익명성, 파편화된 관계는 상대방을 향한 관심과 책임, 의무를 포기하게 하는 조건처럼 보인다.

8.

대한민국 헌법 제11조 제1항은 "모든 국민은 법 앞에 평등하다. 누구든지 성별·종교 또는 사회적 신분에 의하여 정치적·경제적·사회적·문화적 생활의 모든 영역에 있어서 차별을 받지 아니한다"라고 말한다. 국가인권위원회법 제2조 제3호에는 '평등권 침해의 차별행위'로서 합리적인 이유 없이 성적 지향 등을 이유로 고용·교육·재화·용역·토지의 이용 등에 있어 불리하게 대우하는 행위를 규정하고 있다. 그러나 법은 보호해야 할 사람과 아닌 사람을 정확히 구분하며 대상이 누구인가에 따라 차별적으로 작동한다.

우리나라 국민은 직업선택의 자유와 근로의 권리(헌법 제15조[13], 고용정책기본법 제3조 제1호[14])가 있으며 감염인의 노동할 권리는 법으로 보장받지만(후천성면역결핍증예방법 제3조 제5항[15], 국가인권위원회법 제2조 제3호[16] 및 고용정책기본법 제7조 제1항[17]) 직무 수행력과 상관없는 노동자의 HIV감염 사실이 사업

---

13 모든 국민은 직업선택의 자유를 가진다.

14 근로자의 직업선택의 자유와 근로의 권리가 확보되도록 할 것.

15 사용자는 근로자가 감염인이라는 이유로 근로관계에 있어서 법률에서 정한 사항 외의 불이익을 주거나 차별대우를 하여서는 아니 된다.

16 "평등권 침해의 차별행위"란 합리적인 이유 없이 성별, 종교, 장애, 나이, 사회적 신분, 출신 지역(출생지, 등록기준지, 성년이 되기 전의 주된 거주지 등을 말한다), 출신 국가, 출신 민족, 용모 등 신체 조건, 기혼·미혼·별거·이혼·사별·재혼·사실혼 등 혼인 여부, 임신 또는 출산, 가족 형태 또는 가족 상황, 인종, 피부색, 사상 또는 정치적 의견, 형의 효력이 실효된 전과(前科), 성적(性的) 지향, 학력, 병력(病歷) 등을 이유로 한 다음 각 목의 어느 하나에 해당하는 행위를 말한다. 다만, 현존하는 차별을 없애기 위하여 특정한 사람(특정한 사람들의 집단을 포함한다. 이하 이 조에서 같다)을 잠정적으로 우대하는 행위와 이를 내용으로 하는 법령의 제정·개정 및 정책의 수립·집행은 평등권 침해의 차별행위로 보지 아니한다.

    가. 고용(모집, 채용, 교육, 배치, 승진, 임금 및 임금 외의 금품 지급, 자금의 융자, 정년, 퇴직, 해고 등을 포함한다)과 관련하여 특정한 사람을 우대·배제·구별하거나 불리하게 대우하는 행위

    나. 재화·용역·교통수단·상업시설·토지·주거시설의 공급이나 이용과 관련하여 특정한 사람을 우대·배제·구별하거나 불리하게 대우하는 행위

    다. 교육시설이나 직업훈련기관에서의 교육·훈련이나 그 이용과 관련하여 특정한 사람을 우대·배제·구별하거나 불리하게 대우하는 행위

    라. 성희롱[업무, 고용, 그 밖의 관계에서 공공기관(국가기관, 지방자치단체, 「초·중등교육법」 제2조, 「고등교육법」 제2조와 그 밖의 다른 법률에 따라 설치된 각급 학교, 「공직자윤리법」 제3조의 2 제1항에 따른 공직유관단체를 말한다)의 종사자, 사용자 또는 근로자가 그 직위를 이용하여 또는 업무 등과 관련하여 성적 언동 등으로 성적 굴욕감 또는 혐오감을 느끼게 하거나 성적 언동 또는 그 밖의 요구 등에 따르지 아니한다는 이유로 고용상의 불이익을 주는 것을 말한다] 행위

17 사업주는 근로자를 모집·채용할 때에 합리적인 이유 없이 성별, 신앙, 연령, 신체조건,

주에게는 부당해고의 명분이 된다. 질병에 대한 잘못된 편견이 팽배한 현실에서는 감염내과 의사 등 전문가의 판단이 아니라 사업주의 자의적 기준으로 채용 및 해고 여부를 결정하기도 하며 HIV감염인은 소문이 나기 전에 그만두는 것이 좋지 않겠느냐는 인사담당자의 '조언'을 듣는다. 질병 혐오에 소수자를 향한 편견이 중첩된 현실은 문제 제기할 의지를 체념시킨다. 나 하나가 포기하는 것은 세상을 바꾸는 것보다 쉬운 일이니까. 군인 신분의 남성이 합의하고 성인끼리 항문 성관계를 한 것은 법으로 처벌받지만(군형법 제92조의 6), 남성 동성애자라고 하여 국방의 의무를 면제해주는 것도 아니다.

부당한 폭력에 의한 이성 간의 성범죄는 용인해도, 합의한 동성 간의 섹스는 비정상이 되는 세상[18]에서 남성 동성애자가 성병에 취약하다는 사실은 정책 마련의 필요성으로 이어지는 게 아니라 차별을 정당화하는 근거가 된다. 오른손잡이가 만든 세상에서 왼손잡이를 위한 설계는 비용으로 간주하지만 이 둘은 같은 사회에서 생활해야 한다. 오른손잡이는 의식할 필요 없이 달린 문의 손잡이를 열 때마다 겪는 스트레스. 왼손으로 문을 잡고 밀어서 열거나 당겨본 적이 있다면 알 것이다. 문

사회적 신분, 출신지역, 학력, 출신학교, 혼인·임신 또는 병력(病歷) 등을 이유로 차별을 하여서는 아니 되며, 균등한 취업기회를 보장하여야 한다.

[18] 2018년 11월 19일, 군사고등법원 재판부는 지위를 이용해 함정 내 유일한 여군이었던 부하 군인에게 상습적으로 강간과 강제추행을 자행한 해군 소령에게 무죄를 선고하였다. 가해자는 성소수자임을 밝힌 피해자에게 "남자 맛을 보여주겠다"며 상습적인 성폭력을 저질렀다.

은, 오른쪽을 위해 열린다. 특정 집단이 비인간화되어 있다면 과연 그것이 이 개인의 특성인지 구조적으로 배제당한 것인지 살펴보아야 한다. 우리 사회에 소수자를 위한 구성원의 자리는 어떠했는가 돌아볼 필요가 있다는 말이다.

 이것은 사회의 약속이 작동하는 방식과 그 체계의 구성원이 누구인가를 드러낸다. 어떤 사람은 약속을 충실히 수행함으로써 그 사회에 속하려 하지만, 그는 자신이 배제되었다는 사실을 체험하게 된다. 사랑이라는 감정에 설렘 대신 두려움과 금지를 느껴야 했을 때부터. 그런 사람에게 사회가 허락한 공간은 어떤 풍경을 하고 있는가?

9.

 2015년 허핑턴포스트(US)에는 아버지와 아들 관계로 살다 마침내 결혼한 노만 맥아더와 빌 노박 커플 이야기가 소개되었다. 기사에 따르면 두 사람은 뉴욕에선 동거관계(domestic partnership)를 법적으로 인정받았지만 펜실베니아주로 이사하면서부터는 동거관계를 인정받지 못했다. 그들이 서로의 법적인 보호자가 되기 위해서 택할 수 있는 방법은 입양밖에 없었다.

 "만약 둘 중 하나가 병으로 입원하게 된다면, 병실에 들어가서 간호할 수 있는 권리는 타인에게는 전혀 없습니다. 만약 빌에게 무슨 일이 생긴다면 저는 유일한 동반자임에도 불구하고 간호를 할 수 없게 됩니다. 그러니 법적으로 병실에 들어가는 것이 허용되는 방법을 찾을 수밖에 없었지요."(허핑턴포스트 US, 2015. 5. 30.)

2014년 발표된 한국LGBTI(이하 성소수자) 커뮤니티 사회적 욕구조사[19]에 따르면 한국사회에서도 이미 많은 성소수자가 상당히 장기적인 연애 관계를 맺고 살고 있다. 그들 역시 '파트너 관계 및 공동 생활을 유지하는 데 가장 시급히 필요한 제도'(복수응답, 3개 선택)로 '수술 동의 등 의료 과정에서 가족으로서 권리 행사'(68%)를 꼽았다. '국민건강보험 부양-피부양 관계 인정'(45%)이 그 뒤를 이었다. 또한 레즈비언의 98.1%가 파트너십의 제도화를 원한다고 응답했고 특히 가족으로서 권리 행사를 중요하게 생각했다.

또한 응답자들은 한국사회에서 성소수자가 혐오, 차별, 폭력의 대상이 된다고 느꼈다. 공공장소에서 성소수자를 향한 증오와 혐오발언이 표출되는 일이 종종 또는 자주 일어나고(87%), 공공장소에서 성소수자를 대상으로 한 물리적 폭력 및 괴롭힘이 종종 또는 자주 발생하며(55%), 미디어에 의한 조롱이나 왜곡, 차별적인 묘사가 종종 또는 자주 일어난다(84%)고 답했다. 이 때문일까? 응답자 중 28%가 자살을, 35%가 자해를 시도한 적이 있었다. 특히 18세 이하의 청소년 성소수자 중 46%가 자살시도를 한 적이 있고 53%가 자해를 시도했다.

---

19 친구사이, 한국LGBTQI 커뮤니티 사회적 욕구조사, 2014. 총 3,208명의 성소수자들이 참여했다.

두 명 중 한 명인 셈으로 위험성이 심각하다. 이는 한국(0.4%, 2013), 전 세계(0.2~0.3%, 2010)의 평균 자살시도율과 비교했을 때도 매우 높은 수치다(마음연결, 성소수자자살현황). 또 성소수자라는 이유로 차별이나 폭력을 경험한 이들의 자살시도와 자해시도의 비율 역시 41%와 48%로, 차별이나 폭력 경험이 없다고 응답한 사람들의 경우(21%, 27%)보다 높았다.

그렇다면 어떻게 해야 이 자살 위험성을 줄일 수 있을까? 2017년 4월 JAMA 소아과 저널에 발표된 줄리아 레이프먼의 연구[20]를 참고할 만하다. 1999년부터 2015년까지 거의 팔십만 명에 달하는 모든 성적 지향의 학생을 조사한 줄리아 레이프먼은 동성혼 법제화 이후 매년 자살을 시도하던 청소년 성소수자가 약 십삼만 명 정도 줄어든 것으로 추정한다. 그는 "동성 결혼을 허용하면 성적 지향과 관련된 구조적 오명이 줄어든다"는 점을 지적하며 조사 대상자 대부분은 결혼할 일이 없는 고등학생이었지만 "자신이 당장 사용할 일이 없다 해도, 동등한 권리를 가지게 되면 학생들은 오명을 덜 느끼게 되고 미래에 대해 보다 희망적이 된다"고 이야기했다(허핑턴포스트, 2017. 2. 22.).

독일에서도 동성 커플의 법적 보호를 위해 2001년부터 '등록된 동반자'(registered civil partnership)법을 시행하고 있다.

---

[20] Raifman, Julia, et al. "Difference-in-differences analysis of the association between state same-sex marriage policies and adolescent suicide attempts." *JAMA pediatrics* 171.4 (2017): 350-356.

'한국에서는 동성 커플을 법적으로 인정하면 동성애자 수가 늘어날 것이라고 주장하는 사람도 있는데 동반자등록법이 시행된 뒤 이런 우려가 현실이 됐느냐'는 이준일 교수의 질문에 주자네 베어 독일연방헌법재판관은 답한다.

"내가 알기론 아니다. 아무도 동성애자 증가를 보지 못했을 것이다. 젊은 학생들의 자살이 줄었다. 그동안 여성성·남성성과 관련해 사회적 압박이 많았던 것이다. 억압적인 사회 분위기는 동성애자뿐만 아니라 이성애자에게도 해를 끼친다. 동반자등록법 시행으로 사회가 더 건강해졌다고 생각한다. 사람들이 서로 다른 사람들을 존중하는 토대를 마련했으며, 동성애자들은 두려워하거나 숨지 않아도 되기 때문이다."(한겨레21, 제1033호)

10.

그동안 삶의 방식을 바꾸어보려 여러 시도를 해보았으나 개인적 차원의 노력일 뿐이었다. 그것은 사회나 제도적 승인을 받을 수도 없는 소꿉장난 같은 것이며 미래를 그릴 수 없다는 감각을 나에게 안겨주었다. 누군가를 사랑하더라도 제도적 권리를 보장받는 관계가 될 수 없으며 우리는 '가족'이 아닌 현실은 미래를 불안정하게 만든다. 이는 일대일 관계 혹은 일부일처제의 결혼제도를 정답이라 보고 요구하는 것이 아니다. 그것이 한계를 가지고 있더라도 동일한 시민권을 가지고 있는 사람으로서 그걸 선택할 수 있어야 한다는 이야기이다. 살기 위해선 우울감과 스트레스를 꾸준히 관리하며 '나중에'[21]가 과연 언제쯤일지, 그 '나중'을 '지금 당장'으로 바꾸는 데 할 수 있는 일들이 무엇인지 분노하지 않고 침착해야 했다. 동성애 하면 에이즈 걸린다고 소리치는 저 혐오세력이 내게 주는 직접적인 모욕 앞에서 건강하게 욕망을 실천하는 법을 고민하고 그 경험을 나누는 것밖에는 할 수 있는 일이 없는 듯 보이기도 했다. 해결해야 하는 산적한 과제 앞에서 성적 실천은 늘 말하기 꺼려지고 부담되는 주제이기도 했다. 그것은 뒤에 남겨지는 것이고 생략되는 것이었고 오독하기 쉬운 것이었으므로.

이 글에서 말할 수 없는 주제들, '이다음'에 오는 문제들에 대한 고민은 현재 진행형이다. 그것은 더욱 섬세하게 말해져야 하고 더 많은 경험이 발견되어야 한다. 어느 한 명이 집단을 대표할 수 없다는 사실을 알고 있다. 그럼에도 각각의 소수자들에게는 강요되는 모델이 있는 것처럼 보인다. 나의 경험에 누군가 남긴 말은 이러했다. 당신은 변태성욕자일 뿐 동성애자가 아니다. 하지만 이성애자가 성적으로 활발하다고 하여 그에 대고, 당신은 변태성욕자일 뿐 이성애자가 아니라고 말하진 않는다. 나는 이 강요되는 건강함, 모범적인 모델, 시민권

---

[21] 대선 후보 시절 문재인 대통령은 '새로운 대한민국, 성평등으로 열겠습니다'를 주제로 열린 '대한민국 바로세우기 제7차 포럼'에서 성평등 공약을 발표하며 페미니스트 대통령이 되겠다고 선언하였다. 그 자리에서 '여성 동성애자'가 차별금지법을 반대한 것에 기습 항의하며 여성이며 성소수자인 자신의 인권을 반으로 가를 수 있는지 물었을 때 청중은 "나중에, 나중에"를 연호했다(2017년 2월 16일).

을 승인받으려면 연출해야 하는 무해하고 건강한 정체성을 수행할 수 없는 사람들에게 마음이 간다. 치료하면 전파하지 않는다고, U=U가 상식이 된 세상에서도 치료를 받을 수 있는 사람과 받지 못하는 사람은 여전히 존재할 것이다. 그 차이는 어디에서 오는 것일까? 그 벽을 해소하는 데 필요한 것은 무엇일까?

약 일 년간 프렙을 하는 동안 나는 건강하지 않을 권리를 생각하게 되었다. 나는 치료제를 꾸준히 먹었어, 예방약을 꾸준히 먹었어, 하는 모범적인 답만이 강요되는 듯 보이는 삶에서 이 건강함만을 선택해야 한다면 그것은 정말 '선택'일까? 운동적 차원에서, 대국민적인 메시지 차원에서, 마치 연출된 광고에서처럼 활기와 긍정과 밝은 삶을 연출해야 한다고 느끼게 되는 어떤 부당함 앞에서 그만 침묵하게 되는 것이다. 아직도 이 약의 존재와 예방법을 많은 사람이 알지 못하고, 대중적으로 보급되지 않았으며, 정책적으로도 나아갈 길이 한참 남은 듯 보이는 이 시점에, 이것은 답이 아니라고 말할 수 없이, 우리는 더 많은 이야기를 해야 한다고 겉으로는 말하는 태도를 취하지만 본질적으로는 이 알약이, 어떤 치료제의 발달이 답이 아니라는 사실을 느끼고 있는지 모른다.

그럼 노콘으로 해도 된다는 거예요? 바이러스 수치가 종종 튀는 경우가 있다는데 괜찮은가요? 감염인 파트너를 둔 사람의 질문 앞에서 나는 이 모든 글을 '사랑'이라는 하나의 단어로 환원하고픈 욕구에 저항하면서 고개를 젓고 말을 이어간다.

하고 싶었던 말은 노콘 섹스를 하기 위해서 상대방이 자신의 몸을 관리해야 하는 게 아니고, 그가 살아가려는 의지를 빼앗기지 않으려 자신을 돌봐야 한다고. 포기하고 싶고 자신을 함부로 하고 싶을 때에도, 돌이킬 수 없어 보이고 내가 이 일들을 해낼 수 없는 듯 느껴질 때에도 할 수 있는 일들은 하면서.

다른 사람들은 잘 모르겠지만 내 경우에는 하루에 약 한 알 먹는 것도 힘들었다. 프렙에서 말하는 확률은 결국 그 사람의 삶에 일어나는 모든 일을 통제할 수 없다는 의미라고 나는 이해하고 있다. 약을 복용하면 예방 확률은 100%이지만 우리가 약을 매일 먹지 못하는 상황이 닥칠 수 있으니까. 어느 날은 먹어야 하는 시간에 직장 회식이 잡혀서, 술을 많이 먹고 깜빡 잠들어서, 약통을 잃어버려서, 약을 타러 병원에 가야 하는데 시간을 도저히 낼 수 없어서, 혹은 그냥 먹고 싶지 않아서. 누구도 삶의 변수를 통제할 수 없음을, 그렇기에 그것을 강요할 수 없다는 사실을 생각하면 안심이 된다. 거기에 아직 도착하지 않은 경험들이, 이야기들이 자리할 것이다.

해설

우리는 우리 자신에 대해서 언제, 어떻게 말할 수 있는가

나영정(퀴어활동가)

나는 문제라곤 없는 여자[1]

모두가 그걸 알아

그래서 밤중에 수다를 떨고 싶거든 나를 찾지.

그런데 내가 아는 어떤 이는 저 자신과의 평화 속에 죽기를 바라

그 생각이 나를 전율케 하고, 불면케 하고, 외롭게 하는데,

나와 맺는 평화란 끝이 보이지 않는 전쟁이요,

피할 수 없는 암살자 두셋이며 터무니없는 헌신

곧 내 사전에는 없는 것들이기 때문이지.

그래도 밤이면 나 꿈을 꾼다

거대한 정원에서 죽은 자들이 일어나 내게 인사하는 꿈

한 남자 꿈을 꾸는데 그는 나를 근심케 하고 내가 모른 체라도 하면

세상 모든 이와 내 수많은 연인에 대해

친근하게 말을 걸어온다, 대화 주제만큼이나

적절하고 상냥한 연인들.

---

[1] 후아나 비뇨치 지음, 『세상의 법, 당신의 법』, 구유 옮김, 읻다, 2020, 31쪽.

1. 환영받지 못하는 말하기

이 책의 전신이라고 할 수 있는 『아무도 만나지 않고 무엇도 하지 않으면서 2014~2016』은 2019년 7월 게이 하위문화인 크루징을 주제로 한 〈동성캉캉〉이라는 전시에 맞춰 발간되었다. '볼끼책방'이라는 이름으로 펴낸 이 독립출판물은 전시에서 중대한 역할을 담당했는데, 참여한 작가 중에서 유일하게 화장실, 공원 등에서 섹스 대상을 찾거나 거기에서 섹스해본 경험이 있다고 밝힌 이였고(정작 유성원은 정식으로 참여한 미술작가도 아니었지만), 그 책에는 크루징 경험에 대한 자세한 묘사와 더불어 게이로서 살아가는 삶에 영향을 주는 다양한 조건을 살펴볼 수 있는 문제의식이 담겨 있었기 때문이다. 『토요일 외로움 없는 삼십대 모임』은 『아무도 만나지 않고 무엇도 하지 않으면서 2014~2016』에 수록된 이야기에 2017~2020년의 기록까지 포함하여 게이 커뮤니티의 계층과 감정, 섹슈얼리티의 단면을 더욱 선연하게 드러낸다.

나는 저자를 HIV/AIDS인권활동가네트워크에서 동료로 만나왔던 몇 년간의 시간을 돌아보며 이 책의 해설을 쓰겠다고 마음먹은 임무와 자세를 먼저 생각해본다. HIV감염인에 대한 혐오에 맞서 누구보다 과학적인 근거를 가지고 감염인의 인권과 예방에 대해 설명해왔던 그였다. 12월 1일 세계에이즈의 날에는 감염인 인권 증진을 위한 캠페인을 함께 준비하고 감염인의 성관계를 범죄화하는 에이즈예방법 제19조 전파매개금지조항을 없애기 위한 활동도 같이 하고 있다. 바쁜 시간을 쪼개어 만나 회의를 하고 뒤풀이도 종종 했지만 헤어진 뒤 또다른 세계로 걸어갔다는 것을 이 책을 통해 구체적으로 알게 되었다. 동시에 그는 글을 써야 한다는 열망과 글을 써냄으로써 살아가겠다는 고군분투를 쉰 적이 없었다. 이 이야기를 타인이 왜 읽어야 하는지 질문하면서 써내려간 이 글들은 결국 출판되어 세상에 나오게 되었다.

남성들이 익명의 상대, 동시에 여러 명의 상대와 콘돔을 사용하지 않고 침실이 아닌 곳에서, 타인이 지켜보는 가운데 일회적인 섹스를 하는 '찜방'이 세상에 존재한다고 생각해보지 않은 사람들에게 어떻게 이해 가능한 설명을 할 수 있을까. 하지만 '동성끼리, 익명의 상대, 여러 명의 상대, 노콘으로, 침실 밖에서, 항문을 사용하는, 관전하는' 같은 각각의 단어는 소위 '정상적인 섹스'를 한 발짝 벗어나기만 하면 언제나 어디서나 존재해왔던 행위들이었다. 대다수가 이중 한두 개는 해보았을 법하고, 서너 개는 욕망해봤을 흔한 것들이다. 이 자체로는 불법도, 잘못되었다는 도덕적 판단을 요구하는 것도 아닌 중립적인 행위다. 그러나 이러한 속성이 응축되어 있는 '게이찜방'에 출입하는 사람들은 주류문화로부터 수치심을 가지도록 강제받는다.

사회적으로 낙인이 부여된 집단이나 그러한 공간에서 살아가야 하는 사람들에게 애초에 주어지는 좋은 선택지란 없다. 게다가 이 문제를 드러내고 이야기함으로써 서사와 역사를 부여하는, 여기에 존재하는 사람들과 관계를 언어화하고 문제를 드러내 해결해나가려는 노력이 항상 '좋은' 결과를 가져오진 않는다. 황색 언론이 들러붙고, 게이혐오자들의 고발이 직접적으로 일어나며, 오히려 낙인을 말하려는 노력에 대한 반작용으로 당사자들의 자기검열이 강화되고 온건한 소수자라는 규범성이 더 견고해질 수도 있다.

'우리는 우리 자신에 대해서 언제, 어떻게 말할 수 있는가'는 늘 까다로운 문제다. 스스로, 혹은 커뮤니티 안에서, 혐오를 조장하는 세력을 염두에 두고, 나아가 정권의 성격을 고려해 그 수위와 내용을 조율하기도 한다. 또한 우리 중에 누가 어떤 것에 대해 말할 자격과 대표성이 있는지도 갈등이 존재한다. 이 문제는 그저 묻어둔다고 해서 사라지지 않는다. 삶의 모든 길목에는 고통과 죽음이 상존한다. 코로나19와 같은 상황에서 찜방이 전파원으로 지목되었을 때 우리가 목격한 것은 소수자 혐오와 결합한 마녀사냥이었다. 우리는 언제든 이런 방식으로 불려나올 수 있다. 나쁜 상황을 맞았을 때 적절한 대처를 하기 위해서 계속 말해야 한다. 보이지 않게 숨겨지고 말해지지 않는 것들을 다루지 않으면 그것이 외화되어 우리를 덮쳤을 때 이 문제를 다룰 역량이 우리 안에 존재하지 않음을 뒤늦게 깨닫게 될 것이다.

2020년 5월, 코로나19 확진자가 이태원 클럽에 다녀갔다는 것이 확인되면서부터, 그리고 그중 한 명이 게이찜방에 다녀갔다는 사실이 알려지면서 게이들의 클럽 문화, 섹스 문화의 지리학이 까발려졌다. 에이즈가 아직도 게이 혐오의 근거로 유효한, 성에 대한 무지와 낙인이 견고한 한국사회에서 코로나19 전파경로와 겹쳐진 한 남성 동성애자의 섹스 동선은, 무고한 시민들(어린이가 주로 소환되었다)의 건강을 공격하는 위협 자체로 상상되었다. 성적 지향과 코로나19 감염은 아무 의학적 연관성이 없다는 사실은 애초에 그들의 관심사가 아니었을 것이다.

1980년대 에이즈 위기를 겪으며 혼란과 죽음을 지나 권리를 요구하고 위험에서 서로를 지키는 방법을 배우며 우리는 $U=U^2$의 시대까지 왔다. 코로나19를 통과하는 지금은 어떤 상황일까. 섹스라는 밀접 접촉을 코로나19를 피해 익명의 상대와 하는 일이 가능할까. 지금보다 더 감염이 확산된다면 게이 찜방은 행정당국의 본격적인 단속 대상이 될까. 커뮤니티 차원에서 우리를 지키는 방법을 어떻게 고려해야 할까. 이것이 HIV와 같이 남성과 섹스하는 남성에게 더 가까운 질병이나 바이러스가 아니라서, 섹스가 대화보다 더 위험하다고 밝혀지지 않아서 우리가 특별히 나설 문제는 아닌 것일까. 코로나19 백신이 나오면 더더욱 백신을 맞은 사람과 맞지 않은 사람 사이의 분리와 갈등으로 남을까. 나아가 백신을 맞을 수 있는 사람과 맞을 수 없는 사람을 결정하는 조건에는 무엇이 있을까?

그 무엇도 당장은 적당하거나 만족스러운 답을 내기가 어렵다고 느낀다. 하지만 우리가 그동안 겪고 싸워서 얻어낸 권리

---

2 유성원의 본문 글 참조. 356~357, 372쪽.

와 근거들을 잃어버리지 않는 이상, 쉽게 후퇴하지 않으리라는 믿음은 있다. 코로나19의 확산을 막아내는 일은 무엇이 정말 바이러스의 확산을 막고 예방에 도움되는지 배우는 과정이기도 했다. 감염병 보도 준칙을 어기고 소수자성을 질병에 대한 공포심과 연결지어 무분별하게 혐오를 조장하는 무책임한 언론도 있었으나 그 과정에서 오히려 방역과 인권 보장은 나누어 생각할 수 없는 것임을 배우기도 했다. 그 결과 낙인으로 검진받기 어려운 장벽을 해소하려 익명검사가 도입되었다. 분명하게 말할 수 있는 것은 이 익명검사는 그동안 HIV/AIDS감염인 인권 운동에서의 경험, 의료적 발전에 힘입은 산물이라는 사실이다.

어떤 문제 현상의 원인으로 지목당한 개인이나 집단은 사회적 비난에 직면하여 이를 감당하고 첫째로는 문제 현상 자체를, 둘째로는 이를 둘러싼 사회적 낙인과 불합리한 비난에 대한 문제를 해결할 의무를 지게 된다. 이런 과정을 통해 그 개인이나 집단은 사회적으로 가시화된다. 비로소 인식 가능한 집단이 되고 내부 결속을 통해서 사회적 정체성이 형성되며 어떤 문제의 이해당사자로 인정받는 계기가 되는 것이다. HIV 위기가 남성 동성애자의 탓으로 지목되면서 큰 고통을 겪었지만 이 문제를 해결하기 위해 성소수자 운동 세력이 결집되었고 커뮤니티가 가시화되었다. 레즈비언, 트랜스젠더 등 다른 성정체성을 가진 이들도 남성 동성애자들이 겪었던 에이즈 질병에 대한 부당한 낙인이 소수자성과 떼려야 뗄 수 없는 것임을 인식했고, 성적으로 활발하다는 이유로 성적 낙인을 부여받는 모든 사람을 위해 함께 싸우는 동료가 되었다.

나도 게이의 외로움과 우울증, HIV와 섹스, 죽음 충동을 잘 다루기 위해 노력하는 인권활동가 중 하나다. 게이가 아니면서 이 문제를 잘 다룰 수 있을까. 당사자성은 중요하지만 문제해결을 위해서 함께 노력하고 책임을 나누는 것을 가로막는 문제는 아니다. 내가 아는 게이 친구들이 이러한 문제를 겪고 있다는 사실을 알게 되면서, 그리고 누군가를 이 세상에서 잃어버리게 되면서 이 이슈는 나에게 갈급한 것이 되었다. 그래서 나는 이 책이 누군가를 살리는 일에 쓰이도록 하는 데 관심이 있고, 독자들에게도 그렇게 읽어주길 요청하고 싶다.

2. 정체성 서사에 대한 해체 혹은 도전

그동안 성소수자 운동은 성적 지향을 비롯해 정체성의 문제는 전인격적이고 통합적인 정체성이기에 특정한 성행동으로 '폄하'하거나 협소하게 이해해서는 안 되며 감정적 이끌림과 삶의 양식을 총체적으로 파악해야 한다고 주장해왔다. 게이, 레즈비언, 트랜스젠더라는 (서구적 인권규범에 근거한) 정체성의 개념과 언어가 한국사회에 자리잡기 이전 1980년대 후반 한국에 도착한 에이즈 위기는 '호모'(남성동성애자)와 '게이보이'(트랜스젠더여성)를 문제적인 성행동을 하는 집단으로 호명했다. 이 때문에 1990년대 초에 시작된 성소수자 운동은 '에이즈'라는 질병으로 표상되는 활발한/문란한 성행동과 동성애자라는 성정체성의 문제를 구분하고, 후자를 삶의 양식이자 인권의 문제로 구성해왔다. 2001년 국가인권위원회가 만들어져 성적 지향에 따른 차별을 진정할 수 있는 통로가 생기고, 2007년부터 현재까지 차별금지법을 제정하고자 하는 시도 속에서 성적 지향과 성별정체성의 문제는 내면적 정체성 형성과 인정, 사회적 관계에서 발생하는 차별 문제를 중심으로 구성되었다.

차별금지법 반대 전선을 중심으로 형성된 '혐오세력'들은 남성 간의 동성애가 성중독이자 성폭력 자체라고 하면서 타고난 정체성이 아니라고 강조하며, 궁극의 쾌락을 제공하기 때문에 누구나 경험하면 빠질 수 있다며 조심해야 한다고 주장한다. 또한 에이즈는 남성 간 항문성교가 원인이므로 콘돔으로 예방하는 것은 불가능하고 동성애 자체를 금지해야 한다고 주장한다.

이러한 혐오논리에 대응하는 가장 대중적인 반응은 동성애자라는 정체성은 타고나기 때문에 성별이나 인종처럼 개인이 스스로의 노력으로 바꿀 수 없고, 소수자로 인정해야 한다는 것이다. 이 논리는 미국의 수정헌법에서 차별을 다루는 방식이라는 점에서 특정한 역사적 국면에서 확립된 입장을 반영하며, 인권활동가들과 이론가들의 퀴어 이론과 페미니즘은 이러한 생물학적 결정론에 비판적인 입장을 견지한다.

현재 인권 담론에서 확립된 공통인식은 차별할 목적으로 특정한 정체성을 규정하고 그에 기반해 개인의 자유를 규제하고 부당한 대우를 하는 것에 반대한다고 할 수 있다. 하지만 여전히 대중적인 차원에서는 동성애는 타고난 것인가 vs 선택한 것인가에 대한 논쟁이 진행중이고, 아마도 차별금지법이나 동성혼 법제화를 둘러싸고 공론장에서 본격적인 논쟁이 시작될 때 born this way, 즉 '타고났기에 바꿀 수 없고, 있는 그대로 인정해야 한다'는 서사는 여전히 가장 강력한 지지논리가 될 것이다.

    커밍아웃이란 타인에게 내가 누구인지 밝히는 행위이지만, 그전에 내가 '나'라고 생각하는 존재를 먼저 승인해야 한다. 이게 '나'일까? 이렇게 생활하는 나를 '나'라고 말해도 괜찮을까? 커밍아웃 전에 나 자신에 대한 합의를 먼저 이루어야 했다. 사람들에게 내가 게이라고 말하는 것은 단순히 남자를 좋아하는 남자다, 라고 말하는 것이 아니었다. 내게 그것은 나는 밤새 남자들의 항문에 성기를 박고 즐거워하는 사람입니다, 때때로 남자들의 성기를 빨고 싶다는 생각이 머릿속에 가득차는 사람입니다, 라고 말하는 일이었다. 그들에게가 아닌 나 자신에게 말이다. 나는 현실에선 그렇게 행동하고 있었지만 머릿속으로는 그런 내 행동과 모습이 언어화되거나 구체적으로 그려지는 것을 거부하고 있었다. 하지만 말해지지 않는 모습도 분명히 나였고, 누군가는 그 모습에 대해 알 필요가 있었다. 그게 내가 혼자인 이유이기도 했으니까. 그럼에도 나는 딱히 커밍아웃을 할 계기가 없었다. 커밍아웃을 하고 나서 누군가를 나의 동반자로 소개하거나, 자 이들이 내

친구들이야!라고 소개할 수 있었다면, 기쁜 마음으로 커밍아웃을 했을지도 모른다. 허나 내 주변엔 아무도 없었다. 찜질방에서 하룻밤 만나고 얼굴도 모른 채 헤어지는 사람들, 화장실 구멍 너머로 오랄을 주고받은 사람들, 그들만이 내 주위에 '동성애자'라는 집단으로, 정확히는 경멸을 띤 언어 '호모새끼'에 더 가까운 익명의 무리로 있을 뿐이었다. 그런 와중에 커밍아웃을 할 수 있도록, 즉 나 자신을 인정하도록 계기를 마련해준 것은 찜질방에서 처음 만나, 나를 바꾼 누군가와의 연애였다.

2014년 행동하는성소수자인권연대 HIV/AIDS인권팀에서 진행한 '살롱 드 에이즈'라는 제목의 프로그램에 참가한 뒤 후기로 작성한 위의 글「외로움의 조건」[3]은 큰 파장을 만들었다. 어쩌면 '혐오세력'이 주장했던 게이의 문제가 섯버(유성원)의 글을 통해 현현한 것처럼 보일지도 모르겠다. 나는 위에서 인용한 문단의 내용, 즉 이 책의 면면에 흐르는 정체성 서사에 대한 해체 혹은 도전을 독자들이 가장 위험하다고 느낄지도 모르겠다고 생각한다. 어쩌면 일반 독자들보다 성소수자 커뮤니티 구성원들이나 인권활동가들이 더 곤혹스러울 수도 있다. 피땀 흘려 세운 나라 동성애로 무너진다는 혐오세력의 우스운 말마따나, '피땀 흘려 이룩한' (국가가 아니라) 정체성의 서사를 이렇게 허물어뜨리다니, 과연 이런 서사'도' 자긍심의 언어

---

3 섯버, 「외로움의 조건」, https://lgbtpride.tistory.com/818

가 될 수 있는지 의구심이 들 수 있다. 하지만 혐오세력이 멋대로 구성한 '문란하여 타인에게 피해를 주며 가정을 병들게 하고 사회를 파괴한다'는 게이의 모습이 진짜 게이의 모습이 아니라고 반대하면서 정말 '문란'한 어떤 게이의 삶을 우리 손으로 삭제해왔던 것은 아닌지 질문이 필요하다.

문란이란 무엇인가. 도덕이나 질서가 지켜지지 않아서 어지러운 상태를 일컫는 말이다. 법적인 의미의 성적 문란은 '음행의 상습'이고 여기에서 중요한 것은 성적 상대가 여러 명이라는 말이다. 유구한 가부장제하에서 성적 문란을 문제삼는 도덕과 질서는 성별에 따라 다르게 적용되었다. 남성은 성적 상대가 여럿일수록 능력과 권세를 상징했다. 여성의 순결만을 단속했던 도덕과 질서가 게이의 문란을 문제삼는다는 것은 결국 남성만을 성적 주체로 세우기 위해서 남성이 성적 대상이 되는 것을 필사적으로 방어하겠다는 의지이다. 결국 동성애혐오증의 핵심, "내가(남성이) 여성을 대하듯, 다른 남성이 나를 그렇게 대할 것에 대한 두려움"이자 미소지니(여성혐오)의 기반이 동성애를 삭제한(다고 착각한) 남성동성사회성이라는 지적과도 일맥상통한다.

낡은 도덕과 질서를 변화시키기 위해서는 '게이는 문란하지 않아요'라는 방식의 해명이나 정상성에 포함되고자 하는 전략을 통해서 정상성을 강화하는 데 공모하는 주류화 전략의 문제를 인식하는 것이 필요하다. 문란에 대한 낙인을 넘어서지 않고 동성애는 평범한 것이 될 수 없다. 또한 성적 주체와 성적 대상의 관계를 고정된 것으로, 위계적인 것으로 나누는 권력과 질서를 부수고 유동적이고 선택 가능하며 상호 의존적으로 만드는 일 또한 중요하다.

3. 성적 권리는 누구의 것인가?

"정액이 흥건한 바텀의 항문을 보고 흥분하면서 노콘으로 박는" 탑의 서사를 읽는 일은 즉각적인 저항감을 불러온다. 이는 대개 성적 지배자이자 가해자의 서사로 상상되기 때문이다. 나는 이런 서사에 담겨 있는 행위와 관계가 권장 혹은 금지의 대상이 아니라 다만 괜찮은 것(이것을 원한 상대에게도)이 되길 바란다. 그렇게 만들기 위한 조건을 따지고 판단하고, 서로 폭력과 강요, 차별과 낙인 없이 이러한 실천이 가능하도록 만드는 일이 필요하다. 그것이 곧 누군가를 살리는 일과 연결된다고 생각하기 때문이다.

게이 찜방은 입장료를 낸다. 이 입장료는 성관계에 대한 대가가 아니라 라커룸, 샤워실, 수면실에 대한 이용료이다. 그 안에서 일어나는 성행위는 모두 금전적인 대가 없이 이루어진다. 성행위에 대한 동의는 대개 스킨십으로 확인하는데 몸을 만졌을 때 뿌리치면 거절, 그냥 두면 동의로 간주하고 진행된다. 이 수락은 더이상 관계하기를 원하지 않아 중간에 뿌리치고 다른 곳으로 떠나기 전까지 보장되는 것이다. 물론 권장되는 매너 혹은 문제적인 규율은 있다. 대개 어두운 방으로 이루어진 곳에서 휴대폰 불빛으로 타인의 얼굴을 비추는 것은 매너 없는 행동이 되고, 찜방에 따라 외모나 나이를 이유로 입장을 거절하는 경우도 있다.[4] 이 과정에서 콘돔 사용 여부나 상대방이 어떤 성병을 가지고 있는지 확인하기는 어렵다. 시작할 때 콘돔을 상대방에게 손수 씌워주거나 요구하기도 하지만 중간에 스스로 빼거나 상대방이 빼라고 요구하는 경우도 분명 있기 때문이다.

성적 권리라는 틀을 통해서 우리는 다양한 질문을 할 수 있다. 찜방에 가서 폭력이나 강요 없이 성관계를 맺었는지는 가장 기본적인 질문이다. 하지만 그것은 단지 시작에 불과하다. 콘돔 없는 성관계를 원했는지, 콘돔을 사용하고 싶었지만 상대가 원하지 않았을 때 성관계를 위해 위험을 감수하기로 스스로 선택했는지, 술이나 약물에 취한 와중에 원치 않는 상대와의 성관계를 거부하지 못했는지, 다녀와서 성병이나 HIV감염이 의심되었는데 편하게 상담하고 방문할 병원이 있었는지, 우울하거나 낙담한 상황에서 다녀온 뒤 심리적인 부담이 가중되었는지, 종합적으로 긍정적인 경험이었는지 아닌지…… 물어야 할 것은 무궁무진하다. 성적 건강과 권리를 확보하기 위

---

[4] 그런 점에서 대만의 게이찜방을 경험한 장애인 게이의 경험담은 매우 마음이 들뜨는 스토리였다. 소아마비 후유증으로 장애가 있는 즈젠은 게이찜방 문앞에 갔다가 돌아오기를 몇 차례 반복하다 드디어 용기를 내어 지팡이를 짚고 들어간다. 즈젠은 미끄러운 바닥에 넘어지고, 윗층으로 가기 위해서 계단을 기었다. 결국 누군가와 성관계를 성공하고 돌아온다. 장애인이라고 입장을 거절하지 않는 곳, 다른 몸을 환영하는 누군가를 만날 수 있는 곳을 만드는 것 또한 문화적 실천일 것이다. 천자오루, 『사랑을 말할 때 우리가 꺼내지 않았던 이야기들: 장애인의 성과 사랑 이야기』, 강영희 옮김, 사계절, 2020, 231~236쪽.

해서는 하나하나의 질문을 직면하면서 상황을 진단하고 해결책을 만들어나가야 한다.

또한 성적 권리를 요구하기 위해서 피해자가 될 필요는 없다. 가장 첫번째로 마주치는 장벽은 성적 권리가 활성화되어야 하는 영역이라고 생각하지 않는 것이다. 성적 폭력과 강요가 근절되어야 한다는 것에 동의하지만 이조차 '보호받을 만한 여성'에게 한정된다는 점을 수많은 판결과 관행을 통해서 확인한다. 하지만 성적 쾌락의 추구를 권리로 포함시키는 일은 폭력과 강요의 근절과 떨어질 수 없는 문제이다. 그래야만 보호받을 만한 대상과 그렇지 않은 대상을 나누는 차별과 폭력의 근원적인 원인을 제거할 수 있기 때문이다. 첫 장벽을 넘었을 때 어떠한 성적 행동 자체에 대한 차별이나 낙인 없이 더 나은 논의를 하는 일이 가능해진다.

성적 권리는 술이나 약물 사용, 노콘에 대한 도덕적 판단을 중지하고 그러한 요인들이 성적 건강을 포함해 권리를 해치지 않거나 위험을 최소화하는 방식을 찾도록 이끄는 실천 방법을 포함한다.[5] 사람들은 때로 스스로를 해치기도 하고, 더 나은 선택을 못하는 경우도 많지만 우선 이런 것들은 불법도 아닐뿐더러, 우리가, 사회가 해야 할 일은 그 사람을 여전히 살게 하고 나은 방향으로 이끄는 것이어야 한다. 노파심에 다시 한번

---

[5] '성관계에서의 위험(RISK)과 손해(HARM)를 정의하고 대처하기' 참고. http://srhr.kr/2020/708/

강조하자면 타인에 대한 폭력이나 강요는 여기에 포함되지 않는다.

권리에 대한 기본 원칙을 이 지면을 빌려서 다시 쓰는 이유는 한국사회가 성적 권리를 충분히 논의해본 경험이 없기 때문이다. 많은 이의 노력과 희생으로 성적 권리에 대한 문제가 하나씩 하나씩 무대 위로 등장하고 있다. 아동이 경험하는 성폭력의 문제, 노인의 성적 욕망을 실천하는 문제, 성기능 장애와 관련된 문제, 폴리아모리와 같은 비규범적인 관계의 문제, 발달장애인을 위한 정보 제공의 문제 등 셀 수 없는 이슈들이 우리 삶 안에 놓여 있다. 어떤 문제는 대중의 공감과 분노를 얻어서 빠르게 해결되기도 하고, HIV감염인의 성적 실천과 같은 이슈는 여전히 범죄화와 싸워야 하는 상황에 있기도 하다.

하지만 인권은 서로 연결되어 있고 의존적이라는 점을 상기한다면 누구는 보호하고 누구는 배제하는 방식이 아니라 어떤 경우에도 포괄적으로 적용되는 원칙을 만들어야 한다는 데 공감할 것이다. "나중은 없다" "누구도 뒤에 남겨두지 않는다"와 같은 언어들은 고문당하지 않을 권리, 집회 결사의 자유만이 아니라 노동권, 주거권, 교육권 등에도 적용되어야 하며 성적 권리 또한 예외가 아니다.

이 책은 '이것도 성적 권리야?'라고 반문하게 하는 역할을 함으로써 성적 권리를 확장한다. 가장 성적 권리를 얻을 자격이 없고 심지어 타인에게 피해를 준다고 상상되는 문란한 게이와 HIV감염인의 위치에서 성적 실천을 고민하고 있기 때문이다. 또한 다른 권리들과 마찬가지로 어떤 사람의 계층, 사는 곳, 가족 관계, 성정체성에 대해 수용하는 방식, 정신건강 등이 어떻게 상호 영향을 미치는지 고민하게 하는 텍스트이기도 하다.

햄버거를 먹고 찜방에 가서 두 시간 만에 여러 명과 섹스를 하고 막차를 타고 집으로 오는 것과 누군가와 데이트를 하면서 괜찮은 식당에서 밥을 먹고 칵테일을 한두 잔 마시고 모텔에서 섹스한 다음 택시를 타고 돌아오는 삶의 차이, 그걸 선택 가능한 것으로 만드는 조건은 단지 비용만이 아니다. 후자가 반드시 몸과 마음의 건강과 안전을 보장하는 더 좋은 방식도 아니다. 후자의 삶을 원하지만 당장 실현할 수 없어서 찜방으로 향하는 이들도 있고 그 반대도 있다. 문제는 데이트하는 삶만을 게이의 삶으로 재현하고 논의하고 개선하고 투자함으로써 찜방의 삶을 부당하게 낙후시키며 '사람을 바꾼 연애' 같은 건 없다고 치부하는 것이다. 그리고 그 결과에 대해 아무도 책임지지 않는 것이다.

이 책에서 묘사하는 행위나 관계가 주는 여러 가지 감정은 우리가 가지고 있었던 공포와 분노, 수치심과 자긍심의 토대가 무엇인지 돌아보게 만들기도 한다고 느낀다. 게이 커뮤니티 안에서 나이, 외모, 소득, 인적 자원의 차이를 인식하는 일과 다양한 성적 욕망과 실천이 만들어지는 것, 그 안에서 건강과 인권의 문제를 다루는 것 사이의 관계를 어떻게 구축할 것인가가 우리 앞에 과제로 놓여 있다.

우리는 성소수자 커뮤니티의 일원으로서 차별금지법 제정과 군형법 추행죄 폐지, 후천성면역결핍증예방법상 전파매개행위금지조항 폐지, 동성혼 법제화를 주장할 것이다. 동시에 그 과정은 주류 사회에서 롤모델로 제시될 만한 성공 사례들과 감추고 싶은 어두운 문제들 사이의 간극을 인식하는 일이기도 하다. 외부의 혐오와 차별뿐만 아니라 내부적인 위계가 공고한 탓에 정신건강이 악화되고 일상생활마저 유지하기 어려운 구성원들 또한 계속 존재할 것이다.

이러한 문제를 직면하는 하나의 방식으로 게이의 섹슈얼리티를 둘러싼 복잡한 이슈를 제대로 다루는 노력이 놓이길 바란다. 이는 게이의 다양한 삶을 제도와 문화, 생활 안에 포함하는 것을 넘어, 성을 둘러싼 국가의 통제와 정상성의 규범에 도전하고 성적 권리를 모두가 실질적으로 접근 가능하고 삶을 더욱 살 만하게 바꾸는 통로로 만드는 일이기도 하다. 점점 나를 온전히 책임지기 어려운 세상을 살고 있고 나와 맺는 평화가 가장 어렵지만 나와 함께 사는 고양이, 나와 섹스한 익명의 상대, 내가 걱정하는 우리 커뮤니티를 '적절하고 상냥하게' 대하고 부당한 일에 함께 싸우면서 책임을 나눠가지는 것, 그것이 『토요일 외로움 없는 삼십대 모임』과 연결되고 싶은 기대다.

토요일 외로움 없는 삼십대 모임
ⓒ 유성원 2025

1판 1쇄 발행 2020년 7월 15일
1판 2쇄 발행 2022년 8월 25일
2판 1쇄 발행 2025년 5월 15일

지은이 유성원
펴낸이 김민정
편집 권현승 정가현
디자인 퍼머넌트 잉크
저작권 박지영 형소진 오서영
마케팅 정민호 박치우 한민아 이민경 박진희 황승현 김경언
브랜딩 함유지 박민재 이송이 김희숙 박다솔 조다현 김하연 이준희
제작 강신은 김동욱 이순호
제작처 천광인쇄사

펴낸곳 (주)난다
출판등록 2016년 8월 25일
제406-2016-000108호
주소 10881 경기도 파주시 회동길 210
전자우편 nandatoogo@gmail.com
페이스북 @nandaisart
인스타그램 @nandaisart
문의전화 031-955-8865(편집)
　　　　　031-955-2689(마케팅)
　　　　　031-955-8855(팩스)

ISBN 979-11-94171-57-7　03810

◇ 이 책의 판권은 지은이와 (주)난다에 있습니다.
◇ 이 책 내용의 전부 또는 일부를 재사용하려면 반드시 양측의 서면 동의를 받아야 합니다.
◇ 난다는 (주)문학동네의 계열사입니다.
◇ 잘못된 책은 구입하신 서점에서 교환해드립니다.
　기타 교환 문의: 031) 955-2661, 3580